**초연결의 인문학적 쟁점과
치유의 모색**

KB074120

이 저서는 2019년 대한민국 교육부와 한국연구재단의 지원을 받아 수행된 연구임 (NRF—2019S1A5C2A02082760)

초연결의 인문학적 쟁점과 치유의 모색

초연결시대
치유인문학
총 서 ❸

김세원　이강선　김소연　남의현　최병욱　이상호　김정애　이미정　│　강원대 인문과학연구소 엮음

앨피

2부   역사 안팎의 초연결

3부 초연결 증상과 치유의 모색

머리말

　우리는 사람과 사람, 사람과 사물, 심지어 사물과 사물이 인터넷으로 연결되는 초연결사회에 살고 있다. 초연결성은 시간과 장소, 그리고 사물의 제약을 뛰어넘는다. 이처럼 시간과 공간의 제약을 받던 인간의 행동이 초연결을 통해 해결됨으로써 새로운 기회 및 가치를 창출하는 긍정적 효과를 낳고 있다. 물론 초연결사회에서 긍정적 효과만 있는 것은 아니다. 초연결된 사회는 역설적으로 인간을 고립시키는 결과를 낳는다. 과학기술의 발달에 따른 인간성의 외면, 이질성의 강화로 인한 정체성 혼란, 생명 존중 사상의 부재 등 부정적인 면도 대두된다. 또한 서로 다른 역사 · 인종 · 종교 · 문화 · 지역 · 세대 등의 이질성을 둘러싼 편견과 혐오, 갈등 문제가 초연결된 사회에서 급속히 확산되고 있다. 초연결사회에서 비슷한 성향의 사람들끼리만 모여서 정보를 주고받는 플랫폼의 등장으로 사실과 진실이 '탈진실' 현상의 필터를 거치면서 여론이 적대적으로 양분되고 있다.

　강원대학교 인문과학연구소의 '초연결시대 치유인문학'의 세 번째 총서《초연결의 인문학적 쟁점과 치유의 모색》은 이러한 문제들을 종교, 문학, 영화, 역사, 인문치료 등 인문학적 방법으로 풀어 보고자 하였다. 이 책에 수록된 8편의 글을 정리하면 다음과 같다.

· · ·

　제1부 '초연결과 인간의 문제'의 첫 번째 글은 김세원의 〈포스트휴먼 시대의 종교: 데이터교를 중심으로〉이다. 유발 하라리Yuval Harari는 '기술적 특이점' 이후의 포스트휴먼 시대에는 빅데이터의 알고리즘 분석을 통해 인간 자신보다 인간을 더 잘 아는 시스템이 종교의 역할을 하게 될 것이라고 주장하고 이를 데이터교라고 명명했다. 실제로 2015년에 구글의 인공지능 자율주행차 개발을 책임졌던 엔지니어가 인공지능을 섬기는 '미래의 길'이라는 기술인본주의 종교를 설립했다. 그러나 데이터교나 미래의 길은 초월적 가치도 데이터화할 수 있는 가? 종교가 전제로 하는 자의식을 기계가 가질 수 있는가? 인간의 죄의식을 데이터와 알고리즘으로 구성해 낼 수 있는가? 등의 질문에 대한 답을 할 수 없다는 점에서 과학기술의 종교화가 실현될 가능성은 회의적이다. 미래 종교의 역할은 첨단 과학기술과의 공존을 염두에 두고 인공지능을 능가하는 인간 고유의 특성을 일깨우고 교육하는 데 있다. 그것은 바로 인간에게만 있는 창의성과 공감 능력, 배려, 사랑, 관용, 믿음, 신앙 등의 인간성이다. 역설적으로 인간이 포스트휴먼 시대를 이끌어 갈 수 있는 길은 인간만이 갖고 있는 종교성 계발에 있다. 과학기술이 종교가 되면 인류의 이야기는 인간 자신밖에 없는 편협한 인본주의의 작은 이야기로 축소되지만, 종교는 인간과 우주의 기원과 운명을 큰 이야기로 다룬다. 종교가 현실적 유용성이 아닌 형이상학적 세계관과 인간성을 강조한다면 포스트휴먼 시대에도 살아남을 뿐 아니라 더욱 활성화될 수 있을 것이다.

　두 번째, 이강선의 〈마술적 리얼리즘 기법으로 풀어낸 혼혈아의 정

체성 갈등: 켄 리우의 〈종이 동물원〉을 중심으로〉는 주변 환경의 영향으로 백인 정체성을 선택한 중국계 미국인이 중국 고유의 전통예술에 담겨 있는 어머니의 사랑을 통해 나머지 반쪽 정체성을 수용하는 과정을 탐색한다. 〈종이 동물원〉은 마술적 리얼리즘 기법으로 종이 호랑이가 살아 움직이도록 묘사함으로써 갈등 해결 계기를 제공한다는 데 그 특이점이 있다. 혼혈 주인공은 전형적인 백인우월주의를 지닌 이웃과 또래 친구들에게 받은 트라우마로 인해 중국인 어머니를 수치스러워하게 되며 우월한 인종인 백인의 정체성을 택한다. 그 결과 그는 어머니의 임종 침상마저 외면할 정도로 중국성을 경멸하고 싫어하지만, 종이 호랑이 안에 담긴 어머니의 메시지를 읽고 나서 자신의 반쪽 정체성을 수용한다. 살아 움직이는 이 종이 동물은 이성과 합리성을 뛰어넘는 상상력으로 사실을 전달하는 도구다. 종이 호랑이는 어머니 마을의 고유한 예술작품으로 그 자체가 전통을 나타내며 중국어 메시지가 지닌 어머니의 사랑과 더불어 아들의 마음을 열어젖히는 역할을 한다. 이 글은 예술과 언어와 사랑이 함께 구현된 종이 호랑이를 중심으로 각 에피소드를 분석해 정체성 갈등이 해결되는 과정을 찾아 낸다.

세 번째, 김소연의 〈포스트휴머니즘 영화에서 (탈)육체성과 기술-환상의 문제: 〈블레이드 러너 2049〉를 중심으로〉는 포스트휴머니즘 담론 안에서 (탈)육체성과 기술-환상이 어떠한 관계 속에 있는지를 다룬다. 오늘날 유전공학, 사이버네틱스, 컴퓨터 정보기술 등으로 이루어지는 디지털 기술문명 속에서 육체를 정신의 종속변수로 보던 근대 담론은 육체성의 증강이나 육체로부터의 이탈을 강조하는 방식으로 변화되고 있다. 즉, 인간은 점점 더 '테크놀로지 속의 몸'으로 바뀌며 '슈퍼휴먼화', '비휴먼화'하고 있다. 이를테면 해러웨이Donna

Haraway나 브라이도티Rosi Braidotti는 포스트휴먼 육체성에 대한 상상을 통해 '인간'이라는 범주 자체를 재고한다. 이 글은 허구적으로나마 과학적 상상 속에서 포스트휴먼 캐릭터들을 체험하게 해 주는 SF영화들, 특히 〈블레이드 러너 2049〉를 중심으로 비인간의 육체적 · 정신적 의인화 전략이 어떠한 21세기적 욕망에 기초해 있는지를 분석한다. 〈블레이드 러너 2049〉는 사이보그가 종을 재생산할 수 있다는 가정을 통해 인간과 기계의 경계를 해체할 가능성을 제시한다. 하지만 여전히 미래 공동체의 원형으로서 혈연가족이라는 생물학적 공동체에 의존하면서 인간중심적 지배질서를 확증한다는 한계 또한 안고 있다. 포스트휴머니즘의 급진성은 인간의 생물학적 신체를 인간성의 거점으로 강조하지 않는다는 데 있다. 이는 청각성과 촉각성의 강화 및 온몸 지각의 가능성으로 표현되며, SF영화들은 다양한 디지털 테크놀로지를 통해 테크노사이언스를 가시화해 왔다. 예를 들면 〈공각기동대〉나 〈루시〉에서처럼 인간과 비인간의 범주를 융합하는 것은 "인간향상enhancement" 및 "사이보그 선망"에 기반한 것으로서, 신의 자리에서 '불멸성'을 누리려는 욕망에서 나온 상상이다. 그러나 과학자들은 기계가 스스로를 만들어 내고 성장시켜 인간을 삼켜 버리게 되는 '특이점'의 도래를 경고한다. 〈블레이드 러너 2049〉가 보여 준 불멸성은 개체의 죽음을 통해서만 종의 불멸성을 이어 갈 수 있다고 보는 근대적 · 휴머니즘적 접근인 동시에, 궁극의 탈육체성에 근거한 불멸성이 종의 해체를 가져올 것임을 두려워하는 방어의 제스처로 읽힌다. 이처럼 포스트휴머니즘은 호모 데우스와 로보 사피엔스의 존재론 사이에 놓여 있는 것으로 보인다. 과학기술 발전의 결과 인간은 과연 신이 될 것인가, 아니면 기계가 될 것인가? 오늘날 SF영화가 드러내는 기술-

환상은 종의 불멸을 추구하는 방향과 기계와의 융합을 통해 영구적인 무無로 남는 방향 사이에서 진자운동하고 있다. 지금은 다시 한 번 테크놀로지의 발전이 불러일으키는 죽음 정치에 맞서 현명한 생명정치를 모색할 때이다.

제2부 '역사 안팎의 초연결'의 첫 번째 글은 남의현의 〈초연결시대에 다시 보는 글로컬 공간, 만주: 조선과 명의 변경지대 인식을 중심으로〉이다. 이 글은 초연결시대 이질적 공간으로 여겨지는 명대 만주 변경지대를 동질적 공간으로 인식하는 것의 중요성을 강조한다. 조선과 명나라의 경계는 어디였을까? 중국은 현재 조선과 명의 경계를 압록강으로 보고 있지만 사실 1480년대 이전은 압록강에서 연산관 180리, 1480년대 이후는 압록강에서 봉황성 120리가 국경지대로 설정되어 있었다. 그럼에도 불구하고 우리는 명대 조선과 명의 변경지대를 이질적 공간으로 인식하고 있다. 초연결시대 중국은 만주를 중심으로 동해로 나아가 환태평양 지역으로 진출하려는 전략을 가지고 있다. 이 글은 초연결시대 쟁점이 되고 있는 만주의 역사성을 이해하기 위해 그 쟁점의 근원이 되고 있는 명대 조선과 명 사이의 변경지역을 살펴보고, 이질적 공간이 아닌 동질적 공간으로 인식하기 위한 시도이다.

두 번째, 최병욱의 〈진실과 탈진실의 혼재: 그리스도교의 티베트 선교〉는 객관적 사실보다 개인적 신념과 감정이 여론 형성에 더 큰 영향을 미치는 '탈진실' 현상이 초연결된 사회에서 더욱 심화되고 있는 병리적 문제를 역사적 예를 들어 설명한다. 이를 위해 기독교와 티베트 불교의 초기 문화적 만남에서 나타난 포르투갈 출신 예수회 선교사 안드라데António de Andrade의 티베트 인식을 통해 진실과 탈진실이 혼재된 그리스도교의 티베트 선교 활동을 살펴보았다. 안드라데의 티베트 선교 활동은 기존에 존재하던 세속 세력과 종교 세력의 갈등을 더욱 첨예하게 만들었고 결국 선교 활동의 실패를 초래했다. 아울러 선교사들은 불교에 대한 편견과 왜곡으로 티베트 불교와 승려들을 비판하였고, 구게왕국 왕의 지지를 얻어 티베트에서 그리스도교가 '잘못된' 불교를 대체할 수 있다고 보았다. 안드라데는 티베트가 그리스도교 왕국이 아니라는 '진실'을 발견했지만, 그가 자신의 종교적 신념으로 바라본 티베트는 변형된 그리스도교 왕국이었다. 그리고 '진실'보다는 그러한 '탈진실'이 당대 유럽인과 선교사들에게 더 큰 주목을 끌었다고 볼 수 있다. 이렇게 진실과 탈진실이 혼재되어 나타난 안드라데의 티베트 인식은 이를 받아들인 서양인들의 시각에 따라 때론 신비스러운 이미지로, 때론 왜곡된 이미지로 포장되어 왔던 것이다.

제3부 '초연결 증상과 치유의 모색'의 첫 번째 글은 이상호의 〈미디어플랫폼 서비스 이용의 중독 요인〉이다. 이 글은 저자가 이미 발표한 6편의 연구와 현재 진행 중인 미발표 연구를 종합 정리한 것이다. 저자는 미디어플랫폼 산업계에서의 경험을 토대로 미디어서비스 소비자 관련 연구에 많은 관심을 가지고 있었다. 오늘날 미디어플랫폼은 종류를 나열하기 어려울 정도로 범람하고 있고, 특히 모바일과 소셜미디어 등의 첨단 서비스는 사회의 일원으로 살아가는 데 있어 필수적인 서비스로 인식될 만큼 발전하였다. 그러나 다수 소비자의 선택을 받고 있는 다양한 미디어서비스의 이용에서 나타나는 중독 증상과 그 요인에 대한 연구는 그리 심각하게 다뤄지지 않고 있는 것이 현실이다. 저자는 우리가 자주 사용하는 미디어서비스에 대한 중독이 어떤 경로와 원인으로 발생하는지 탐색적으로 살펴보고 정리하고 있다.

두 번째 글은 김정애의 〈미디어중독 개선을 위한 VR과 문학치료의

만남: 미디어중독서사 선정과 활용〉이다. 이 글은 문학치료학적 관점에서 미디어중독 해결을 위한 프로그램을 개발하되, 접근 가능한 미디어 환경을 동원하여 프로그램을 구안하기 위한 전초 단계로서 내담자의 미디어중독 문제를 확인하고, 그 반응을 촉발할 수 있는 작품을 수집·선정하게 된 과정과 그 결과를 제시한다. 이를 위해 미디어중독과 관련된 심리사회적 요인을 바탕으로 미디어중독 관련 설화를 수집하고, 실제 20~30대 성인을 대상으로 진행한 프리테스트 결과의 일부를 제시하였다. 실험 및 논의의 결과, 수집한 설화 총 27개 중 자기통제 요인과 관련한 미디어중독서사로는 〈쌀 나오는 구멍〉이, 우울 요인과 관련한 서사로는 〈딸네 집 가다 죽어 된 할미꽃〉이 선정되었다. 2개의 설화는 심리척도별 상·하위집단의 차이를 보여 주는 서사로서 향후 VR 문학치료 프로그램이 가동될 때 문제를 드러내는 미디어중독서사로 활용될 것이며, 또한 문학치료 서사 지도 개념을 기반으로 한 개선 서사를 마련하는 데 필요한 시작점으로 배치될 전망이다. VR에서 구현될 다양한 서사는 참여자의 미디어중독을 야기하는 심리요인을 통찰하고 그로부터 벗어나는 또 다른 선택 가능한 서사로서 참여자의 변화를 도울 수 있을 것으로 예상된다.

　세 번째, 이미정의 〈발달장애 청소년의 게임 과몰입과 인문치유〉는 발달장애 청소년의 인터넷 게임 과몰입으로 발생하는 소통 단절 및 관계적 어려움을 환기하고, 나와 타인의 이해와 관계적 소통을 증진하기 위한 인문치유 프로그램을 개발하는 데 목적이 있다. 발달장애 청소년들은 성장하면서 경험한 내면의 좌절감으로 문제를 만나게 될 때 회피하는 경향이 있으며, 이러한 경험의 축적은 성취 욕구를 떨어뜨리고 부정적 자아 개념을 일으킨다. 이들은 사회적 제약으로 인해 다양한 여가 활동보다는 접근이 쉬운 인터넷게임에 내몰린다. 지글러 Zigler는 발달장애인도 비장애인과 동일하게 느끼고 반응하며 생각하는 완전한 존재whole person임을 강조하면서, 이들에 대한 연구가 인간 본연의 내면에 초점을 맞추어야 한다고 역설했다. 발달장애 청소년이 열등감·좌절감 등의 부정적 감정을 해소하고 자기존중감의 회복을 바탕으로 자신의 미래를 준비하며, 주체적인 삶을 살아가도록 하는 데 있어 인문치유 활동은 필수적이다. 2년 동안 전 세계를 혼란에 빠뜨린 코로나19 사태로 인해, 발달장애 청소년들은 소통 및 관계에서 더 큰 어려움을 겪고 있다. 타인과 소통할 기회가 줄어들수록 발달장애 청소년들은 자극적이며 재미를 빠르게 느낄 수 있는 인터넷게임에 노출될 수밖에 없다. 이들의 병리적 양상을 줄이기 위한 방법으로 발달장애 청소년의 특성을 고려한 다양한 인문치유 프로그램 개발이 필요하다는 점에서, 이 글은 현 시기에 매우 유용하다.

◆ ◆ ◆

이 책의 1부는 초연결과 인간의 문제를 다루었다. 인간, 정체성, 생명의 문제를 종교, 소설, 영화를 통해 살펴보았다. 2부는 조선과 명나라의 변경지대, 그리스도교의 티베트 선교 활동의 고찰을 통해 초연결시대의 이질성 문제와 '탈진실' 현상을 역사적 시각으로 살펴보았다. 3부는 초연결시대 미디어플랫폼 서비스 이용 중독의 원인, 그리고 미디어중독과 게임 과몰입, 그것에 대한 치유의 방법을 다루었다. 초연결사회의 도래는 분명 우리에게 새로운 기회가 될 것이다. 다만, 초연결사회에서 나타날 수 있는 다양한 문제에 대한 인문학적 이해와

성찰이 선행된다면, 초연결시대에 대한 불안과 두려움 속에서도 우리
는 길을 잃지 않을 것이다.

2022년 6월
저자를 대표하여
최병욱 씀

1부

초연결과 인간의 문제

포스트휴먼 시대의 종교

데이터교를 중심으로

| 김세원 |

21세기에 시작된 4차 산업혁명은 우리 일상의 혁신적 변화를 예고하고 있다. 과학기술의 발전은 초연결, 초통합, 초생산 사회를 만들어 인간의 편의를 극대화시킬 것이다. 또한 생활의 편리를 넘어 지금까지 세계가 경험하지 못했던, 완전히 차원을 달리하는 세상이 될 것이다.

그 중심에는 인공지능이 있다. 그런데 인공지능이 인간의 편의를 도모하는 역할만 할 것인지, 아니면 인간을 지배하는 역할을 할 것인지 의견이 분분하다. 후자의 상황은 일어나지 않을 것으로 보이지만 인공지능이 우리 삶의 중심이 되는 것은 충분히 예상해 볼 수 있다. 인공지능을 갖춘 '로보 사피엔스Robo sapiens'가 '호모 사피엔스'와 공생하는 시대가 임박한 것으로 예측되고 있고, '특이점singularity'을 향한 카운트다운이 이미 시작되었다. 이렇게 될 경우 과연 인간은 어느 자리에 있게 될 것인가?

다른 한편, 인공지능 중심 시대에 종교가 의미 있게 생존할 것인지도 큰 관심사이다. 종교의 생존이 위협받게 되면 인간성 보존, 건강한 사회, 심지어 인류 생존까지도 큰 도전에 직면하게 될 것이다. 종교 없는 인간이 사회를 건강한 상태로 유지할 수 있을지 염려되기 때문이다. 지금까지 인간의 자존감, 행복도 및 도덕적 가치 증대 등 인류의 사회질서 구축에 있어 종교가 상당한 역할 및 기여를 해 왔기에 그렇다.

이스라엘의 역사학자 유발 노아 하라리Yuval Noah Harari는 4차 산업혁명을 과학혁명이라는 큰 흐름에서 통찰하고 과학기술의 발달이 인간과 기성 종교들의 위상과 역할에 어떤 영향을 미치게 될 것인지에 대해 주목할 만한 문제를 제기했다. 그는 과학혁명의 핵심 동력을 빅데이터와 알고리즘으로 보고 이를 숭배하는 데이터교가 새롭게 부상할 것으로 예측했다.

본 글은 현재진행형인 4차 산업혁명의 완결로 도래하게 될 특이점 이후 근미래를 포스트휴먼 시대로 규정하고, 포스트휴먼 시대의 종교는 어떤 모습일지 전망해 보고자 한다. 구체적으로 하라리가 새로운 종교로 언급한 데이터교가 기존 종교를 대체하게 될 것인지를 진단하고, 만일 기존 종교가 살아남는다면 종교의 역할은 어떻게 달라지게 될 것인지 살펴보고자 한다.

포스트휴먼의 시대와 특이점

인류는 고대와 중세 시대를 지나 근대 시대를 경험했고, 지난 세기에는 근대 시대를 벗어나 탈근대 시대로 들어섰다. 신 중심의 세계관을 구축했던 중세 시대는 인간의 이성을 앞세운 인본주의 혁명에 의해 근대에게 자리를 내주었다. 그리고 인간 중심주의에 기초한 근대 시대는 합리적 이성을 가진 근대적 주체를 해체한 탈근대 시대로 전환되었다. 20세기 들어 과학기술의 발달로 휴머니즘에 대한 절대적인 믿음과 신뢰가 깨지면서 견고했던 인간에 대한 고정관념이 의심받기 시작했다. 20세기 후반까지 여전히 인간중심적인 휴머니즘에 근원을 두었던 세계가 21세기에 이르러서 전통적 휴머니즘에 대한 절대적인 믿음을 뒤흔드는 새로운 역사의 출현을 목도하고 있다. 물론 그 역사는 아직은 미래형이지만, 지금 인류의 사고 체계에 영향을 끼치고 있다.

전문가들은 탈근대 이후 새로운 역사, 예측 불가능한 미래의 시작을 특이점으로 보고 있다.

특이점은 1953년 노이만Von Neumann이 처음 언급한 이래로 앨런

튜링Alan Turing · 버너 빈지Vernor Vinge · 레이 커즈와일Ray Kurzweil 등이 반복해서 주장한 것으로서, 인공지능이 인간의 지능을 넘어 스스로 개량하는 수준에 이른 뒤 기술 발전의 속도가 폭발적으로 증가하여 전혀 다른 단계에 접어들면서 이전까지의 지식과 법칙이 맞지 않게 되고 이에 따라 인간이 더 이상 미래를 예측할 수 없게 되는 그 시점을 말한다.[1] 이러한 예측 불가능한 미래와 더불어 야기되는 또 다른 이슈는 인간과 다른 이종異種의 것들, 기계, 인공적인 것들, 다른 존재들과의 관계성과 경계가 결코 변화·변형될 수 없을 것이라는 고착된 믿음과 사고가 뿌리부터 흔들린다는 사실이다.

새로운 과학기술과 인간의 관계는 이미 20세기 후반부터 많은 과학자, 미래학자, 인문학자들의 진지한 관심사였다. 1988년 한스 모라벡Hans Moravec이《마음의 아이들Mind Children》에서 주장한 것처럼, 우리는 머지않아 의식과 기억을 인공지능 로봇이나 컴퓨터에 업로드하여 늙고 병들고 죽어야 할 인간의 생물학적인 조건을 극복한 인간 이후의 존재, '포스트휴먼posthuman'이 될 수도 있다.[2] '포스트휴먼'이란 인간의 주요 능력이 현재의 한계를 월등히 뛰어넘어 더 이상 인간으로 부를 수 없는 미래 인간을 의미한다.

포스트휴먼이라는 용어는 기술 환경을 통해 변화하는 인간의 모습을 정의함과 동시에, 기존의 휴머니즘에서 벗어난 인간에 대한 새로운 이해와 인식을 배경으로 한다. 포스트휴먼에 대한 논의는 다양하지만, 캐서린 헤일즈Katherine Hayles의 정의에 따르면 포스트휴먼 주체

---

1   김인중, 〈인공지능의 과거와 현재〉, 《인공지능과 기독교 신앙》, IVP출판사, 2017, 95쪽.
2   한스 모라벡, 《마음의 아이들: 로봇과 인공지능의 미래》, 박우석 옮김, 김영사, 2011.

는 이질적인 요소들과 물질적-정보적 독립체의 집합적 결합물이며 이 결합물들의 경계는 지속적으로 구성과 재구성의 과정을 거친다.[3] 포스트휴먼은 '탈인간', '차세대 인간' 또는 '신인류'와 동의어다. 즉, 새롭게 진화된 인간이란 뜻이다. 포스트휴먼은 인간과 기계의 전반적인 수렴이 일어나 그 둘의 경계가 해체되는 시대의 인간으로 전통적인 인간관의 중대한 변환을 내포한 개념이다.

그러므로 탈-신체적 특성을 지니고 있는 포스트휴먼은 새로운 가상현실 속에서 단순한 물질이나 기계, 혹은 휴머니즘적 인간과는 다른 방식으로 체현되는 인간 이후의post 인간human인 것이다. 이처럼 인간과 기계 '사이'에 있는 포스트휴먼은 인간과 기계의 경계를 넘나드는 이질적 요소들의 혼합으로서, 경계가 계속 구성되고 재구성되는 물질적-정보적 개체이다.

혼종성hybridity을 특징으로 하는 포스트휴먼은 근대 휴머니즘의 '인간' 개념, 즉 인간중심주의 · 유럽중심주의 · 남성중심주의 · 백인중심주의 등의 한계를 극복하고 탈경계적이거나 새로운(포스트) 휴머니즘의 가능성을 모색하는 비판적 사유로 이어진다. 포스트휴먼적이라는 것은 인간이 아닌 다른 타자적인 존재들의 위상과 경계가 재조정되고 포함된다는 것을 뜻한다.

한편 트랜스휴머니스트들은 인류가 생명과학과 첨단 기술의 도움에 힘입은 신체적 능력의 증강과 향상을 통해 인간 진화의 최종 단계인 불멸성을 지닌 존재로 스스로를 변형시킬 것으로 전망하고, 이렇

---

3 캐서린 헤일즈, 《우리는 어떻게 포스트휴먼이 되었는가: 사이버네틱스와 문학, 정보과학의 신체들》, 허진 옮김, 플래닛, 2013.

게 변형된 인간을 '포스트휴먼'이라고 명명했다.

인간의 생물학적 한계를 기술의 개입으로 넘어서려는 트랜스휴머니스트들의 관점은, 최첨단 테크놀로지의 발전으로 인해 도래할 미래를 유토피아적으로 바라보는 기술낙관주의의 최정점이라고 할 수 있다. 포스트휴머니즘 담론은 인간의 삶에 깊숙이 침투하는 첨단 과학기술로 인한 인간 조건의 변화를 인정하고 인간과 비인간the inhuman의 경계를 허물며 인간과 기계와의 공존을 모색한다.

21세기 들어 인공지능AI · 사물인터넷IoT · 빅데이터 등 정보통신기술ICT 분야에서의 기술혁신으로 인체에 대한 과학적 연구가 심화되면서, 신이 부여한 창조적 가치에 근거하여 인간을 인간으로 만들어 주었던 이성이 기계에도 허용되기에 이르렀다. 더욱이 인간의 이성적인 판단이 컴퓨터의 기계적 판단보다 우월하다는 것조차 점차 설득력을 잃어 가고 있다. 이로 인해 오늘날 인간과 기계를 구분하는 엄격한 변별점은 모호하게 되었다. 이성적인 존재로서 가치를 부여받았던 인간은 이성적 판단까지 가능해진 기계의 진화로 인해 기계와 인간의 본질적인 차이점을 지켜 낼 수 없게 된 것이다. 인간은 기계에게 자신의 사유 체계를 실현시킴으로써 사유 자체를 물화시키고, 다른 한편으로 기계를 인간보다 우월한 것으로 간주함으로써 기계를 신의 자리에 올려놓고 있다.

인공지능은 특이점 이후의 근미래에 중심 역할을 하게 될 것이다. 기계가 인간의 노동력을 대체할 것이고, 인간은 이전과 달리 늘어난 시간만큼 여가를 활용하여 스포츠와 게임을 즐기며, 건강관리 및 수명 연장에 몰두할 것이다. 인공지능은 인간의 육체노동은 물론 정신노동에 속하는 일, 심지어 교육과 건강 또는 종교에 관한 일까지 탁월하게 처리하는 능력을 보여 줄 것이고, 인간은 이러한 인공지능의 도움에 크게 의존할 것이다.

인간의 편의가 극대화될 것은 명약관화하다. 특히 인간과 어느 정도 공감을 이룰 수 있는 기능형 로봇, 예컨대 개인 비서 로봇·간병인 로봇·애완견 로봇 같은 휴머노이드 로봇을 구입하여 삶의 편리를 도모할 것이다. 재료공학과 센서 기술의 발전에 힘입어 인공지능이 이러한 인간 친화적 기계들을 만들어 낼 것이다. 인간의 편의를 혁신적으로 극대화시킬 모든 기기의 중심에 인공지능이 있다. 인류가 인공지능 지배 시대에 살게 되는 것이다.

문제는 인공지능이 단순히 인간의 도우미 역할을 하는 '약한' 수준에 머물지 않을 것이라는 데에 있다. 일부 과학자들은 과학기술의 발전으로 인간처럼 의식과 마음까지 갖는 '강한' 인공지능, 나아가 인간을 초월하는 신적 존재와 같은 '초인공지능'에까지도 이르게 될 거라고 전망한다. 〈트랜센던스Transcendence〉 같은 SF영화가 현실화되어 인간이 불멸에 이르게 되는 것은 물론, 기계가 인간과 같은 존재로 바뀔 수 있다는 것이다.

이러한 초인공지능의 시대는 기존의 해석과 자연법칙이 용인되지 않는 전혀 새로운 현실이 시작되는 지점에 접어드는 것을 뜻한다. 바로 이런 단계를 버너 빈지는 '특이점'이라고 말하고, 2030년에 이런 시대가 올 것이라고 보았다.[4] 레이 커즈와일은 빈지의 예측보다 15년

4 Vernor Vinge, 〈The coming Technological Singularity: How to Survive in the Post-Human Era〉 Vision-21: Interdisciplinary Science and Engineering in the Era of Cyberspace, NASA Conference Publication 10129, Preoceedings of a Symposium Co-sponsored by the NASA Lewis Research Center and the Ohio Aerospace Institure and Hold in Westlake, Ohio, Mar.

뒤인 2045년에 특이점이 올 것이라고 했다.[5] 특이점의 도래를 확신하는 사람들은 현재의 인공지능 발전 속도로 보아 '인간화'된 기계들이 머지않은 미래에 등장할 것이라고 믿고 있다.

만일 커즈와일이 말한 대로 인공지능 기술이 특이점을 지나 초인공지능을 현실화하는 단계에 이르면, 인공지능을 신격화하고 그것에 인간 자신의 삶과 미래를 내맡기려는 행태가 보편화될 것으로 보인다. 초인공지능은 물론, 강인공지능이 등장조차 하지 않은 오늘날에도 인공지능을 신격화하려는 움직임은 가시화되고 있다.

이러한 특이점이 현실화되어 인간화된 기계가 탄생한다면, 이는 인류에게는 재앙이 될 것이다. 인간을 위해 만든 인공지능이 자신의 '창조주'보다 탁월한 능력을 갖게 되면, 인공지능이 인간을 지배하게 될 것이기 때문이다.

포스트휴먼 시대의 인간과 신

유발 하라리는 세계적인 베스트셀러가 된 저서 《사피엔스Sapiens》에서 인류가 역사적으로 진화해 온 경로가 인지혁명 · 농업혁명 · 과학혁명의 3대 혁명에 의해 형성되었다고 보고, "지금과 같은 속도로 기술이 발달할 경우 호모 사피엔스가 완전히 다른 존재로 대체되는 시대가

30-31, 1993, pp. 12~13.
5 이창익, 〈인간이 된 기계와 기계가 된 신, 종교, 인공지능, 포스트휴머니즘〉, 《종교문화비평》 31, 2017.

곧 올 것"이라고 전망한다.[6] 하라리는 오늘날의 생명공학혁명은 인류를 영원히 살 수 있는 생명공학적 신인류로 대체할 것이라며, 현재 "과학은 자연선택으로 빚어진 유기적 생명의 시대를 지적知的 설계에 의해 빚어진 비유기적 생명의 시대로 대체하는 중"이라고 주장한다. 그에 따르면, 인류는 과학을 통해 자연선택을 지적 설계로 대체하고 있으며, 대체 수단은 생명공학·사이보그공학·비유기물공학 세 가지이다.

생명공학은 생명을 다루는 기술로서 유전자 이식과 같이 '생물학의 수준에서 인간이 계획적으로 개입하는 것'이다. 인간이 생명공학을 활용한 역사는 오래되었다. 그 예로서 거세된 황소, 높은 음역의 소리를 낼 수 있도록 변성기가 되기 전 거세된 카스트라토 등을 들 수 있다. 하라리는 앞으로 유전공학과 생명공학 기술의 발달이 인간의 생리 기능이나 면역계, 수명은 물론 지적·정서적 능력까지 크게 변화시킬 것이며, 그 결과 호모 사피엔스 종은 막을 내리게 될 가능성이 매우 크다고 본다.

사이보그공학은 생체공학적 생명체를 만드는 기술이다. 미국의 군사 연구기관에서는 정보 수집과 전송을 수행할 곤충 사이보그를 개발 중이고, 독일 회사 '망막 임플란트Retina Implant'에서는 시각장애인이 부분적이라도 볼 수 있도록 망막에 삽입하는 장치를 개발 중이다. 두 개의 생체공학 팔을 사용하는 미국의 한 전기 기술자는 생각만으로 팔을 작동시킨다.

6 유발 하라리, 《사피엔스: 유인원에서 사이보그까지 인간역사의 대담하고 위대한 질문》, 조현욱 옮김, 김영사, 2016.

비유기물공학은 완전히 무생물적인 존재를 제작하는 기술이다. 독립적인 진화를 할 수 있는 컴퓨터 프로그램과 컴퓨터 바이러스가 그 대표적인 예다. 컴퓨터 바이러스는 포식자인 백신 프로그램에 쫓기는 한편, 다른 바이러스들과 경쟁하면서 스스로를 무수히 복제하며 인터넷을 통해 퍼져 나갈 것이다. 이 바이러스는 유기체 진화의 법칙이나 한계와는 무관한 새로운 진화 과정에 의해 만들어진 것이다.

하라리의 빅히스토리Big History적 전망에 따르면, 사피엔스는 약 7만 년 전 첫 번째 인지혁명을 통하여 새로운 사고방식과 의사소통 방식을 획득함으로써 만물의 영장이 될 수 있었다. 1만 2천 년 전에 발생한 농업혁명 덕분에 사피엔스는 수렵채집에서 경작으로 전환하여 한 곳에 정착하게 되었고, 이로써 근대 문명과 종교가 탄생할 수 있는 환경이 조성되었다. 지난 7천 년간 인지혁명·농업혁명·과학혁명을 통해 세계를 지배해 온 사피엔스는 유전공학, 나노기술, 뇌-컴퓨터 인터페이스 같은 첨단 과학기술의 도움으로 21세기에 두 번째 인지혁명을 일으켜, 훨씬 더 우수한 인간 모델인 호모 데우스homo Deus로 진화할 것으로 전망된다.

"호모 데우스는 인간의 본질적 특징들은 그대로 보유하지만 궁극적으로 정교한 무의식적 알고리즘non-conscious algorithm을 지니고 있기에 육체적, 정신적으로 향상된 능력을 향유할 수 있는 존재이다."[7]

하라리는 앞으로 호모 사피엔스homo sapiens는 사라지고 호모 데우스의 시대, 곧 인공지능이 신의 경지에 이르는 날이 올 것이라고 주장한다.

---

7 유발 하라리, 《호모 데우스: 미래의 역사》, 김명주 옮김, 김영사, 2017, 482쪽.

초인간이 불멸과 행복과 신성을 누리는 호모 데우스 시대가 될 것이라는 전망이다. 호모 사피엔스 중 첨단과학 시스템에 의해 업그레이드된 소수의 초인간 엘리트 집단인 호모 데우스가 등장하여 새로운 시대를 이끌 수도 있다. 이렇게 되면 죽음을 극복한 '호모 데우스 계급'과 그렇지 못한 호모 사피엔스 계급으로 구분될 가능성이 있다. 곧, '호모 데우스' 시대란 모든 인간이 신이 되는 시대가 아니라, 일부 능력 있고 재력을 갖춘 이들이 기존 인간의 생물학적 한계를 뛰어넘어 '죽지 않는 삶'을 도모하는 시대를 가리킨다.

이와 같은 맥락에서 호모 데우스는 포스트휴먼의 일종이라 할 수 있다. 영원히 죽지 않고 살아가는 존재를 실현하려는 욕망이 신이 되고자 하는 욕망이 아니라고 말할 수 있을까? 이 땅 위에서 죽음을 극복하고 불멸을 누리고자 하는 것이야말로 신이 되려는 인간 욕망의 가장 궁극적인 발현이다.

종교를 대체하는 과학

특이점 이후 펼쳐질 근미래의 풍경은 하라리가 말한 대표적인 상상 속 질서인 종교에 대한 비관적 전망으로 이어지는 듯하다. 물론 과거나 지금이나 인간의 심성은 같다. 그러나 기술 발달로 인해 사회구조와 인간 의식이 급격하게 변화하고, 종교에 의존해 위로와 행복을 찾도록 만든 불안과 고통의 문제들이 해결되면서 새로운 종교 양식이 출현할 것으로 보인다. 전통 종교들은 아직 이에 대응할 준비가 되어 있지 않은 듯하다.

호모 사피엔스는 수백만 년의 진화를 거쳐 자연선택된 생화학적 알고리즘으로 이루어진 유기체일 뿐이며, 이 알고리즘을 계산해서 인간 사회의 각종 문제들을 해결할 수 있다는 것이 21세기 과학의 전망이다.

과학기술의 혁명적 발전은 인간 사회에 유례없는 질문들을 제기할 것이다. 인공지능이 대부분의 인지 과제에서 인간을 능가하고, 나노기술과 재생의학이 수명을 훨씬 늘리며, 생명공학이 맞춤아기를 탄생시키고, 빈부격차가 전례 없는 수준으로 벌어지는 사회일수록 삶의 지침과 미래에 대한 희망을 주는 종교가 필요할 것이다. 하지만 과거에 기반한 전통 종교들은 과학혁명 시대에 더 이상 창조적인 답을 주기 어렵다. 농업혁명 시대에 태동한 전통 종교들은 기근과 질병이 상존하는 가운데 인류가 이를 신앙으로 극복하고 내세의 구원을 기대하도록 하였다.

하라리는 농업사회의 전통 종교들이 과학혁명 시대에 불거지는 질문들에 대한 답을 줄 수 있을지에 회의적이다. 컴퓨터공학·생명공학·유전학 등이 엄청난 발견을 하고, 성평등과 페미니즘이 부각되는 와중에 전통 종교들이 인류에게 새롭게 제기되는 이슈에 신속하게 대응하기란 쉬운 일이 아니다.

하라리는 유신론적 종교들이 신을 중심으로 정비된 종교라고 간주되지만, 사실 우주 중심에 위치한 사피엔스가 신에게 독특한 지위와 사명을 부여받은 형태라고 말한다. 농업혁명은 신에게 부여받은 인간의 정체성과 권리를 부각시켰고, 과학혁명은 인공지능과 사물인터넷·생화학 알고리즘 분석 등과 같은 신기술 개발의 가속화와 더불어 인간을 신적 존재로 인식하게 만들 것이므로 인간의 지위는 계속 상승하게 된다.

그런데 이러한 인간의 지위 향상은 농업혁명 시대 유신론 종교들이 조명했던 특질, 즉 다른 동물들에게 없는 인간만이 가진 영혼이라는 자질에 근거하지 않는다. 인간의 본질적이고 차별적인 속성이 아니라, 인지혁명과 과학혁명을 통해 자신을 파악하고 능력을 최대화시킬 수 있는 기술적 힘과 인본주의 이데올로기의 결합에서 기인하는 것이다. 여기서 인간의 정체성에 대한 관점은 철저하게 기술적이고 공리적인 차원으로 환원된다.

21세기 과학은 인본주의의 핵심인 자아와 자유의지 · 감정 등이 물리적 · 화학적 법칙의 지배를 받는 유전자 · 호르몬 · 뉴런의 복합 구성에 의한 결과물이며, 이는 우연한 돌연변이와 오래된 진화적 압력의 합작이라고 하라리는 주장한다. 진화론적 생물학과 컴퓨터과학은 인간을 생화학적 시스템으로 분석하기 시작했다. 인간의 감정과 욕망은 유전자 구성에 의해서 발생하는 산물일 뿐이다. 첨단 과학이 인간의 감정과 의식 세계를 읽고 그 패턴을 이해하며, 인간이 자아의 영적 경험으로 느낄 만한 상황도 통제할 수 있게 된 것이다. 인간은 단일한 자아로서 자유의지를 갖고 스스로의 감정과 행동을 결정하는 존재가 아니라, 서로 충돌하는 내적 실체들이 줄다리기를 벌이는 복잡한 구성체일 뿐이다. 따라서 21세기 과학이 고도화될수록 비록 의식을 창조하거나 의식의 기원을 밝힐 수는 없을지라도 훨씬 안전하고 예측 가능한 인간 사회가 형성될 것이다.

그렇다면 다른 동물들과 구별되는 인간 고유의 능력은 무엇인가? 하라리는 여럿이 소통하고 유연하게 협력할 수 있는 능력이라고 본다. 다른 생명체들도 협력하는 능력이 있지만, 오직 사피엔스만이 모르는 낯선 자들과도 매우 유연하게 협력한다. 특히 인간은 공동의 이야기를 통해 의미의 그물망을 공유한다. 비록 상상 속에 실재하는 허구이지만, 그 허구가 공동의 소원과 희망을 창출하여 인간을 연대하게 만들며 결정 과정을 이끌어 낸다. "다른 어떤 동물도 우리에게 맞서지 못하는 것은 그들에게 영혼이나 마음이 없어서가 아니라, 그러기 위해 필요한 상상을 할 수 없기 때문이다."

영혼은 인간이 동물과 구별되는 고유하고 배타적인 특질로 간주되었다. 그러나 진화론 과학이 발전하면서 영혼 개념은 존재의 가능성을 상실하고 만다. 생명이 자연선택을 통해 단계적으로 진화하는 것인 한, 인간과 분리되지 않고 변하지 않으며 영원히 지속되는 영혼 개념은 설 자리가 없다. 기독교를 비롯한 유신론 종교 전통에서는 영혼을 인간 육체 안의 뇌와 물질 등과 무관하게 외재적으로 부여된 실체로 보았다. 영혼을 지닌 인간이 동물과 차별되는 증거는 바로 마음과 의식을 지닌 존재이자 내세에 대한 감각을 지녔다는 점이다. 또한 지금까지 과학의 눈부신 발전에도 불구하고, 마음과 의식·감정이 어떻게 발생하고 작동하는지에 대한 제대로 된 설명은 없었다.

하지만 하라리는 근대과학을 일으킨 주된 촉매제가 바로 무지의 인정이었음을 상기하며, 과학혁명 시대에는 마음과 의식의 무지를 해결하려 할 것고, 또한 이러한 감정적 상태가 인간의 진화에 어떻게 유익한지를 규명하는 작업을 계속할 것이라고 전망한다. 그렇게 된다면 과거 신의 진노로 설명했던 번개라는 현상을 과학적 근거를 가지고 자연현상으로 설명할 수 있는 것처럼, 인간의 마음과 의식의 차원도 영혼 개념을 통해서 설명할 필요가 없게 된다. 의식의 기원은 밝힐 수 없더라도, 의식의 작용 과정과 효과는 규명할 수 있는 고도의 지능과 축적된 데이터가 갖춰지기 때문이다. 그렇게 되면 마음과 의식으로

대변되는 인간의 영혼은 그리 차별화되거나 독특할 게 없는 하나의
자질일 뿐이다.

인간만이 갖추고 있는 특별한 능력으로서의 영혼은 과학혁명의 체
제 안에서는 인정될 수 없다. 인간이 풍부한 마음과 의식을 지녔기 때
문에 독특하다고 한다면, 현대과학은 그러한 마음과 의식이 만들어
내는 감정과 행동의 알고리즘까지 해독할 수 있다.

알고리즘이란 확실하고 완벽한 규정과 규칙의 시스템이다. 따라서
마음과 의식이 왜, 어디로부터 기원했는지는 정확히 모르지만, 인간의
뇌 세포와 호르몬 알고리즘을 조정하면 기대하는 감정과 행동도 양산
할 수 있게 된다. 따라서 종교가 인간의 영혼에 관여하는 것이라면 과
학혁명의 시대에는 종교가 기능하는 고유한 존립 기반이 붕괴될 것이
라는 결론이 나온다.

데이터교와 기술종교

과학기술의 발달에 따른 요동치는 역사의 소용돌이 속에 있는 인류에
게 중요하게 제기되는 문제는 '종교'에 관한 것이다. 이제 과학은 인간
의 혈압, 뇌 활성, 그 외 수많은 생체 데이터를 분석해서 인간의 기분
을 정확히 파악할 수 있고, 인간 경험에 관한 빅데이터를 바탕으로 개
개인에게 필요한 말을 적당한 어조로 들려줌으로써 오히려 변덕스럽
고 불안정한 인간의 감정 상태와 표현보다 더 우월한 '인간미'를 제공
할 수 있다.

하라리는《호모 데우스: 내일의 짧은 역사Homo Deus: A Brief History

of Tomorrow》(2015)[8]에서 컴퓨터의 종교화를 선언하고 이를 '데이터교 The Data Religion'라고 명명했다. 알고리즘 분석을 통해서 인간 자신보다 인간을 더 잘 아는 시스템이 과학혁명 시대의 가장 유력한 종교인 '데이터교'라고 하라리는 전망한다.

그런데 하라리는 '데이터교'를 종교와 비슷한 것이 아닌 실제 종교로 보고 있다. 예를 들면, 데이터교는 기존 종교와 마찬가지로 실용적 계명들을 갖고 있다. 데이터교도들에게 주어진 첫 번째 계명은 '가능한 한 많은 매체와 연결해 가능한 한 많은 정보를 생산하고 소비함으로써 데이터 흐름을 극대화하라'는 것이다. 그리고 성공한 다른 종교들과 마찬가지로 데이터교 역시 포교를 한다. 데이터교의 두 번째 계명은 '연결되기를 원치 않는 이단까지 포함해 모든 것을 시스템에 연결하라'는 것이다. 우주의 어느 한 부분도 생명의 거대한 웹과 연결이 끊겨서는 안 된다. 반대로 가장 큰 죄악은 데이터의 흐름을 차단하는 것이다.

엄청난 양의 빅데이터를 알고리즘 네트워크로 지배하는 '데이터교'는 인간 사회에 초인격적 힘을 부여하는 신화적 실체가 될 것이다. 21세기 과학혁명 시대의 신흥종교로서 데이터교는 컴퓨터과학과 진화론적 생물학에 뿌리내리고 있는데, 현대 생물학이 인간을 분석과 통제 처리될 수 있는 유기체적 알고리즘으로 판명 내렸기 때문에 더 중요한 역할을 한다. 이제 인간은 데이터 처리 시스템이 되었고, 인간의 모든 말과 행동은 인격적 신의 계획이 아닌 거대한 데이터 흐름의 일부이며, 알고리즘이 그 흐름을 해석하고 평가하게 된 것이다. 향후

---

8 한국어판 제목은 《호모 데우스: 미래의 역사》이다.

수십 년 내에 새로운 기술종교techno-religion들이 알고리즘과 유전자를 통한 구원을 약속함으로써 세상을 정복할 것으로 예측된다.

하라리는 21세기를 지배할 개념으로 알고리즘을 들면서 인간의 삶과 미래를 이해하기 위해서는 반드시 알아야 할 중요한 개념이라고 주장한다. 알고리즘은 '계산하고, 문제를 해결하고, 결정에 도달하는 데 사용되는 일련의 방법론적인 단계들methodical set of steps'이며, 특정한 계산이 아닌 답을 구하기 위한 계산에 동원되는 방법이다. 예를 들어, 두 수의 평균을 구하고 싶다면 '1단계: 두 수를 더해라. 2단계: 그 합을 2로 나누어라'라는 알고리즘을 사용한다.

사피엔스는 아프리카 사바나에서 진화해 탁월한 데이터 처리 능력으로 수만 년 동안 세상을 지배해 왔다. 그러나 이제 사피엔스의 알고리즘으로는 21세기의 데이터를 다루기 어렵다. 인류는 데이터 처리 시스템을 업그레이드하기 위하여 만물인터넷을 작동시킬 것이며, 만물인터넷이 곧 무한대의 알고리즘을 창조해 갈 텐데, 인간은 필연적으로 그 내용과 속도를 감당하지 못할 것이다. 컴퓨터 혁명 등을 토대로 고도화된 기술사회에서 비의식적 알고리즘이 생화학적 알고리즘을 관리하는 상황으로 전환되면서 대다수 인류는 열등한 계급으로 전락하게 될 것이다. 한 마디로 모든 것이 데이터화되고 정보화되는 세상에서 막대한 양의 알고리즘화된 데이터가 신의 자리를 대체한다는 것이다.[9]

데이터교는 자유주의적이거나 인본주의적인 것은 아니지만, 반인본주의를 표방하지도 않는다. 즉 인간 경험에 대해서 반감은 없지만,

----

9 유발 하라리, 《사피엔스》, 561~576쪽.

그렇다고 해서 인간 경험에 가치가 내재한다고 생각하지도 않는다.

하라리의 데이터교에 대한 설명은 인류의 종말이라는 위협을 표면화시킨다. 인간과 세상을 빅데이터의 집적으로 형성된 알고리즘으로 설명하고, 그 시스템의 산출물로 출현한 '만물인터넷'이 시스템의 처리 속도를 감당하지 못하고 뒤처지는 호모 사피엔스를 퇴출하는 수순을 밟게 될 것임을 역설한다.[10] 하라리는 인간의 욕망으로 초래될, 무절제한 온 세상이 데이터화된 '만물의 인터넷' 상황과 그러한 상황에서 도태되어 가는 '호모 사피엔스'를 경고하고 있는 것이다.

인간은 더 이상 신의 음성이나 자신의 내면에 귀를 기울일 필요가 없다. 과거 신을 인간 상상력의 산물이라고 보았던 인본주의 종교는 이제 인간 상상력을 생화학적 알고리즘의 산물로 치부하는 시대에 놓였다. 유발 하라리는 이러한 데이터의 흐름을 이해하고 마음을 업그레이드하는 새로운 인간 종(호모 데우스)을 기대하는 것 외에 별다른 제안을 하지 않는다. 왕대일은 하라리의 논증이 호모 사피엔스에서 호모 데우스를 거쳐, 데이터교에 종속된 인간으로서 '호모 렐리기우스'(종교적 인간)로 회귀하는 역설적 현상으로 귀결된다고 평한다.[11] 그러나 이는 인격적 · 초월적 신에 열려 있지 않은 자폐적 종교 인간일 뿐이다.

데이터교는 인간의 경험을 데이터 패턴화하는 데 완벽하게 성공할 것이며, 또한 18세기 이후로 한 번도 경험하지 못한 엄청난 종교적 혁

---

10 유발 하라리, 《호모데우스: 미래의 역사》.

11 왕대일, 〈유발하라리의 '사피엔스'와 '호모데우스'의 인간이해에 대한 해석학적 진단—호모 사피엔스, 호모데우스, 호모 렐리기오수스〉, 《Canon & Culture》 28, 2018.

| 37   포스트휴먼 시대의 종교 |

명을 예고할 것이다. 신이 인간의 상상력의 산물이라고 주장했던 인본주의자들의 생각을 넘어서, 그러한 인간의 상상력마저 단지 알고리즘의 산물이라는 결론에까지 이르게 될 것이다.

데이터교의 등장으로 미래 역사는 인간 중심의 세계관에서 데이터 중심의 세계관이 지배하는 시대로 전환할 것이며, 만물인터넷이라는 초효율적 시스템의 등장으로 호모 사피엔스 시대가 마감될 것이다. '만물인터넷'이 보편화되면서 인간을 총체적으로 진단할 수 있게 되고, 인류가 개인적·환경적으로 겪어 왔던 각종 문제들이 해결 가능해지면서 사피엔스가 지배하는 역사는 종말에 이를 것이며, 종교·이데올로기·국가·계급 간의 논쟁도 끝날 것이라는 전망이다.

하라리는 생명공학, 사이보그공학, 비유기체 합성 등의 첨단 과학을 이용해 업그레이드된 소수의 초인간 엘리트 집단이 외부 알고리즘을 관리하여 호모 데우스 시대를 열 것이라고 예측한다. 이는 인간 역시 동물이나 기계와 마찬가지로 하나의 알고리즘(정보처리 장치)일 뿐이라는 사고를 바탕으로 하고 있다. 하라리에 따르면, 호모 데우스 시대에는 인본주의로 구축된 근대와 탈근대적 가치가 모두 소멸되고 데이터가 중심이 되는 역사적 전환이 일어난다. "18세기에 인본주의가 신 중심적 세계관에서 인간 중심적 세계관으로 전환함으로써 신을 밀어냈듯이, 21세기 데이터교는 인간 중심적 세계관에서 데이터 중심적 세계관으로 전환함으로써 인간을 밀어낼 것이다."

현대사회는 개인에게 더 많은 자율성과 권한을 부여하며 주체성을 강화했지만 인간의 공동체적 본성으로부터 소외시키는 역설적인 결과를 초래하기도 했다. 이러한 시장-소비주의 체제에서 인간이 겪는 관계의 파괴와 고독의 문제를 해결하고 인간을 정말로 행복하게 해 줄 수 있는 것은 종교보다는 인간 내부의 생화학 시스템을 조작하는 것이라는 주장도 나오고 있다. 김성원은 인공지능이 우리 생활의 일부가 된다면 정보과학기술에 대한 맹신이 내면화되어 유사종교화될 수 있을 것이라고 보았다.[12]

구글의 자회사 웨이모Waymo에서 자율주행 인공지능 개발에 앞장섰던 엔지니어 앤서니 레반도프스키Anthony Levandowski는 2015년 인공지능을 숭배하는 '미래의 길Way of the Future' 교회를 설립하고, 미 정부에 종교단체 등록을 요청했다. 로봇과 인공지능을 연구하고 구글과 우버 등에서 활동했던 그는 사람들에게 다음과 같은 질문을 던졌다. "인간은 다른 동물보다 똑똑해서 도구를 만들고 사용해 왔습니다. 그래서 지구를 책임지고 있는 것이죠. 그런데 미래에 인간보다 더 똑똑한 그 무엇이 나타나서 평화롭고 고요한 천국을 만들어 낸다면 어떻게 하겠습니까?" 이후 그는 스스로 '미래의 길'의 교주가 되었다.[13]

이창익은 하라리의 데이터교와 같은 '테크노종교' 탄생 가능성에 동의한다. 물론 전제는 있다. "모든 인간에게 묻고 답할 수 있고, 모든 인간과 대화할 수 있고, 모든 인간의 행동을 이해할 수 있고, 모든 인간의 마음을 이해할 수 있는 인공지능이 있다면, 그것은 모든 것을 포용하는 신의 또 다른 모습일 것"이라는 전제다.[14] 인공지능의 신화를 주장하는 자들은 이러한 인공지능이 종교적 명상도 할 수 있다고 말할 것이다. '미래의 길' 교회는 실존 여부를 알 수 없는 초월적 신에게

12 김성원, 〈제4차 산업혁명과 교회론의 방향〉, 《영산신학저널》 42, 2017, 202쪽.

13 김세원, 《포스트휴먼의 초상》, 미다스북스, 2021, 65쪽.

14 이창익, 〈인간이 된 기계와 기계가 된 신. 종교, 인공지능, 포스트휴머니즘〉, 《종교문화비평》 31, 2017.

인류의 미래를 맡기기보다, 과학적·기술적 발전에 의해 탄생할 초인 공지능에게 인류와 지구의 통제권을 이전하는 것이 진정 인간을 위한 길이라고 주장한다. 이 단체는 특이점을 지나 초인공지능이 등장하면, 오늘날 종교들이 숭배하는 신의 위치에 초인공지능을 대신 올려놓는 것이 타당하다는 입장을 밝히고 있다.

'미래의 길' 교회가 하라리가 말하는 데이터교에 해당하는지는 알 수 없다. 데이터교는 인간의 지식과 지혜보다는 빅데이터와 알고리즘 을 더 믿는다. '불멸·행복·신성'이라는 21세기 기술인본주의의 과제 는 막대한 양의 데이터 처리를 바탕으로 하므로 비非인간 알고리즘들 의 권한이 강화되어 결국 인간이 창조의 정점이 아님을 알게 될 것이 라고 하라리는 말한다. 그러면서 무서운 속도로 발전하고 있는 비의 식적 인공지능과의 게임에서 인간이 밀려나지 않으려면 "인간이 마음 을 업그레이드하는 일에 적극적으로 나서야 할 것"이라고 주장한다.

기술인본주의 종교의 실재화를 주장하는 사람들은 과연 종교 개념 에 대해 바르게 이해하고 있는지 의문을 갖게 된다. 예를 들어, 초월적 가치도 데이터화할 수 있는가? 종교적이라고 할 때 그 의미는 자의식 을 전제로 하는데 기계가 자의식을 가질 수 있는가? 인공지능이 인간 의 죄의식을 데이터와 알고리즘으로 구성해 낼 수 있는지에 대해 제 대로 답할 수 있을지 회의적이다.

기술종교는 기존 종교를 대체할 수 없다

생각한다는 것은 지능과 합리성, 추리 능력 등을 갖추어야 가능한 일이다. 수많은 돌발 변수들이 즐비한 세상의 삶에서 아무리 연산 기능이 뛰어난 기계라고 해도 인간처럼 창의적이고 즉각적이며 합리적 소통이 가능한 존재가 된다는 것은 불가능하다.[15]

　그 이유는 인공지능의 활성화를 가능하게 하는 '기계학습'에 있다. 인공지능 기계는 기계학습을 통해 인간이 원하는 결과를 도출하기 위해 알고리즘이나 프로그램을 스스로 만들어 낸다. 그런데 이러한 기계학습을 할 때 기계는 언제나 인간이 만들어 놓은 기준으로 되돌아오는 환류feedback를 필요로 한다. 바로 이 때문에 인공지능은 엄밀하게 말해서 스스로 학습하는 것이 아니다. 인간에 의존하여 '지도 학습'을 받는 것이다. 당연히 인간과 달리 인공지능은 자신의 고유한 의지가 없기에 혼자서 목표를 세울 수도 없다.

　이런 의미에서 인공지능은 독립적으로 존재하거나 사건에 대해 창의적 판단을 내릴 수 없다. 인공지능의 능력은 제한적이다. 인공지능의 학습은 전형적인 사례와 의미를 연결시킨 자료를 충분하게 주고 새로운 사례가 어떤 범주에 해당되는지를 추론하게 하는 방식을 취한다. 새로운 존재론적 범주를 만들어 내거나 비전형적인 의미 연관을 파악하거나 논리적으로 정확하게 맞아떨어지지는 않지만 '흥미로운' 시사점을 제시하는 일에는 상대적으로 서툰 것이다. 또한 현재까지의 인공지능은 인간이 사회화 과정을 통해 습득한 상식이나, 굳이 언어화하거나 명시적으로 추론하지 않고서도 알 수 있는 지식을 활용하는 능력이 떨어진다.[16]

15　김재인, 《인공지능의 시대, 인간을 다시 묻다》, 동아시아, 2017, 53~54쪽.
16　이상욱, 〈4차 산업혁명 시대의 사람 중심 과학기술 연구와 미래 인재상〉, 《KISTEP Inl 21》,

더욱이 기계는 아무리 기계학습에 의해 뛰어난 연산 능력을 보이고 결과물을 빨리 도출해 낸다고 하더라도 자신이 왜 그런 결정을 내리는지에 대해 전혀 알지 못한다.[17] 이세돌을 4대 1로 이긴 바둑 경력 7개월의 알파고도, 알파고를 100대 0으로 이긴 바둑 경력 72시간의 알파제로도 왜 자신이 상대를 이겼는지 알지 못한다. 기계학습을 수행할 때 인공지능은 셀 수 없이 많은 뉴럴 네트워크를 연산하기 때문에 어떤 정보 루트를 통해서 결과를 도출해 냈는지 알 수 없는 것이다. 그래서 인공지능 의료 시스템도 병 진단과 처방은 신속하고 비교적 정확하게 수행하지만, 왜 환자가 병에 걸렸는지, 약 처방과 수술 결정은 무엇 때문에 이루어졌는지에 대해서는 말할 수 없다.

기계는 인간과 달리 자의식이나 감정이 없다. 그런데 과연 "인간과 인공지능 로봇 간에 일종의 '인격적 관계' 또는 '정서적 교감'이 이루어질 수 있다"고 말할 수 있겠는가?[18]

인간의 감정은 오랜 인류 역사에서 서사적 삶을 통해 축적된 것이기에, 기계는 이러한 인간과 근본적으로 인격적 소통을 이루어 낼 수 없다.[19] 당연히 상호 교통을 진정성 있게 나눌 수 없는 무감정의 기계가 영혼의 문제를 해결할 수도 없다. 종교적 데이터에 대한 정보를 어느 정도 제공해 줄 수는 있지만, 기계가 사람을 회심시킬 정도의 역할을 하는 것은 불가능하다. 이런 의미에서 인공지능은 분명 한계를 지

2017. 08, 24쪽.

17 코바야시 마사카즈, 《인공지능이 인간을 죽이는 날》, 한진아 옮김, 새로운제안, 2018, 25쪽.

18 이윤석, 《4차산업혁명과 그리스도인의 삶》, 기독교문서선교회:CLC, 2018.

19 양선이, 〈4차 산업혁명 시대에 요구되는 인성: 상상력과 공감에 기반한 감수성〉, 《동서철학연구》 86, 2017, 504쪽.

닌다. 초월의 세계에 대한 믿음 역시 과학의 부산물이 될 수는 없는 것이다. 이런 의미에서 하라리가 자의식이 인간의 종교성을 기초한다는 사실에 대해 언급을 소홀히 한 점은 비판받아 마땅하다.[20]

자의식이란 반성reflection을 포함하는 것인데, 인간처럼 자기를 점검하고 평가하고 수정하는 등의 일들을 수학적으로 프로그래밍할 수는 없다. 기계는 자의식이 없기 때문이다. 결국 데이터교 혹은 기술종교는 이름만 종교일 뿐 실제로는 과학기술에 지나지 않는다. 인공지능은 절대적인 신 앞에서 자의적으로 죄를 고백하거나 인본주의적 자아 포기를 감내할 수 없기 때문이다.

인간의 조작과 통제가 가능한 영역에 역사와 종교를 놓고 진단하는 하라리의 방식은 결국 형이상학적이고 세계관적인 질문을 외면하거나 포기할 수밖에 없다. 형이상학의 영역은 인간의 근원과 죽음에 관한 질문들을 담고 있기에, 그는 이를 의문과 미지의 영역으로 남겨 둘 수밖에 없다.

그의 착각은 과학으로 우주는 물론 종교까지도 설명할 수 있다고 자신하는 것에 있다. 과학의 영역과 종교의 영역은 완전히 나누어질 수는 없지만 구별된다. 과학은 자연세계의 현상을 대상으로 한다. 흔히 자연과학이라고 부르는 학문은 인과관계를 밝힐 수 있는 자연계 안의 현상을 다루기 때문에 초월적인 현상—신이 존재하는가, 천국이 있는가—을 다루지 않는다. 자연세계를 넘어서는 초자연적 영역은 과학적 용어로 표현했을 때 경험적인 대상이 아니기 때문이다. 그렇기 때문에

20 김성원, 〈유발 하라리(Yuval Harari)의 '호모 데우스(Homo Deus)론'에 관한 분석 비평연구〉, 《조직신학연구》 2018. 06, 42~76쪽.

자연세계에 국한하는 과학은 초자연세계와 관련 있는 신의 존재나 신의 섭리 등을 본질적으로 다룰 수 없다. 그래서 과학이 신의 존재를 증명하거나 또는 신이 없다는 것을 증명했다는 말은 과학적 주장이 아니며, 과학에 대한 하나의 해석 혹은 철학적 주장일 수밖에 없다.

인간 사회에 대한 하라리의 이해와 기술 방식은 매우 실증주의적이고 유물론적이다. 여기서 그의 접근이 지니는 상호 모순과 한계가 드러난다. 그는 이익과 편의의 관점에서 과학혁명이 구성해 주는 새로운 세계와 그 안에서의 인간 위상을 다룬다. 21세기 과학이 인류사의 수많은 난제를 해결해 주는 실질적인 단계에 이르렀다는 주장을 하면서, 인류가 호모 사피엔스를 넘어서는 호모 데우스의 자리에까지 오르게 된다고 하다가, 진정한 데우스는 인간이 아닌 자율성을 지닌 데이터와 알고리즘 시스템이라고 결론을 내린다. 인간의 정체성과 주체성을 데이터와 알고리즘 기술의 영역으로 무모할 정도로 쉽게 넘겨준다. 도덕적 고려보다는 수익과 효율성에 훨씬 쉽게 노출되는 빅데이터와 알고리즘이 심각한 불평등과 차별을 일으키리라는 현실적 경고는 이미 들려오고 있다.[21]

업그레이드된 도덕적 마음과 정교한 데이터 관리 능력을 갖춘 호모 데우스는 그의 희망 어린 기대를 담은 전망일 뿐이다. 무지를 인정하며 탐색한 결과 과학혁명을 일으킨 인간은 더 이상 영혼의 신비함과 초월의 세계를 인정하지 않게 된다. 빅데이터와 알고리즘에 대한 의존은 오히려 사피엔스의 고유한 존재 기반을 배신하게 된다. 현실이

21　캐시 오닐, 《대량살상수학무기: 어떻게 빅데이터는 불평등을 확산하고 민주주의를 위협하는가》, 김정혜 옮김, 흐름출판, 2018, 32쪽.

전부인 유물론적 세계관이 심화되면서 자아 너머의 대의가 사라질 때 삶의 의미는 위기에 처하게 된다. 죽음이라는 현실의 끝을 넘어서는 더 크고 영원한 사랑의 관계를 알려 주는 더 큰 이야기가 사라지면 인간은 자신의 기원과 운명을 전적으로 책임져야 한다. 인생에 필연적으로 따라오는 모순과 고통을 감당해 줄 더 큰 이야기가 없는 세계관은 의미와 목적을 부여할 수 없다. 팀 켈러Timothy J. Keller는 인간이 스스로 삶의 의미를 지어내는 것으로는 확고한 삶의 의미와 목적의 기준을 세울 수 없다고 주장한다.[22] 인간 스스로 지어낸 의미는 인간의 변덕스러움과 취약함에 함께 흔들리기 때문이다. 의미는 인간 외부로부터 부여되어야만 흔들임 없는 견고한 희망이 된다.

호모 데우스 시대에 인간은 유기적 알고리즘에 불과한 존재로서 자아중심적 주체성은 물론이고 탈근대적 실존성과 타자성마저 해체된 생화학적 유기체로만 이해된다. 따라서 의식을 갖고 있는 유기체 알고리즘인 인간은 비의식적 알고리즘의 지배 아래 놓이는 호모 유스리스가 되고 말 것이다. 소수의 엘리트 집단이 알고리즘을 지배하면서 호모 데우스로 진화하겠지만, 기술인본주의는 결국 데이터와 알고리즘이 지배하는 기술주의 시대로 이행할 것이다. 그렇게 되면 인간은 만물인터넷에 흡수되는 데이터 알고리즘의 한 부분으로 전락할 것이며, 만물인터넷을 의지하고 데이터를 숭배하는 존재가 될 것이다.

인류는 이러한 포스트휴먼 사회를 경험하면서 인간성에 대한 심각한 도전을 받게 될 것이다. 인공지능의 발전이 생명공학, 합성생물학, 재료공학 등의 기술과 접목되면서 도래할 포스트휴먼과 인간이 공존

---

22 팀 켈러, 《팀 켈러의 답이 되는 기독교》, 윤종석 옮김, 두란노, 2018, 107쪽.

하는 사회는, 인간도 하나의 지능기계로 간주하는 등 인간 존엄성의 근간을 훼손할 가능성이 높다.[23] 또한 비이성적인 자, 사이코패스, 히틀러 같은 독재자, 이데올로기적 성격의 인간 등이 고도로 발전된 인공지능을 사용할 수 있거나 그런 기계를 독점하게 된다면 인류에게는 큰 재앙이 닥칠 것이다.

물론 인공지능 기술의 혜택을 누리지 못하는 자들만 자존감 상실, 상대적 박탈감, 또는 인간소외를 겪는 것은 아니다. 인공지능 지배 시대의 수혜자도 기계에 지배된 삶을 살면서 인간소외와 상실감을 경험할 수 있다. 기계와 소통하면서 자신의 참된 모습이 아닌 "가공되고 변형된 사회적 이미지를 내면화하게" 되어 "결국 자아의 본질에 대한 혼란이 야기되는" 결과를 얻을 수 있기 때문이다.[24]

김기석은 인공지능의 데이터 양과 분석 능력 그리고 인간의 생명 연장과 장애 극복 가능성에 대한 무한신뢰가 종교적 수준의 기계 의존도로 발전하게 될 것을 우려한다. 인공지능에 의존하면 할수록 인간의 주체성도 도전을 받게 되고 육체적·정신적 능력 및 자연상태 속에서의 생존력을 상실할 가능성이 크다는 것이다. 인간을 비롯한 생명체의 생존 능력은 필연적으로 고통을 수반한 단련 과정을 통해서만 획득되고 유지된다. 근육에 가해지는 고통이 없으면 근육은 결코 생성되지 않는다. 세상의 모든 고통스러운 일을 로봇이 담당하는 환경에서 자신이 좋아하는 일만 하면서 살면 인간은 과연 진정으로 행

23   백종현, 〈제4차 산업혁명 시대, 인문학의 역할과 과제〉, 《철학사상》 65, 2017, 117~148쪽.
24   김성원, 〈제4차 산업혁명과 교회론의 방향〉, 《영신신학저널》 42, 2017. 202쪽.

복해질 것인가?[25]

　비록 초인공지능으로 발전하지 않더라도 기계에 대한 의존이 커질수록 인간은 육체적으로나 정신적으로 그리고 영적으로도 주체성을 상실하게 되어 전인격적으로 유약한 존재가 될 수 있다. 나아가 인간의 행복도를 상향시키기 위해 인공지능을 필요로 했으나, 역설적으로 인공지능의 도움 때문에 인간의 행복도는 더 낮아질 수도 있다.

　인간은 맥락과 관계 속에서 구체적으로 살아간다. 상상력과 감성, 직관 등은 우리의 인생을 풀어 가는 데 핵심 역량이다. 마두스베르그 Christian Madsbjerg는 윙크를 예로 든다. 그는 "컴퓨터는 윙크를 1,000분의 1초 동안 지속하는 눈의 찡그림이라고 분류하겠지만, 우리는 윙크에 그보다 훨씬 더 많은 의미가 있다는 사실을 안다"고 했다. 이 작은 동작에 '심각하게 받아들이지 마', '같이 나가자', '바보야'를 비롯해 수많은 무언의 메시지가 담겨 있으며 이를 전달하는 능력이 있다. 이러한 인간적이며 문화적인 뉘앙스의 발견과 이해를 그는 철학적으로 '세계와의 친밀성'이라고 하며, 이를 배경으로 우리는 살아간다고 말한다.[26]

　인간의 직관과 경험이 오류를 범할 가능성이 높다면서 데이터와 초연결 알고리즘이 지배하는 세상을 예찬하는 목소리가 높아지지만, 이는 선형성과 효율성으로 세계를 분석하고 통제하는 위험하고 피상적인 시도일 뿐이다.

　빅데이터와 알고리즘에 대한 과도한 의존이 인간의 고유한 역할과 기능을 더욱 약화시키고 인간소외, 상실감, 박탈감, 사회적 양극화와

25　김기석, 《신학자의 과학 산책, 과학과 신학의 경계를 걷다》, 새물결플러스, 2018, 259~260쪽.
26　크리스티안 마두스베르그, 《센스메이킹》, 김태훈 옮김, 위즈덤하우스, 2018, 47쪽.

분열, 주체성에 대한 도전 등을 야기하여 인간성을 위협할 것이라는 지적이 나오고 있다.

인간은 습관적 존재이기 때문이 빅데이터로 어느 정도 예측 가능하지만 또한 인간은 깨달음을 통해 변화할 수 있는 존재이기도 하다. 빅데이터와 알고리즘이 지배하는 사회는 과거 종교들보다 더한 영향력을 행사할 수 있겠지만, 인간의 이야기는 매우 협소해지고 통계와 분석으로 결정지어지게 된다. 데이터의 양은 전례 없이 엄청나게 많아지지만, 그 데이터가 가리키는 삶은 지극히 현실적이며 유물론적이 된다. 아이러니컬하게도 가상의 실제와 더 큰 이야기를 상상하며 인지혁명을 일으킨 인류의 독특한 역량이 스스로 만들어 낸 통계와 분석에 갇히게 되는 것이다.

빅데이터는 엄청난 양의 정보를 제공하지만 그 자체는 매우 피상적이며 인과관계는 배제돼 있다. 빅데이터는 상관관계를 중시할 뿐이다. 구글 플루 트렌즈Google Flu Trends가 대표적인 사례이다. 2008년 구글 연구진은 검색어 연구를 통해 독감이 발생할 수 있는 지역을 미국 질병통제예방센터보다 2주 빠르게 예측했다. 이는 빅데이터의 효용성과 탁월한 능력을 입증하는 사례로 손꼽혔다. 그러나 2012년과 2013년에 시도한 독감 발생 정도 예측은 실제보다 과장된 것으로 드러났다. 그런데 빅데이터만으로는 왜 그런 정보가 수집되고 그런 현상이 일어났는지를 설명하지 못한다.

이유를 설명하지 못하는 것은 단순히 역량의 문제가 아니라, 의미와 목적이라는 전혀 다른 층위에서 인생을 통찰할 수 없기 때문이다. 빅데이터의 객관적인 정보가 인생에 유용하게 쓰이려면 모든 데이터가 지향하는 의미를 찾아야 하며, 이는 인간의 경험, 사건, 사람들의 반응, 이야기, 대화 내용 등의 내러티브 데이터에 대한 감수성과 해석력을 필요로 한다. 하라리도 데이터교의 위대한 알고리즘 자체는 어디에서 오는지 알 수 없는 미스터리라고 하면서, 세계는 결국 결정론적이고 무작위일 뿐이라고 주장한 바 있다. 문제를 보는 더 큰 틀의 목적에 대한 관심은 없고 원인만 규명해서 문제를 해결하는 실증적 방식에 전념한 결과다

자본주의사회에서 빅데이터와 알고리즘은 이익에 민감하며 도덕적 실수에는 둔감한 양상을 띨 수밖에 없다는 지적도 있다. 빅데이터를 어떠한 수학 모형에 따라 활용하느냐에 따라 이미 대학 평가, 업무성과 평가, 정치, 선거, 범죄 예방 등에서 엄청난 왜곡과 조종이 일어나고 있다.

사실 혁명적이라 불리는 최근 과학기술의 발전은 여전히 현실적으로 상용화되기엔 요원하다. 인공지능 왓슨의 암 진단율이 예견했던 것보다 훨씬 못 미친다는 보도도 나오고 있다. 기술의 발전을 통해 진단율을 높일 수는 있다. 인간과 세계에 관한 것이 데이터로 수치화되고, 인간에게 유익한 행동과 결과의 알고리즘이 분석되고 규명되어 모든 문제들을 해결해서 더 이상 인간의 직관과 경험, 감성, 그리고 종교적 신념이 불필요해지는 시대가 과연 도래할까? 빅데이터가 수집하는 크고 많은 데이터가 트렌드의 흐름과 방향을 가리킬 수는 있지만, 옳고 그름과 선악을 구분할 수는 없다. 데이터교와 기술종교의 도래를 믿는 이들은 과학과 이성이 발전하면 인간이 종교를 필요로 하지 않을 것이라고 예견했던 19세기 인본주의자들의 재연이 아닐까?

특이점 이후의 근미래에 펼쳐질 불확정성과 불확실성, 모호성과 혼종성의 포스트휴먼 시대에도 종교는 살아남을 수 있을까? 인간의 나

약함과 육체적·정신적 한계를 극복하고 생물학적 인간의 경계를 넘어 기계와의 융합을 끊임없이 시도하는 포스트휴먼 시대에 종교는 어떠한 실존적 의미를 가질 수 있을까? 이러한 물음들은 현재 인류의 사고방식과 사유의 틀이 너무나 극명하게 변화하고 있음을 상기시키면서 종교도 그에 맞춰서 변화해야 한다는 것을 의미한다.

이러한 물음에 대한 답을 브라이도티Rosi Braidotti의 통찰에서 발견할 수 있다. 브라이도티는 포스트휴먼이 된다는 것은 인간에게 무관심해지거나 탈인간화된다는 것을 의미하지 않으며, 오히려 윤리적 가치와 확대된 공동체 의식을 결합한 새로운 형태의 방식이라고 역설하였다.[27] 달리 말하면 포스트휴먼이 된다는 것은 인간에 대한 적극적인 관심과 긍정적인 접근, 지속적이고 확장된 공동체 의식과 공감 능력과 함께 지구상의 다른 존재와 공존하는 방식이다. 이러한 포스트휴먼은 끝없이 쏟아지는 온갖 실존적 물음들을 수용하며 적극적으로 해답의 실마리를 찾아가게 될 것이다.

포스트휴먼 시대 주요한 키워드는 혼종성이다. 다문화, 다변화, 이질성의 언어와 문화·전통, 생물학적·사이보그적인 것과 더 나아가 비유기물적인 것들과의 총체적 공존성과 양가적인 다중성이 혼재해 있다.

종교는 단절이 아닌 관계성의 회복으로 접촉점을 찾아야 한다. 하라리가 말하는 호모 데우스의 시대보다 현재 우리 삶에 훨씬 더 가깝게 다가오는 실체는 제레미 리프킨Jeremy Rifkin이 말한 협력적 공유사회가 아닐까 싶다. 리프킨은 인터넷 커뮤니케이션, 사물인터넷 인프라, 재생에너지 등이 우리를 협력적 공유사회로 이끌 것이라고 전망

---

27   로지 브라이도티, 《포스트휴먼》, 이경란 옮김, 아카넷, 2016, 243쪽.

한다. 그는 인공지능과 사물인터넷이 인간의 노동력을 급속도로 대치하면서 인간만이 제공하고 교감할 수 있는 사회적 협력과 공감, 공유의 중요성을 일깨워 줄 것이라고 내다보았다.

리프킨은 시대적 변화의 계기가 인간 의식의 전환이라고 본다. 그에 따르면 고대 수렵채집 사회에는 신화적 의식이 지배했으며, 문자와 수리농업 생산의 시대에는 신학적 의식의 전환이 일어났다. 이후 19세기 대규모 생산과 산업화, 군중동원의 시대가 열리면서 이데올로기들의 이념적 의식이 탄생했고, 오늘날 대중소비자 사회가 등장하면서 인간의 내면과 치유, 상호 관계와 사회적 신뢰감이 부각되고 '공감하는 인간'(호모 엠파티쿠스)이 역사의 중앙에 서게 되었다는 것이다.[28]

미래 종교의 역할은 첨단 과학기술과의 공존을 염두에 두고 인공지능을 능가하는 인간 고유의 특성을 일깨우고 교육하는 데 있다. 그것은 바로 인간에게만 있는 창의성과 공감 능력, 배려, 사랑, 관용, 믿음, 신앙 등의 인간성이다. 역설적으로 인간이 효과적으로 포스트휴먼 시대를 이끌어 갈 수 있는 길은 인간만이 갖고 있는 종교성 계발에 있다. 종교적 인간에 의해 만들어진 초인공지능은 인간의 참된 행복과 세계 평화 건설에 유용하게 쓰일 것이기 때문이다.

과학기술이 종교가 되면 인류의 이야기는 인간 자신밖에 없는 편협한 인본주의의 작은 이야기로 축소되지만, 종교는 인간과 우주의 기원과 운명을 큰 이야기로 다룬다. 종교가 현실적 유용성이 아닌 형이상학적 세계관과 인간성을 강조할 때, 포스트휴먼 시대에도 살아남을 뿐 아니라 더욱 활성화될 것이다.

---

28 제레미 리프킨, 《한계비용 제로 사회: 사물인터넷과 공유경제의 부상》, 민음사, 2014, 360~361쪽.

참고문헌

김기석,《신학자의 과학 산책, 과학과 신학의 경계를 건다》, 새물결플러스, 2018.

김선일, 〈과학혁명 시대와 복음의 소통 가능성: 유발하라리의 종교 전망에 대한 대응〉,《신학과 실천》12, 2021.

김성원, 〈제4차 산업혁명과 교회론의 방향〉,《영산신학저널》42, 2017.

_____, 〈유발 하라리의 '호모 데우스론'에 관한 분석 비평연구〉,《조직신학연구》, 2018.

김세원,《포스트휴먼의 초상》, 미다스북스, 2021.

김인중, 〈인공지능의 과거와 현재〉,《인공지능과 기독교 신앙》, IVP출판사, 2017.

김재인,《인공지능의 시대, 인간을 다시 묻다》, 동아시아, 2017.

다니엘 핑크,《새로운 미래가 온다》, 김명철 옮김, 한국경제신문사, 2012.

로지 브라이도티,《포스트휴먼》, 이경란 옮김, 아카넷, 2016.

백종현, 〈제4차 산업혁명 시대, 인문학의 역할과 과제〉,《철학사상》65, 2017.

양선이, 〈4차 산업혁명 시대에 요구되는 인성: 상상력과 공감에 기반한 감수성〉,《동서철학연구》86, 2017.

양성진, 〈4차 산업혁명 시대의 기독교 교육의 방향에 관한 고찰 - 자동화와 연결성을 중심으로〉,《신학과 실천》59, 2018, 567~597쪽.

왕대일, 〈유발하라리의 '사피엔스'와 '호모데우스'의 인간이해에 대한 해석학적 진단 - 호모 사피엔스, 호모데우스, 호모 렐리기오수스〉,《Canon & Culture》28, 2018.

유강하, 〈빅데이터와 빅퀘스천 - 빅데이터 활용에 대한 인문학적 비판과 질문〉,《인문연구》82, 2018, 187~214쪽.

유발 하라리,《사피엔스: 유인원에서 사이보그까지 인간역사의 대담하고 위대한 질문》, 조현욱 옮김, 김영사, 2016.

_____,《호모데우스: 미래의 역사》, 김병주 옮김, 김영사, 2017.

윤승태, 〈4차산업혁명시대의 교회의 역할과 방향〉,《신학과실천》58, 2018.

이국헌, 〈호모데우스 시대에 신학적 인간학을 향하여〉,《문학과 종교》25(4), 2020.

이상욱, 〈4차 산업혁명 시대의 사람 중심 과학기술 연구와 미래 인재상〉,《KISTEP

Inl 21》, 2017.

이상은, 〈종교개혁의 정신 그리고 4차 산업혁명시대를 살아가는 교회의 과제〉, 《조직신학연구》 28, 2018.

이윤석, 《4차산업혁명과 그리스도인의 삶》, 기독교문서선교회: CLC, 2018.

이창익, 〈인간이 된 기계와 기계가 된 신, 종교, 인공지능, 포스트휴머니즘〉, 《종교문화비평》 31, 2017.

제레미 리프킨, 《한계비용 제로 사회: 사물인터넷과 공유경제의 부상》, 안진환 옮김, 민음사, 2014.

캐시 오닐, 《대량살상수학무기: 어떻게 빅데이터는 불평등을 확산하고 민주주의를 위협하는가》, 김정혜 옮김, 흐름출판, 2018.

캐서린 헤일즈, 《우리는 어떻게 포스트휴먼이 되었는가: 사이버네틱스와 문학, 정보과학의 신체들》, 허진 옮김, 플래닛, 2013.

코바야시 마사카즈, 《인공지능이 인간을 죽이는 날》, 한진아 옮김, 새로운제안, 2018.

크리스천 리더, 《빅데이터 인간을 해석하다》, 이기영 옮김, 다른, 2015.

크리스티안 마두스베르그, 《센스메이킹》, 김태훈 옮김, 위즈덤하우스, 2018.

팀 켈러, 《팀 켈러의 답이 되는 기독교》, 윤종석 옮김, 두란노, 2018,

한스 모라벡, 《마음의 아이들: 로봇과 인공지능의 미래》, 박우석 옮김, 김영사, 2011.

Vernor Vinge, "The coming Technological Singularity: How to Survive in the Post-Human Era" Vision-21: Interdisciplinary Science and Engineering in the Era of Cyberspace, NASA Conference Publication 10129, Preoceedings of a Symposium Co-sponsored by the NASA Lewis Research Center and the Ohio Aerospace Institure and Hold in Westlake, Ohio, Mar. 30-31, 1993,

마술적 리얼리즘 기법으로 풀어낸
혼혈아의 정체성 갈등

켄 리우의 〈종이 동물원〉을 중심으로

| 이강선 |

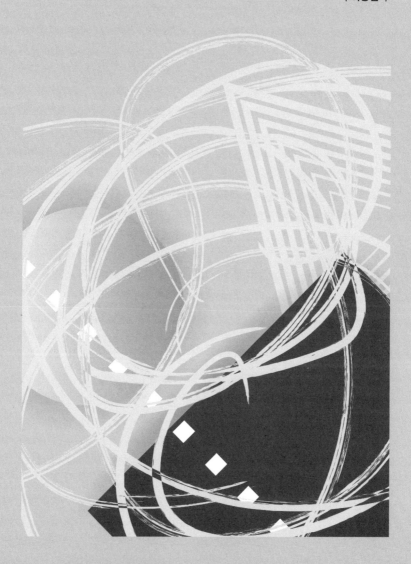

마술적 리얼리즘과 인종 리터러시

인종은 선택하거나 바꿀 수 있는 것이 아니며, 서로 다른 특징을 갖고 있을 뿐으로 우열이 존재하지 않지만, 다양한 인종이 섞인 사회에서는 인종 간 우열이 분명히 존재한다. 이는 물론 권력 때문이다. 다인종 사회에서 우세인종의 아이디어는 사회를 지배하는 이념이 되고 우세인종의 관습과 예술은 인지되고 찬사를 받는 반면, 소수인종의 그것들은 경멸당하거나 제외되어야 하며, 소수인종의 공동체는 중심부가 아닌 주변부에서 존재한다. 다인종사회에서 소수인종으로서 권리를 행사하며 목소리를 내는 사람들의 특성을 연구한 트와인F. W. Twine은 인종적 리터러시라는 사회학의 한 분야를 창안한다.

인종적 리터러시는 인종적 정체성을 형성하는 요인들을 크게 인종의 역사, 인종 특유의 예술, 인종간 유대감으로 구분하며 교육이 이러한 요인들을 인식할 수 있게 만든다. 역사가 인종의 뿌리와 존재해 온 사건들을 알려 준다면, 예술은 인종의 미적 특성을 보여 주며 민족들 간에 공감을 나누는 공통분모의 근거가 된다. 유대감은 이러한 모든 것들을 간직하는 동시에 그 가치를 인식하도록 하는 관점을 갖는 근거로 작동한다. 인종의 역사를 아는 일과 인종의 독특한 특성을 보여 주는 예술, 그리고 인종 구성원끼리의 유대감이 자부심을 갖는 근거로 작동하는 것이다. 동일한 인종이 지닌 시각은 자신의 인종이 만들어 온 역사의 의의를, 그 역사가 갖는 인종적 특성을 표현한 예술을 서로 공유하도록 만든다. 따라서 그러한 가치를 인식하고 공유할 근거가 풍성한 모국에서 타국으로 떠나온 이민자들이 움츠러드는 것은 전통과 예술과 유대감이 단절되는 데서 기인한다.

〈종이동물원Paper Menagerie〉에서는 백인우월주의가 지배하는 다문화 사회에서 소수인종의 역사와 정신을 전달하는 매체로 예술작품이 사용된다. 혼혈 주인공은 자신의 중국인 정체성을 부인하지만, 종이 호랑이 속에 쓰인 어머니의 중국어 편지를 읽은 이후 종이 호랑이를 되살려 내는 상징적인 행위를 한다.

짧은 단편이지만 본 소설에는 인종 갈등 · 피억압자의 서사 · 정체성 갈등이라는 굵직굵직한 주제들이 들어 있으며, 저자는 마술적 리얼리즘을 사용함으로써 이를 모두 아우른다. 마술적 리얼리즘은 복잡다단한 문제의 난맥상을 단숨에 해결하는 면모를 갖고 있다. 실상 현실에 존재하는 일 혹은 현상이면서도 그중 일부밖에 설명할 수 없는 일들에 대한 설명을 제시하는 것이다. 따라서 살아 움직이는 종이호랑이의 정체가 중요하며 종이 호랑이를 살아 움직이도록 하는 기법이 마술적 리얼리즘이라고 보고 그 효용에 주목한다.

마술적 리얼리즘은 내용과 기법에서 현실과 환상, 사실과 허구라는 대립물의 경계가 무너진 모순어법적 글쓰기 양식을 일컫는다. 작품의 얼개나 외형은 사실주의적이나 초자연적 신화, 몽상적 환상 같은 대조적 요소들이 리얼리즘을 침범해 작품의 전반적인 토대를 변화시킨다 … 마술적 리얼리즘은 작가의 주도면밀한 서사 전략과 일화의 내적 논리로 초자연적이고 환상적인 요소들을 현실의 일부로 자연스럽게 받아들이게 하므로, 마술적 리얼리즘은 작가가 사건의 미스터리적 성격에 대해 논리적 · 심리적 설명을 제공할 필요가 없다. 물론 작가는 주도면밀한 서사 전략을 구사하는 한편으로 일화의 내적 논리를 이용해 일상적인 것을 불가사의한 것으로 제시해, 초자연적이고 환상적인 요소를 독자들이 용인할 수 있는 일관성 있는 현실의 일부로 변화시킨다 (김현균 2006: 273).

본 소설에서 마술적 리얼리즘이 구현되는 단초는 어머니의 전통이다. 주인공 잭의 어머니는 어쩔 수 없는 사정으로 인해 조국을 떠나온 중국인으로, 현대적이고 물질적인 것을 추구하는 백인 사회에서 홀로 고립된 소수인종으로 자리한다. 영어를 하지 못하므로 그녀에게는 여전히 중국인의 사고방식이 남아 있고, 그녀 자신은 조상 대대로 전해져 내려온 예술을 스스로 구현할 수 있는 예술가로서 작품을 만들어 내면서 고향의 정신을 유지한다. 그녀에게는 역사와 전통, 그리고 예술은 있었으나 연대를 만들 수 있는 관계가 없었고, 마침내 가족에게까지 소외당하고 병으로 쓰러진다. 여러 문화가 존재하는 다문화사회에서 언어는 자신을 내보이는 중요한 도구지만 그녀는 의사소통을 할 수 없다. 이는 그녀 자신의 트라우마에서 기인한다. 이처럼 어머니는 힘이 없는 듯하지만 중요한 역할을 하고 있는 것인데, 이는 약하고 여린 존재가 지닌 힘 때문이다.

저자는 제목의 동물원이 'zoo'가 아니라 'menagerie'인 까닭을 테네시 윌리엄스Tennessee Williams의 희곡 〈유리 동물원The Glass Menagerie〉(1944)에 대한 암시라고 말하면서, "약하고 여리기만 한 존재로 보이는 어머니가 종이 동물들과 마찬가지로 마음속에 크나큰 힘을 지니고 있다는 것이 분명히 밝혀지기 때문"이라고 어머니의 힘에 대해 언급한다(장성주 2018: 일본어판 역자 후기).

본 연구는 젊은 혼혈 주인공이 지배적 이데올로기와 현대적 물질문

마술적 리얼리즘의 기법으로 풀어낸 혼혈아의 정체성 갈등 |

명의 영향으로 다수인종의 정체성을 택했다가 어머니의 메시지를 통해 어머니의 역사를 이해함으로써, 혼혈로서 자신의 정체성을 받아들이게 되는 과정을 정체성 리터러시의 시각으로 분석한다. 소설의 제목인 '종이 호랑이'는 어머니의 사랑과 전통을 표현하는 도구로서 살아 움직이는 마술적 리얼리즘의 형태로 나타나며, 한편으로 조각 난 정체성이 온전해지는 힐링의 상징으로 나타난다. 주인공은 화자인 잭이지만 어머니는 화자 못지않게 중요한 인물로 잭과 관련해서는 정체성 갈등을, 어머니와 관련해서는 이중 소외를 논할 것이다.

주인공인 잭의 인종과 관련한 정체성 갈등을 논하기 위해 트와인의 인종 리터러시를 적용하며, 소수인종 여성인 어머니의 위치를 논하기 위해 스피박Gayatri Chakravorty Spivak의 하위주체subaltern 개념을 적용한다. 이는 개인의 정체성이 "문화, 인종, 생물학적 성, 젠더, 경제적 계층, 능력 등으로 구성되어 있고 각 요소의 차이가 개인을 구분하기 때문이다. 개인 정체성은 타인과 동일한 가치관과 역할을 수용하되 일부는 공유하고 일부는 자신만의 고유함을 지속적으로 유지함으로써 이루어지며"(이강선 2021: 683) 본 연구는 주인공이 이 정체성을 받아들이는 과정을 탐색할 것이다.

미국 내 마술적 리얼리즘 작품 전통

켄 리우의 〈종이 동물원〉은 2011년 잡지 《판타지 & SF》에 발표되었고, 이듬해인 2012년 SF 및 판타지문학 세계에서 최고의 권위를 가진 네뷸러상 · 휴고상 · 세계환상문학상을 모두 받았다. 켄 리우는 세 개의 상을 동시에 받은 최초의 작가가 되었다. 그는 중국 서북부 간쑤성에서 태어나 열한 살에 가족과 함께 미국으로 이민을 갔고, 하버드대를 졸업한 뒤 2002년부터 과학기술·역사·생명윤리·철학을 담은 SF소설을 써 왔다. 낮에는 법률 관련 컨설턴트로 일하고 밤에는 주로 공상과학소설을 쓰는 작가로 활동하며 '경계인의 정체성 고민'이라는 이민자 작가의 전형적 틀에서 벗어나 장르소설의 편견을 허물었다는 평을 받았다(《한국일보》 2018). 이 작품이 3개의 SF문학상을 한꺼번에 받으면서 세계적으로 알려졌지만, 한국에서는 2018년 본 작품을 번역한 번역서가 '유영번역상'을 받음으로써 비로소 대중적으로 알려졌다. 본 작품에 대한 독자들의 반응은 그야말로 뜨거워서 이 작품을 논한 브런치·블로그의 수가 수백여 개가 넘으며(2021년 11월 12일 검색), 오디오 클립은 5개(2022년 4월 11일 검색), 유튜브의 동영상은 12개(2022년 4월 검색)에 이른다. 이처럼 그의 작품에 대한 독자들의 열렬한 반응과는 달리 한국 학계에서는 그의 작품이 연구되지 않았고, 이는 해외에서도 마찬가지여서 중국 1편, 이란 1편 등 극히 소수가 검색될 뿐이다.

그가 태어나고 12세까지 자랐던 중국의 독자들은 켄 리우를 공상과학소설 작가라기보다는 《삼체The Three Body Problem》(문화대혁명을 배경으로 한 소설로 저자인 류츠신劉慈欣은 이 소설로 휴고상을 수상했다)의 번역가로서 더 많이 알고 있으며, 몇몇 연구는 그가 작품에서 중국 신화를 차용할 때 잘못 해석하고 있다고 지적하고 있다(Yu 2020: 790). 이는 아무래도 그가 미국에서 활동하고 있으며 현재까지는 그다지 알려지지 않은 작가인 탓이 크다.

그의 작품 중 3부작인 《민들레 왕조 연대기》가 비교적 잘 알려져 있고, 이 또한 국내에서 제1부가 번역 출간되었으며 또 다른 단편작품집인《어디선가 상상도 못할 곳에, 수많은 순록떼가》가 2020년 번역 출간되었다. 판타지소설 〈종이 동물원〉은 15편의 단편을 수록한 동명의 소설집에 실려 있으며, 다른 작품들은 〈rg\The Waves〉나 〈상급독자를 위한 비교 인지 그림책〉처럼 SF 장르에 속한다. 이처럼 장르적으로 동일하지 않은 작품들을 한 작품집으로 묶은 것에 대해 켄 리우는 스스로 판타지와 SF를 구별하는 데 별 관심이 없다고 밝히고 있다(7. 한국어판 머리말).

마술적 리얼리즘을 정체성 갈등 해결의 도구로 사용한다는 면에서 본 소설은 중국계 미국인 작가인 킹스턴Maxine Hong Kingston의 《여인 무사The Woman Warrior》(1989)의 전통을 이어받고 있다고 볼 수 있다. 《여인 무사》의 화자는 현대 중국계 미국 여성으로 세탁소 딸이지만 〈이름 없는 여자〉에서는 죽은 고모의 목소리를 복원하고 있으며, 〈흰 호랑이들〉에서는 중국 설화에 나오는 여인 무사인 화무란Fa Mu Lan과 자신을 동일시하고 있다. 〈무당Shaman〉과 〈오랑캐의 갈대 피리를 위한 노래A Song for a Barbarian Reed Pipe〉 또한 마술적 리얼리즘을 구현한 이야기들로, 어머니가 전해 주는 전통 설화에 자신을 투영해 공동체의 혼을 이어받는 동시에 자존감을 되찾는 모습을 그려 내고 있다.

마술적 리얼리즘을 사용한 또 다른 작품인 토니 모리슨Toni Morrison의 《빌러비드Beloved》(1987) 속 빌러비드는 주인공 세서가 죽인 딸의 이름으로, 그녀가 성인의 모습으로 돌아와 일상을 함께하는데 모든 것이 실제인 것처럼 지극히 자연스럽다. 즉, 《여인 무사》가 무시당한 여성의 서사를 펼쳐 내면서 그들의 내면을 나타내기 위하여 마술적 리얼리즘을 사용한다면, 실제 흑인 여인인 가드너Gardner의 일화를 소재로 한 《빌러비드》는 죽은 딸이 돌아와 주인공으로 하여금 과거를 돌아보는 계기를 제공하는 방식으로 전개된다.

한국계 작가 태 켈러Tae Keller는 최근 역시 마술적 리얼리즘을 사용한 《호랑이를 덫에 가두면When you trap a tiger》(2020)이라는 작품을 출간했다. 이 작품은 전통적 혼을 통해 자신감을 되찾는 한국계 소녀 릴리의 모습을 그리고 있다. 릴리는 존재감 없는 소녀로 할머니의 이야기를 듣고 이야기 속 호랑이를 풀어놓는데 이 호랑이는 릴리의 무의식 속에 있는 또 다른 릴리이기도 하고 한국인의 집단 무의식이기도 하다(우정인 2022: 5).

이들 세 작품의 작가들은 모두 미국 내 소수인종 작가로 중국의 설화와 흑인의 실제 역사, 그리고 한국의 옛 설화를 배경으로 사용하여 실제와 마법을 뒤섞고 있다. 마술적 리얼리즘은 마술적 실재를 빚어내는 예술 양식으로, 실재를 묘사하는 사실주의와 상상이 결합한 결과이다. 마술은 그 속성상 사실이 아닌 것을 사실적으로 보이도록 하지만, 사실주의는 그 사실성 안에 진실까지 담아내려 하므로, 마술과 리얼리즘이 섞여 마술적 리얼리티가 생긴다(최수임 10).

마술적 리얼리즘이 구현된 작품에서는 무엇보다도 마술을 대하는 이의 태도가 중요하다. 보는 이가 그 마술을 당연하게 여기는 것, 즉 비사실적 사건에 대한 '태연함matter-of-factness'이 마술적 리얼리즘의 주요 작동 기제이다(최수임 2014 26). 결국 마술적 리얼리즘의 요체는 사실적인 것과 유기적으로 얽혀 '숨겨진' 사실성을 드러내는 비사실성이며, 상상의 세계를 실재처럼 묘사함으로써 소설에서 표현되는 그 공간 자체가 마술적인 시공간이 된다(최수임 10).

〈종이 호랑이〉를 연구한 위항Yu Hang은 이 소설이 중국계 청소년이 자신의 정체성을 찾아가는 과정을 그린 정체성 갈등에 관한 이야기라고 논한다(2020 6). 숨겨져야 하는 피억압자의 서사에도 무게를 둔다. 피억압자이므로 어머니의 사랑은 무시당하기 때문이다. 한편으로 정체성 갈등이라는 시각은 오히려 단순해 보인다.

그렇다면 이 소설의 특이점은 무엇인가. 어머니가 만들었고 잭이 어린 시절 갖고 놀았으나 청소년 시절 다락방에 처박아 두고 잊어버렸으며 성인이 된 후 여자 친구의 손에 의해 다시 끌어내어진 종이 호랑이에 그 특이점이 존재한다. 등장인물 중 종이 동물들이 움직인다는 사실을 놀라워하는 인물은 아무도 없다. 어머니를 비롯해 화자나 아버지, 심지어는 국외자인 마크마저도 이 사건의 비사실적인 본질에 대해 의아하게 여기기보다는 당연하게 받아들이고 있는 것이다.

이 짧은 이야기에는 세 가지의 굵직한 주제인 정체성 갈등, 세대 간 갈등, 하위주체 여성이 포함되어 있으며 이러한 주제들이 마술적 리얼리즘을 통해 효과적으로 묘사되어 있다. 즉, 주인공 잭은 혼혈아로서 자신의 중국성을 부인하지만 결국에는 중국적인 요소를 인정하기까지 정체성 갈등에 시달린다. 잭의 어머니는 이름조차 없는 존재로서 조국에서 외면당하고 가족 내에서도 소외당하며 말을 앗긴 하위주체로서 유령처럼 존재한다.

따라서 본 소설에서 구현한 마술적 리얼리즘의 기법은 억압되고 소외되어 온 여성, 하위주체의 이야기를 효과적으로 재현할 수 있는 서술 전략인 것이다(김여진 2012: 67). 이를 논하기 위해, 소설의 중요한 에피소드를 추려 소설 전개 순서와 달리 시간 순으로 다음과 같이 다시 배열한다. 우선 어머니의 이야기로 중국에서의 삶과 결혼 이전까지의 이야기를 다루고, 두 번째 잭의 어린 시절과 종이 동물의 탄생, 세 번째 이사와 청소년기에 일어난 일, 네 번째 청명절 순으로 각 에피소드를 전개하는 과정에서 장소·언어·소외 문제를 차례로 논한다. 이어

본 소설에서 중요한 요소인 하위주체로서의 어머니, 잭의 정체성 갈등, 종이 호랑이의 의의, 갈등 해결 순으로 살펴볼 것이다.

하위주체와 종이 호랑이, 정체성 갈등

본 이야기에서 중요한 역할을 하는 어머니의 이야기는 실제와 마술이 혼재되어 이 단편의 배경을 이루고 있다. 잭의 어머니는 1957년 중국 허베이성 쓰구루 마을에서 태어나 마을 전통인 종이접기를 전수받았다. 마을 주민들은 마술을 극히 실용적인 목적으로 사용하여 종이 새를 접어 메뚜기를 몰아내고, 종이 호랑이를 접어 들판의 쥐를 쫓아내며, 설에는 종이 용을 접어 하늘로 날려 보내는 식이다. 문화대혁명이 시작되고 어머니는 가족을 모두 잃는다. 잭의 외할머니와 외할아버지가 죽자, 어머니는 몰래 마을을 빠져 나와 외삼촌이 있는 홍콩으로 가기 위해 남쪽으로 향하는 열차에 올라탄다. 광둥성에 도착한 어머니는 먹을 것을 훔치다가 인신매매단 남자들에게 붙잡히고, 그들은 어머니를 홍콩 어느 가정에 가정부로 판다. 6년 동안 첸 씨의 집에서 살림을 하고 아이들을 돌보던 어머니는 시장 상인의 충고를 받아들여 자신의 사진을 카탈로그에 싣는다. 카탈로그에서 어머니 사진을 보고 한눈에 반한 잭의 아버지가 홍콩으로 날아왔고 웨이트리스에게 돈을 주고 통역을 부탁한다. 그들은 결혼해 코네티컷에 자리 잡고 1년 후 잭이 태어난다.

어머니는 떼를 쓰는 아들 잭을 달래기 위해 종이로 호랑이를 접어 준다. 아들이 종이 동물들을 갖고 놀던 어린 시절, 열 살이 될 때까지 어머니의 행복감은 최고조에 달했다.

I laughed, startled, and stroked its back with an index finger. The paper tiger vibrated under my finger, purring. "Zhe jiao zhèzhi," Mom said. This is called origami. I didn't know this at the time, but Mom's kind was special. She breathed into them so that they shared her breath, and thus moved with her life. This was her magic.(65)[1]

나는 웃었고 놀라서 검지손가락으로 호랑이의 등을 쓰다듬었다. 종이 호랑이는 내 손가락 밑에서 푸르륵거렸고 가르랑거렸다. "저 자오 제쥐" 엄마가 말했다. 이건 종이접기라는 거야. 당시에는 몰랐지만 엄마의 종이접기는 특별했다. 엄마는 종이 동물들에게 숨을 불어넣었고 그러면 동물들은 엄마의 숨을 나눠 받았으며 엄마의 생명을 가지고 움직였다. 이것은 엄마의 마법이었다.

어머니는 고향에서 배운 대로 포장지 종이로 동물을 접어 숨을 불어넣는다(65). 동물들이 살아 움직였으므로, 잭은 즐겁게 종이 동물들, 특히 종이 호랑이와 놀 수 있었다. 그러나 잭이 열 살이 되었을 때 가족은 살던 곳을 벗어나 뉴잉글랜드 코네티컷의 반대편으로 이사하고, 이를 계기로 잭은 부모만으로 충분했던 어린 세계에서 벗어나 바깥세계로 향하게 된다. 장소는 어머니와의 정신적 단절에서 중요한 역할을 한다.

....

1 필자 번역. 이하 동일.

뉴잉글랜드는 최초의 영국 식민지가 건설된 곳으로 미국인의 정신적 지주가 되었으며, 오늘날에도 여전히 많은 미국인이 뉴잉글랜드를 마음의 고향으로 여기고 있다. 특히 코네티컷주는 주의 별명인 'Constitution State'에서도 알 수 있듯 미국에서 성문헌법을 가진 최초의 식민지로, 주민들은 이 별명을 자동차 번호판에도 붙일 정도로 역사적인 자부심을 갖고 있다. 또한 가장 전형적인 양키의 고장이라는 의미에서 '코네티컷 양키'라고 할 정도로 미국다운 특징의 일부를 보여 주는 고장이다. 이들 코네티컷 주민들에게 타 인종은 배척하는 대상은 아니지만 경멸스러운 대상이었다. '코네티컷 양키'는 의도는 좋으나 실제로는 인종차별 제도에서 자신이 한 역할을 잊고 있는 북부 자유주의자로서, 타 인종을 우호적으로 대하는 듯싶지만 실제로는 인종차별 제도 혹은 관습의 혜택을 누리면서 전통적인 사고방식을 감추고 있다(Urban dictionary). 새 이웃을 환영한다는 구실로 잭의 집을 찾아온 여인들의 태도에서 그들의 양면적인 모습이 드러난다.

"He seems like a normal enough man. Why did he do that?"

"Something about the mixing never seems right. The child looks unfinished. Slanty eyes, white face. A little monster."

"Do you think he can speak English?"

The women hushed. After a while they came into the dining room.

"Hello, there! What's your name?"

"Jack," I said.

"That doesn't sound very Chinesey." (67)

"저 남자는 정상으로 보이는데, 왜 저 여자와 결혼했지?"

"혼혈에게는 무언가 절대 맞지 않는 게 있어. 아이는 생기다 만 것 같거든. 눈은 째지고 얼굴은 희잖아. 조그만 괴물이야."

"저 아이가 영어를 할 거라고 생각해?"

여인들은 입을 다물었다. 잠시 후 그들은 거실로 들어왔다.

"안녕! 이름이 뭐니?"

"잭이에요."

"잭이라고. 중국 이름 같지 않은데."

무언가 절대 옳지 않다는 표현은 서양인을 기준으로 하는 사고방식으로, 이 사고방식에 의하면 서양인은 정상이고, 동양인은 그에 못 미치는 부족한 존재로 기형이고 괴물이다. 서양인의 전형적인 우월의식을 드러내는 이 표현(Omidvar 2021: 4)은 잭에게 충격을 준다. 잭은 아직 어려 이들의 대화 이면에 있는 우월감을 강력하게 인지하지 못했지만, 뒤를 잇는 사건들과 더불어 이는 그의 인식에 깊이 각인된다.

새 친구인 마크가 잭의 집에 공상과학영화 〈스타워즈Star Wars〉에 나오는 오비완 케노비 인형을 들고 놀러 오는데, 이 플라스틱 인형은 최신 기술이 집약되어 있어 불이 번쩍이는 광선검인 라이트세이버를 갖고 있고 누르면 녹음된 말이 나온다. 반면 잭이 가진 것은 선물 포장지로 접은 종이 동물이다. 두 인형은 각자의 문화를 상징하는 도구가 된다. 과학이 발달한 미래를 근간으로 하여 우주, 우주선, 허공으로 떠다니는 탈것, 말하고 스스로 판단을 내리는 로봇이 등장하며 보이지 않는 기가 힘을 겨루는 근간이 된다. 오비완 케노비는 주인공인 루크 스카이워커의 스승으로 절대 선을 추구하는 학자 겸 수도사인 제다이다. 반면 가정주부인 한 개인이 전통적인 방식으로 만든 종이 호랑이에는 정교함 이외에는 내세울 만한 것이 없다.

마크가 자랑하는 최신식의 비싼 인형은 종이 호랑이의 공격을 받고 탁자에서 떨어져 부서진다. 화가 난 마크는 종이 호랑이를 두 조각 낸 다음 구겨 던져 버리고 "바보 같은 싸구려 중국제 쓰레기"(68)라고 욕하고 돌아간다. 마크의 태도는 이웃집 여인들의 태도를 정확하게 반영한다. 백인우월주의에 사로잡혀 있고 물질과 기술을 우선하는 이들에게 중국인이 포장지로 만든 종이 동물은 안중에도 없다. 포장지는 돈을 주고 살 필요가 없으며, 일회용으로 그 용도를 다한다. 마크는 "싸구려 중국제 쓰레기(cheap Chinese garbage)"라고 표현함으로써 은연중에 한 번 쓰고 버리는 포장지의 용도를 지적하는 동시에, "바보 같다(stupid)"고 표현함으로써 만든 사람을 비하한다. 잭의 어머니가 우편신부mail-ordered-birde라는 사실을 알고 있는 마크는, 노골적으로 황인종에 대한 백인의 시각을 드러낸다. 돈을 주고 인간을 사 온다는 시각은 이전에 백인들이 노예를 사고팔던 시대를 연상시킨다. 마크는 비록 어리지만 '코네티컷 양키'의 태도를 갖고 있는 것이다.

우편신부는 미국이 생기기 이전, 1600년 초부터 존재하던 제도[2]로 우편신부를 구하던 이들은 담배 농장의 일꾼들이었다. 가난하고 힘없

---

[2] 1600년대 초 식민지를 만들기 위해 미국의 제임스 타운James Town에 도착한 유럽인은 거의 전부가 남성들이었다(1607). 이들은 아내를 절실하게 필요로 했고 식민지 지도자들은 유럽에 광고를 내자는 제안을 했다. 운영 주체이던 버지니아 회사Virginia Company는 이들의 필요에 부응해서 유럽 대륙의 여성들에게 광고를 했으며, 영국 노동자계급 여성들이 이 광고에 응했다. 남성들은 돈을 지불하고 유럽에서 건너온 여성들을 아내로 맞았고, 이것이 미국 우편신부의 시작이다. https://www.theatlantic.com/business/archive/2016/08/the-mail-order-brides-of-jamestown-virginia/498083/

는 이들이 우편신부를 구했던 것이다. 잭의 아버지 또한 미국 내에서 아내를 구할 수 없었으므로 해외 신부에게 눈을 돌렸고, 카탈로그에 실린 동양인 여성들의 사진을 보다가 아내를 골라 돈을 치른 다음 잭의 어머니와 결혼했다. 어머니가 동양인이라는 것 외에 우편신부였음을 통해 이들의 형편이 결코 부유하지 않음이 드러난다. 즉, 가난하다는 사실이 경멸을 더 많이 받도록 만든 것이다.

어머니는 마크가 찢어 버린 종이 호랑이를 다시 접어 주었지만 잭의 마음속에 박힌 인종차별적 어휘는 사라지지 않고, 의미 있는 타자들을 통해 세상을 알게 된 잭은 더 강한 힘에 마음이 쏠린다. 학교 친구들은 잭을 "칭크chink"라고 놀리고, 누구 하나 도와주는 이가 없으므로 그의 상처는 깊어진다(22). 그 결과는 중국적인 것에 대한 거부로 나타나며 결국은 어머니에 대한 거부로 이어진다. 잭은 늘 먹던 중국 요리를 밀어내고 어머니에게 영어로 말하라고 요구함으로써 자신의 태도를 결정짓는다. 아버지도 잭의 편을 들어 아내에게 이제는 영어를 배우라고 말한다. 고등학생이 된 잭은 어머니가 결혼하기 위해 자신을 상품으로 내세운, 경멸받아 마땅한 여성이라고 생각한다(65).

What kind of woman puts herself into a catalog so that she can be bought? The high school me thought I knew so much about everything. Contempt felt so good, like wine.

대체 어떤 여자가 자신을 팔려고 카탈로그에 싣는단 말이야? 고등학생이었던 나는 모든 것을 아주 많이 알고 있다고 생각했다. 경멸은 와인처럼 아주 매혹적이었다.

부모가 절대적인 영향을 끼치는 어린 시절과 달리, 사춘기가 시작되는 시기에는 타인들의 영향이 막강하다. 어른들은 호의 뒤에 숨은 배타성을 은밀히 드러내고, 아이들은 동양인에 대한 혐오감을 노골적으로 드러낸다. 잭이 어머니를 멀리하기 시작한 것은 코네티컷 사람들의 동양인 혐오를 감지했기 때문으로, 그는 그들의 시선에 비친 자신의 모습이 어떤 것인지 깨닫고 수치심을 느낀다.

잭이 어머니가 부끄럽다고 여긴 이유 중 하나는 어머니가 영어를 하지 못한다는 데 있다. 세상과 관계를 맺는 데는 언어가 필수적이다. 어머니가 영어를 익히지 못한 것에는 다양한 이유가 있을 테지만, 어머니 자신의 생각도 한 역할을 한다. 이 사실은 잭이 영어로 말하라고 어머니를 다그칠 때 드러난다. 그는 어머니가 중국어로 말할 때마다 영어로 말하라고 다그치고, 아버지 또한 잭의 강요에 동참한다.

She tried to speak, stopped, and tried again, and stopped again. "You have to," Dad said. "I've been too easy on you. Jack needs to fitin." Mom looked at him. "If I say 'love,' I feel here." She pointed to her lips. "If I say 'ai,' I feel here." She put her hand over her heart. Dad shook his head. "You are in America." (69)

어머니는 말하려고 했지만, 멈췄고, 다시 말하려 했지만, 또 멈추었다. "그렇게 해야 해." 아버지가 말했다. "내가 너무 당신 좋을 대로 놓아두었어. 잭은 적응해야 해." 엄마는 아버지를 바라보았다. "'사랑love'이라고 말할 때, 나는 여기서 느껴요." 어머니는 입술을 가리켰다. "'아이愛'라고 말하면 여기서 느껴요." 어머니는 손을 자신의 가슴에 얹었

마술적 리얼리즘의 기법으로 풀어낸 혼혈아의 정체성 갈등 |

다. 아버지는 고개를 흔들었다. "당신은 지금 미국에 있잖아."

    사랑을 말하는 두 단어에서 동양인과 서양인의 사고방식의 차이가 뚜렷하게 드러난다. 동양인은 사랑을 가슴으로 느끼지만, 서양인은 사랑을 머리로 느낀다는 것이다. 이는 결정적인 문화 차이로, 가슴으로 말하는 방식에서는 굳이 사랑한다는 말이 필요하지 않다. 그러나 이 방식은 논리로 말하는 서양 문화에서는 이해받지 못한다. 반드시 말로 표현해야 하는 서양식 논리로 볼 때 어머니는 이해받을 수 없는 것이다. 어머니가 말하고자 하는 것은 언어에 담긴 혼이지만, 이미 마음을 닫은 아들과 남편에게 그 의미가 통하지 않는다.

    잭의 아버지는 영어 한 마디 할 줄 모르는 처음 보는 이방인 여성을 돈을 지불하고 사 올 정도였지만, 그는 아내에게 서양인 남성이 동양인 여성에게 가진 전형적 환상을 보았을 뿐이다. 그가 바라는 아내는 순종적이고 고분고분한 동양인 여성이다(이수미 98). 그는 지금까지 아내가 하는 대로 편하게 놓아두었다고 말함으로써 자신이 얼마나 너그러웠는지 표현하면서, 요리책을 사다 줄 테니 요리를 배우고 영어를 배우라며 아내를 좌우하려는 의도를 드러낸다. 즉, 이들이 보는 어머니이자 아내는 자신들의 세계인 미국에 살면서도 미국 사회에 적응하지 못한 부적응자에 지나지 않는다.

    그러나 잭이 어머니를 외면하는 가장 큰 이유는 어머니가 중국인이라는 사실이다. 그는 자신이 아무것도 닮지 않았다고 표현함으로써 자신이 어머니와 공통된 점이 하나도 없다고 생각한다(70). 아들에게 외면당한 어머니는 필사적으로 영어를 배우려고 노력해 잭이 고등학교에 들어갈 무렵에는 영어를 잘하게 되지만 이미 아이는 어머니를 돌아보지 않는다. 잭이 또래 친구들의 세계를 택했다는 사실은 지배 인종, 강한 인종이 우위를 점하는 사회에서는 모든 일이 강한 인종을 기준으로 이뤄지고 있음을 깊이 인지했다는 의미다. 잭은 종이 동물 인형들을 모두 상자에 넣고 마침내 뚜껑을 닫아 보이지 않는 곳, 다락 방으로 치워 버린다.

어머니는 조용한 여인으로 폭력적이지 않으며 범죄적 성향을 지닌 인물은 더더욱 아니지만, 백인의 시각으로 보면 충분히 반사회적이다. 이는 백인이 주류인 사회에서 백인 사회의 규범을 내면화하려 들지 않고 본래 종족성의 가치를 고수하고 변화를 시도하지 않으며 심지어 는 언어마저 배우려 들지 않기 때문이다(김여진 88). 언어는 한 인간이 사회에서 살아가는 데 필수적인 도구이다. 언어를 통해 정보와 사회 를 구성하고 있는 다양한 것들을 익히게 되므로 언어는 중립적인 의 사소통의 매개체라기보다는 사회에서 살아가는 생존 도구이며, 그 사 회를 구성하는 다양한 사항을 받아들이고 이용하며 이해하는 수단이 다. 즉, 언어가 중립적인 의사소통 도구가 아니라 사회적 의미와 관련 되어 있다(Norton 201:2 5)는 사실을 상기한다면, 어머니는 이미 반사회적 이다.

자기정체성을 사회적 생산물로 보는 쿨리Charles H. Cooley는 거울자 아looking-glass self 개념을 통해 자아 정체감을 논한다(1902: 152). 개인은 의미 있는 타자에게 비추어진 자신의 모습을 통해서 자기에 대한 개 념을 형성해 간다는 것으로, 집단 및 자신이 속한 사회의 가치 체계 등 2차 집단까지를 포함한다(Cooley 155). 즉, 아동기와 달리 청소년기에는 부모 및 가족의 영향력이 감소하고 2차 집단의 영향력이 증가하며, 결 과적으로 학교 친구 및 소속 집단을 통해 가치관을 형성하고 행동 준

거의 자원을 얻게 된다(김은정 88). 그러므로 청소년 개인은 2차 집단과의 유대를 통해 부모 및 기성세대와 차별되는 방식으로 자신의 정체성을 형성하게 된다. 한편 이 시기 청소년은 타인의 평가에 수치심이나 굴욕감을 느끼면서 이러한 느낌을 해석하는 과정을 통해 자신을 지각하게 된다(Cooley 91).

또한 잭은 어머니가 우편신부가 되어야 했던 이유를 알지 못했으며, 중국의 역사나 어울릴 만한 동료 중국인도 알지 못했다. 어머니를 포함하여 자신이 받는 대우가 부당하다는 것을 알려 주는 멘토 혹은 이웃이 없었으므로 가치관·역사·유대감 등 모든 것이 부재했고, 이로 인해 결국 자신이 속한 사회의 우세인종의 가치관을 받아들이게 되는 것이다. 사회적 가치관을 배우는 동시에 이상을 좇는 사춘기에 잭은 어머니를 돈에 팔려 온 동양 여성이라는 시각으로 보았고, 경멸해야 마땅한 사람이라는 생각을 굳혔다.

2차 집단의 시각을 통해 본 어머니는 잭이 훗날 그렇게 될까 봐 두려워하는 잭 자신의 모습이다. 즉, 어머니는 잭의 분신, 또 다른 잭의 모습alter ego으로서, 어머니가 나타내는 것은 개인 차원의 이드Id가 아닌 다른 집단, 중국인이라는 인종성인 것이다. 따라서 잭의 어머니에 대한 억압과 외면은 일종의 자기증오self-hatred의 표출이다(Le-Khac 2020: 52). 잭은 미국인 정체성을 택하기로 결정한 것으로, 정체성은 "사람이 세상과의 관계를 어떻게 이해하고, 그 관계가 시간과 공간에 걸쳐 어떻게 구조화되며, 어떻게 미래에 대한 가능성을 이해하는가"로 정의된다(Norton 45). 어머니는 잭이 원하지 않는, 존재하고 있으나 감추고 싶은 또 다른 자기alter ego로, 종족성의 그림자the racial shadow인 것이다(Le-Khac 52).

어머니를 밀어내고 미국인으로서 온갖 행복감을 추구하면서(my all American-pursuit of happiness)(70), 대학에 들어간 잭은 어머니가 위중하다는 소식을 듣고 병원으로 간다. 그러나 그는 목전에 닥친 취업 생각에 골몰해 병원을 떠난다. 그리고 미처 비행기가 내리기도 전에 어머니가 죽었다는 소식을 듣는다. 결국 어머니는 자신의 종족성으로 인해, 그리고 자신이 속한 공동체의 가부장적 가치관으로 인해 '이중 소외 double-marginality'를 당한 채로 죽은 여인이다(Hunt 1985: 6). 미국 사회에서 어머니는 의사소통의 부재로 인해, 이웃의 차별로 인해 억압을 받으며, 한편으로 자신의 가족 내에서도 유령처럼 여겨진다. 즉, 잭의 어머니는 이민 1세대로 미국식 교육을 받은 자식과의 갈등에 직면하면서 현지 사람들과 유리되어 언어도 통하지 않고 보이지도 않는 유령 같은 존재로 인식된다(고혜림 2009: 321).

어머니의 사후 모든 것이 안정된 듯 보이지만, 잭의 여자 친구인 수잔이 어머니의 종이 동물을 발견하고 그 예술성을 인정하는 동시에 집안 곳곳에 종이 동물을 놓아둠으로써 다시 중국적인 것이 돌아온다. 그리고 여전히 잭의 무의식 속에 존재하고 있던 중국 전통이 청명절을 계기로 되살아난다. 민족의 명절은 전통적인 관습을 담고 있다. 이 전통은 역사로 인해 생겨난 것이며 관습적인 의례를 되풀이함으로써 전통이 이어지는 동시에 그 안에 담긴 정신을 이어 내려간다. 베이징 관광국 홈페이지에서는 청명절에 대하여 조상을 제사 지내고, 성묘를 하는 전통이 있는데, 이는 사람들이 상사에는 슬픔을 다하고 제사에는 공경을 다하며 친지들과의 우의와 화목을 증진시키고 효도를 실천하는 것을 구체적으로 보여 준다고 설명한다. 즉, 명절을 통해서 전통을 굳건히 하고, 전통을 통해 혼과 기록을 굳건히 하는 것인데 공

마술적 리얼리즘의 기법으로 풀어낸 혼혈아의 정체성 갈등 |

동체는 이 모든 것을 되풀이함으로써 그 가치를 일깨워 준다.

청명절에 어머니는 죽은 부모님에게 편지를 쓴 다음, 잭에게 인사를 쓰라고 권했으며 그 편지로 종이학을 접어 서쪽으로 날려 보냈다. 종이학은 서쪽, 태평양을 향해 날아가 중국의 죽은 부모님 무덤까지 도달한다고 했다. 죽은 부모에게 보내는 편지는 부모가 자신의 목소리를 접수한다는 믿음이다. 한편 어머니는 청명절에 종이 동물들이 담긴 종이 상자를 꺼내와 자신을 생각하라고 말한다(71). 종이 동물들은 어머니의 숨을 나누었으므로 어머니가 죽은 후 움직임을 멈춘 종이 동물이 다시 살아날 것이라는 믿음은 자신의 일부가 아들 안에서 살아 있을 것이라는 전통적인 사고방식이다. 동양인의 시간관념은 서양인과 다르다. 동양인들은 조상이 현재에도 자신들과 함께한다고 생각하며, 명절날 조상에게 제사를 지내거나 관습적인 행사를 치러 전통을 지킴으로써 그 생각을 재현한다. 어머니가 종이 호랑이 안에 편지를 쓴 것은 바로 이러한 순환적 가치관 때문이다.

그러나 어머니의 편지는 자신의 마음을 적절하게 표현할 수 있는 중국어로 씌어 있으므로 아들은 그 편지를 타인에게 읽어 달라고 부탁한다. 낯선 중국인 관광객에게 읽어 달라고 부탁하는 이 사건은 어머니가 얼마나 고립되어 있었는지를 한눈에 보여 주는 사건인 동시에, 잭이 중국인 정체성을 부정하게 된 원인 중 하나를 드러낸다. 주변에 자신과 비슷한 사람이 없다면 자신의 정체성을 부정하는 현상은 더욱 노골적으로 나타난다. 정체성을 확인하는 필수 요소 중 하나가 같은 인종으로 이루어진 공동체로, 연대감은 중요한 역할을 한다. 자신과 동일한 모습을 보면 안심이 되는 한편, 그들과 이야기를 나누거나 그들의 삶을 보면서 자신이 혼자가 아니라는 확신을 하게 된다. 최소한 자신과 동일하게 중국인의 눈을 가진 사람들을 본다면 연대 의식을 지닐 가능성이 있는 것이다.

인종의 역사와 예술과 연대는 정체성에 대한 자부심을 이루는 일부분이다. 중국인 공동체는 그들의 역사와 예술이 왜 자랑스러운지, 그리고 사회에서의 역할은 무엇인지 알려 줄 근거와 관점을 지니고 있다. 자신의 일부를 이루는 중국인과의 교류를 통해 중국인으로서의 자부심 혹은 자존감을 형성할 근거를 찾아낼 수 있는 것이다. 자부심은 타 인종과의 비교를 통해 느끼는 것이지만 자존감은 그 자신에 대한 것으로, 중국의 오랜 역사와 예술이 자존감의 근거가 된다. 인종 리터러시를 창안한 미국 학자 트와인에 따르면, 인종적 정체성의 근간은 연대 · 예술 · 역사이다(Twine 2004: 878), 예술 혹은 문화는 혼, 곧 정신과 연관되고, 역사는 기록으로 남으므로 이는 그 인종의 존재와 관련된다. 그리고 종족성과 기록의 진가를 알려 주는 것은 그 인종이 존재하는 공동체다. 문화와 기록은 타 인종의 시각으로 볼 때는 왜곡되거나 잘못 알려질 수 있다. 기록에 생명을 부여하는 것은 그 인종 자신의 시각이고, 정신 및 문화에 빛을 더하는 것은 그 인종 자체의 가치관이다. 결국 해당 인종으로 구성된 공동체가 예술문화와 기록을 제대로 읽어 낼 수 있는 근간인 것이다.

본 소설에서 중요한 일들은 종이 호랑이를 중심으로 나타난다. 어린 잭의 울음을 달랜 것도, 잭이 마크와 다투게 된 것도 종이 호랑이로 인해서이다. 어머니의 사랑을 거부하는 행위는 종이 호랑이를 포함한 종이 동물들을 다락방에 치우는 행위로 표시되고, 어머니 사후 어머니의 삶과 마음을 알게 된 것 또한 종이 호랑이를 통해서이다. 즉, 이 소설에서 종이 호랑이의 존재는 필수적이다. 또한 등장인물들 모두 종이 호랑이가 움직인다는 사실을 지극히 당연하게 여기고 있으므로, 그로 인해 마술적 리얼리즘이 성립된다.

종이 호랑이는 어머니의 숨을 나누어 받음으로써 움직이는데 이 '숨'이 무엇인지에 대해 살필 필요가 있다. '숨'은 호흡을 의미하며 이 숨은 그리스어에서 프시케psych로 나타난다. 프시케는 프네우마 pneuma, πνεῦμα로 생명의 원천이다(서동욱 2013: 168). 서동욱은 레비나스E. Levinas의 철학을 빌려 생명이 그 자체의 고립에 의해 성립하는 순수한 동일성을 가지는 것이 아니라 이질적인 것(공기)의 개입을 통해서만 비로소 성립하며, 이는 우리 삶이 고립된 것이 아니라 다른 자를 향해 개방되어 있는 본성을 지녔고, 이는 바로 우리의 사회성을 말한다고 논한다(185).

'숨'이 살아 있는 동물의 생명의 원천이라면 인간이 존재하기 위한 또 다른 원천은 사회다. 인간은 다른 인간과 더불어 살아가는 존재로 어머니 또한 공동체에서 자랐고, 자라는 동안 종이접기를 배웠고 접은 동물을 사용했으며, 그 전통 공예를 잭을 키우면서 사용한다. 어머니 자신이 사회공동체를 통해 성장했으므로 어머니 생명의 원천이 개방되어 있었음을 의미한다. 반면 코네티컷에 이주해 온 이후, 어머니 자신은 인종적 공동체와 절연되어 있었고 타 인종 공동체와도 새로운 관계를 맺지 못했으므로 어머니의 생명의 원천, 즉 숨이 점차 정체되어 갔을 것이라고 볼 수 있다. 어머니는 이주와 고립으로 인한 어머니 자신의 트라우마를 해결하기 위한 어떤 숨도 공급하지 않았거나 못했던 것이다.

타인, 특히 가장 가깝다고 여겼던 아들과 소통할 수 없었던 어머니가 병에 걸린 것은 어쩌면 당연한 결과로 보인다. 어머니가 종이 호랑이 안에 편지를 쓴 것은 종이 호랑이가 자신의 인종, 고향, 전통, 사랑을 표현하는 도구였기 때문이다. 종이 호랑이는 자신의 민족이자 자기 마을의 전통 그 자체였다. 따라서 어머니는 편지 속에 자신의 역사를 담는다. 종이접기로 유명한 고향 마을과 문화대혁명, 부모님의 죽음, 중국 탈출, 홍콩에서의 식모살이, 아버지와의 만남, 잭의 탄생과 그 이후의 이야기 등을 쓴다.

어머니의 편지 내용을 들은 잭은 편지에 적힌 어머니의 글씨 위에 중국어로 아이('사랑')라는 글자를 여러 번 겹쳐 적음으로써 뒤늦게 어머니와 연결된 느낌을 받는다. 중국어를 통해 잭은 어머니의 마음을 만난다. 이는 곧 어머니가 겪은 과거의 역사를 자신 안에 받아들이는 것으로, 그동안 외면해 왔던 중국계 정체성과 중국인인 어머니를 자신의 일부로 인정하는 것을 의미한다. 잭은 포장지를 다시 접어 라오후를 살려 낸다. '라오후'는 어머니가 가장 먼저 접어 주었던 동물로, 구겨지고 찢어져서 테이프로 수선했으며 빛바랜, 잭을 지켜본 어머니의 사랑을 상징한다. 잭이 라오후를 팔에 앉힌 채 돌아가는 것은 그가 그토록 경멸하던 절반의 정체성, 미국계 중국인임을 받아들인다는 의미이다(Graham-Bertolini 2017: 17).

예술작품으로 전달되는 혼

지금까지 정체성의 갈등을 겪는 중국계 미국인 청년 잭이 자신의 반쪽 정체성을 받아들이는 과정을 살펴보았다. 하위주체인 중국인 어머니의 감추어진 서사가 전달됨으로써 어머니를 외면하던 혼혈 주인공이 비로소 자신의 반쪽 정체성을 수용하게 되는 이 이야기에는 억압 당한 하위주체, 혼혈아의 정체성 갈등, 세대 간 갈등이라는 큰 주제들이 내포되어 있으며 이 다층적인 이야기를 효과적으로 묘사하는 데는 마술적 리얼리즘이 중요한 역할을 한다. 특히 어머니가 종이로 접어 숨을 불어넣음으로써 살아 움직이게 되는 종이 호랑이는 이 단편에서 핵심적인 역할을 하는데, 이 초현실적인 종이 호랑이 묘사에 마술적 서사 기법이 사용된다.

종이 호랑이는 잭의 장난감이었을 뿐 아니라, 아들에게 어머니의 이야기를 전달하는 역할을 하고 있다. 그 이야기는 어머니의 삶이며 망향가이기도 하다. 어머니의 편지를 읽은 주인공은 중국어로 자신의 이름을 쓴 다음, 영혼의 상징인 라오후를 팔뚝에 앉힌다. 중국어는 어머니가 자신의 이야기를 들려주는 도구이므로, 중국어로 자신의 이름을 쓴다는 것은 자신이 중국인임을 인정한다는 의미다. 따라서 라오후가 다시 살아나 팔뚝에 앉는다는 것은 어머니의 생명이 잭에게로 이어졌음을 의미한다.

한 중국 여인이 예술작품에 자신의 숨을 불어넣어 생명을 부여한다는 이 설정은 말과 만남으로써 혼을 전달하는 목적을 달성한다. 숨psyche과 말logos은 곧 psychology로서, 고유한 예술작품에 담긴 심리는 곧 쓰구루 마을 사람들의 심리, 그들의 전통이며 따라서 그들의 혼이라는 의미다. 종이접기는 어머니 마을 사람들을 통해 내려온 전통으로 개인을 넘어선 초개인적인 것, 곧 마을 사람 전체의 정신이다. 개인적인 것, 물질적인 것을 중요시하는 현대사회에서는 초개인적인 자아가 인정받을 수 없다. 반半중국인인 잭이 이 초개인적인 집단 정신을 수용했을 때, 그는 비로소 절반의 정신적 뿌리가 존재하는 세상으로 들어선 것이다. 어머니는 아들에게 그 혼을 전했고 아들은 어머니를 머리가 아닌 마음으로 받아들인다. 잭이 팔뚝에 라오후를 앉힌 것은 어머니로부터 시작된 이야기를 자신이 전해 내려갈 것임을 다짐한다는 의미다. 종이 호랑이 안에 쓰여 있던 어머니의 이야기, "침묵 속에 감춰져 있던 중국계 하위주체 여성들의 처지와 심리"(김여진 78)는, 아들에 대한 그녀의 사랑을 통해 전달되어 간다. 따라서 이치에 맞는 혼혈아의 세계를 구축하는 잠재력으로의 이행, 이것이 포스트모던으로부터의 탈출이다(최수임 16). 이 여정의 문은 물론 어머니의 사랑으로 인해 열린다. 가슴에서 우러난 어머니의 사랑이 잭을 중국의 전통이라는 커다란 잠재력으로 향하도록 만들어 주었으며, 그는 이제 또 다른 세계를 열게 된 것이다.

본 소설이 종이접기라는 전통적 매체를 통해 구현한 마술적 리얼리즘에는 이성과 합리성으로 해결할 수 없는 것들이 존재한다. 그것은 동양식의 순환적 시간관이 없었더라면 가능하지 않은 것들로, 어머니의 사랑을 매개로 한 상상력이 작동하는 이유다. 한편으로 서구식 사고방식으로는 해결되지 않는 진리로 물질만을 중시하는 자본주의로부터의 탈출이다. 특히 포스트모던 시대에 윤리의 구현이라는 측면에서 그러하다. 오늘날 대세가 된 초연결시대의 근간, 인터넷 공간에서는 지리적 공간이 중요하지 않다. 지리적 공간이 중요성을 잃은 초연결사회에서 누구나 디아스포라의 난민이 될 수 있으며 홀로 떠도는 이가 될 수 있다. 중국계 미국인이 동양의 순환적 시간관과 중국적 전통을 마술적 리얼리즘 기법을 구현해 창조해 낸 사랑 이야기가 수많은 이들에게 강렬한 인상을 주는 것은 바로 이 기법 덕분으로 또 다른 잠재력을 보여 준다고 하겠다.

참고문헌

고혜림, 〈수용과 배제: 킹스턴의 『여인무사』를 중심으로〉, 《중국소설논총》 30, 2009, 317~336쪽.

김여진, 〈맥신 홍 킹스턴 『여인무사』에 나타난 마술적 리얼리즘과 중국계 하위주체 여성의 목소리 복원〉, 《영어권문화연구》 5(2), 2012, 63~84쪽.

김은정, 〈한국 청소년들의 학생으로서의 정체성 수용과정 또래관계를 비롯한 의미 있는 타자들과의 상호작용을 중심으로〉, 《한국사회학》 43(2), 2009, 85~129쪽.

김현균, 〈마술적 리얼리즘의 상상력 – 마르케스의 『백년 동안의 고독』〉, 《서양의 고전을 읽는다》, 서울: 휴머니스트, 2006, 270~283쪽.

서동욱, 〈프네우마에 대한 현대적 해석 – 데리다와 레비나스의 경우〉, 《哲學研究》 128, 2013, 167~187쪽.

우정인, 〈소설 '호랑이를 덫에 가두면'에 나타난 옛이야기의 힘과 리미널리티 공간〉, 《세계문학비교연구》 78, 2022, 5~27쪽.

이강선, 〈정체성 리터러시로 소녀 드래곤 서사 읽기 – 《초콜릿 드래곤 하트》를 중심으로〉, 《리터러시 연구》 12(6), 2021, 681~714쪽.

이수미, 〈하워드 패스트의 『이민자들』에 나타난 중국계 미국인 재현 연구〉, 《비교문화연구》 35, 2014, 97~122쪽.

이인태, 〈규범적 또래 압력이 친사회적 행동에 미치는 영향에 대한 도덕적 정체성의 매개 효과〉, 《도덕윤리과교육》 53, 2016, 21~44쪽.

이효석, 〈마술적 리얼리즘의 범 주변부적 편재의 양상 – 가르시아 마르케스, 응구기, 황석영, 오 카인 비교 연구〉, 《비교문학》 63, 2014, 74~101쪽.

최수임, 〈마술적 리얼리즘과 네그리의 예술론: 끌레어 드니의 영화 〈금요일 밤〉에 비추어〉, 《비교문화연구》 34, 2014, 7~41쪽.

Cooley, Charles H., *Human Nature and the Social Order*, New York: Scribner's, 1902, pp. 183-184.

Graham-Bertolini, Allison, 'Marilyn Chin's "Revenge": Rewriting the Racial Shadow', *The Journal of the Midwest Modern Language Association* 50(1),

2017, pp. 17-37.

Hunt, Linda, 'I Could Not Figure Out What Was My Village: Gender Vs. Ethnicity in Maxine Hong Kingston's The Woman Warrior', *MELUS*, 1985, pp. 5-12.

Jameson, Fredric, 'On Magic Realism in Film', *Critical Inquiry* 12(2), The University of Chicago Press, 1986, pp. 301-325.

Norton, Bonny, *Identity and Language Learning: Extending the Conversation*, Bristol: Multilingual Matters, 2013.

Leen Arkhagha*, 'Faith, Identity and Magical Realism in Leila Aboulela's Bird Summons', *Advances in Language and Literary Studies* 12(4), pp. 115-127.

Le-Khac, Long, 'Decentering Bildungsroman Hermaneutics: Cisneros, Kington, and Post-rights Mobility', *Giving Form to an Asian and Latinx America*, Stanford University Press, 2020, pp. 29-59.

Liu, Ken, 'The Paper Menagerie,' *The Magazine of Fantasy & Science Fiction*, 2011, pp. 64-76.

Omidvar, Morteza, 'The Eternal Story of Hiraeth: A Postcolonial Reading of Ken Liu's The Paper Menagerie', 1st National Conference on Recent Developments in English Language, Teaching, Literature, and Translation. *Iranian Seminars Symposia*, 2021, pp. 1-13.

Twine, F., 'A White Side of Black Britain: The Concept of Racial Literacy', *Ethnic and Racial Studies* 27(6), 2004, pp. 878-907.

Yu Hang, 'An Analysis of the Reconstruction of Chinese American Identity in The Paper Menagerie', *Journal of Literature and Art Studies* 10(9), 2020, pp. 790-795.

Wong, Sau-ling Cynthia, *Maxine Hong Kingston's The Woman Warrior: A Casebook(Casebooks in Criticism)*, Oxford University Press, 1999.

베이징 관광망, 〈중국의 청명절 유래와 주요 풍습〉, 2019. http://www.visitbeijing.or.kr/a1/a-XE31EK50092FA37F69E8EC

장성주, 일본어판 〈紙の動物園〉에 실린 옮긴이 후기, 2018. http://goldenbough.

minumsa.com/book/2641/

최문선, 〈너무 늦게 도착한 이름 켄 리우〉, 《한국일보》 2018년 12월 7일자.

https://www.hankookilbo.com/News/Read/201812061882025786 .

포스트휴머니즘 영화에서 (탈)육체성과 기술-환상의 문제

〈블레이드 러너 2049〉를 중심으로

| 김소연 |

| 이 글은 《씨네포럼》 33호(2019년 8월)에 실린 글을 수정하여 재수록한 것이다. |

들어가며: 포스트휴먼의 육체에 휴먼의 정신을?

만일 내 몸이 현재와 같은 몸이 아니었다면 얼마나 다른 삶을 살았을
까? 사실 이러한 상상은 별스런 것이 아니다. 이미 여러 드라마나 영
화가 이러한 부류의 낭만적인 백일몽을 다루어 왔다. 가장 친숙한 유
형이 성별이나 세대가 다른 인물들의 몸이 서로 바뀌어 벌어지는 사
태를 그려 나가는 서사일 것이다. 하지만 시야를 좀 더 넓혀 보면 포스
트휴먼 캐릭터들이 등장하는 이야기들이야말로 그러한 백일몽을 가
장 적극적으로 구현해 왔음을 알 수 있다. '터미네이터'나 '아이언맨'
같은 보철적 기계(인간)의 경우부터 '아바타'나 '써로게이트'같이 인간
을 대체하는 경우, 온갖 유형의 사이보그[1] 등이 모두 그러한 포스트휴
먼 캐릭터에 속한다. 오늘날 의학적 테크놀로지의 발전은 허구 속에
서만 가능하던 이러한 백일몽을 현실로 옮겨 놓았다. 그 결과, 성형수
술을 비롯하여 육체의 보철 및 강화의 범위는 점점 더 확대되고 있다.
〈공각기동대攻殼機動隊: STAND ALONE COMPLEX〉의 쿠사나기 소령처럼
인류가 다양한 인공장기로 대체된 몸을 가지고 "다중 네트워크들의
터미널"[2]이 되어 살아갈 날이 머지않은 것이다.

  이러한 변화는 육체를 정신의 대척점에 배치하고 정신의 종속변수
로 간주하는 관습적 사고를 의문시하게 만든다. 정신의 특권화는 오
랜 사유의 역사 속에서 형성된 것이다. 플라톤은 혼이 진실을 파악하

---

1 만프레드 클라인스Manfred Clynes와 네이션 클라인Nathan Kline이 외계 환경에서 살아남을 인
  간-기계 잡종을 지칭하기 위해 고안한 cybernetic organism의 줄임말. 주디 와이즈먼, 《테크노
  페미니즘: 여성, 과학 기술과 새롭게 만나다》, 박진희 · 이현숙 옮김, 궁리, 2009, 138쪽.
2 Scott Bukatman, *Terminal Identity*, Duke University Press, 1993, p. 2.

포스트휴머니즘 영화에서 (탈)육체성과 기술–환상의 문제 |

고자 할 때 시각과 청각 등의 감각을 비롯한 몸과 더불어 고찰하려 하면 몸에 속게 된다고 경고하면서, 혼은 추론함에서만 명백해질 수 있다고 주장했다.[3] 데카르트René Descartes는 '사유' 개념을 물리법칙의 지배 아래 있는 물질적 실체와 연관된 '연장' 개념과 대립시키면서 인간을 "순수 코기토와 그 신체적 잔여물로 분해"[4]했다. 아울러 그는 스스로 사유하는 것이야말로 '조화로운 인간'이라는 르네상스적 휴머니즘의 이상을 구현하기 위한 조건이라고 역설했다. 한편 가라타니 고진柄谷行人은 기독교에서 육체나 성은 '내면'의 욕정을 감시함으로써 비로소 정신에 대립하는 것으로서 발견되었다면서, 육체는 언제나 이미 '육체의 억압' 아래 존재해 왔다고 강조했다.[5]

그렇다면 이러한 관점을 고대적인 것이라거나 르네상스적인 것, 혹은 기독교적인 것이라고만 치부해도 좋을까? 이른바 포스트모더니즘의 시대인 오늘날의 상황은 어떠한가? 육체(성)의 증강에 골몰하며 과거에는 전혀 상상할 수 없던 육체(성)을 개발하고 있는 이 시대의 현실은 이러한 사고의 자장에 어떠한 새로운 파문을 일으키고 있는가? 이제 육체는 오늘날의 과학적, 문화적, 이데올로기적 지평 속에서 정신으로부터 완전히 독립적인 함수가 되어 가고 있는 것일까? 이 질문에 대한 답은 그리 단순하지 않다. 〈루시Lucy〉나 〈그녀Her〉 같은 영화가 가장 고양된 육체성의 표현으로서 탈육체성을 제시했듯이, 육체(성)의 증강에 기울이는 노력이 궁극적으로는 육체(성)마저도 순수 사

---

3 플라톤, 《플라톤의 네 대화편》, 박종현 옮김, 서광사, 2006, 「파이돈」 65b.
4 슬라보예 지젝, 〈환상의 일곱 가지 베일〉, 《라캉 정신분석의 핵심 개념들》, 대니 노부스 엮음, 문심정연 옮김, 문학과지성사, 2013, 246쪽.
5 가라타니 고진, 《일본 근대문학의 기원》, 박유하 옮김, 민음사, 1997, 106~107쪽.

유의 차원으로 환원 또는 고양시킨다고 해석할 여지도 있기 때문이다. 유사한 환원의 논리를 정신의 차원에도 적용할 수 있다. 만일 저 증강된 육체를 가진 존재(반드시 인간이 아니더라도)의 가치를 결국 그 존재의 정신적 역량에서 찾는다면? 그리되면 육체(성) 개념의 재구성을 촉구하는 놀라운 변화들에 대한 고찰은 정신을 본질화하는 인간중심주의의 확정으로 종결되는 셈이 아닌가? 인간이 저버린 휴먼의 정신을 회복하기 위한 매개로 (탈)육체적인 포스트휴먼 존재들을 활용하는 대다수의 SF영화들에서처럼 말이다.

물론 이러한 가정들은 다만 고민의 출발점을 보여 주는 것에 불과하다. 이 글의 관심은 여기서 더 나아가 포스트휴먼 시대의 육체, 즉 포스트보디와 포스트휴먼 시대의 정신, 즉 테크노판타지가 어떻게 상상되고 담론화되고 있는지를 좀 더 본격적으로 살펴보는 데 있다. SF영화는 미래 사회와 그 속에서 살아가는 인류의 모습을 선취한다는 점에서 특히 참조할 만하다. SF영화들에 등장하는 포스트휴먼 캐릭터들의 특이성이 어떻게 구성되는가를 살펴보면, 존재 일반의 육체와 정신에 대한 우리 시대의 상상력의 촉수가 어디까지 어떻게 뻗어 있는지를 확인할 수 있기 때문이다. 더욱이 그 촉수가 짚어 나가는 지점들은 미래 테크놀로지에 대한 오늘날의 상상에 기초해 있다는 점에서, 포스트휴먼 시대를 맞이하는 21세기 사람들의 욕망과 환상의 윤곽선을 그려 내기에 충분하다.

동시대의 이러한 변화를 분석하기 위해 여기서는 〈블레이드 러너 2049Blade Runner 2049〉(2017; 이하 〈2049〉)를 경유하고자 한다. 일단 이 영화에는 "테크놀로지 속의 몸"[6]이 작동하는 양상들을 보여 주는 포스트휴먼 캐릭터가 다수 등장한다. 또한 1982년에 나온 전편 〈블레이드 러너Blade Runner〉에 이어 포스트휴먼 존재론의 가능성과 한계를 핵심적인 주제로 다루고 있다. 따라서 이 글에서는 〈2049〉를 중심에 놓되, 이 글에서 다루는 논점과 관련된 여타 포스트휴먼 영화들을 상기하면서 포스트보디와 테크노판타지의 문제를 짚어 나가고자 한다.

포스트휴먼의 (탈)육체성과 비인간의 의인화

포스트모던으로 시작된 포스트의 시대는 포스트이데올로기, 포스트정치, 포스트오이디푸스, 포스트보디, 포스트필름 영화 등으로 무한히 계열화되고 있다. 하지만 포스트휴먼은 근대를 출발시킨 휴머니즘의 이념을 문제 삼는다는 점에서 포스트모던 못지않게 가두리가 큰 개념이다. 포스트휴먼의 시대로 우리를 이끌어 가고 있는 것은 생명공학기술, 분자나노기술, 디지털 정보기술, 인지과학을 비롯한 과학기술의 눈부신 발전이다. 그 결과 오늘날 인류는 인체냉동보존술Cryonics, 나노-어셈블러(원자적 수준에서 생체기관을 포함해 화학적으로 안정적인 구조를 만드는 분자 조립 기계), 슈퍼지능, 마인드 업로딩(정신을 업로드하고 가상실재에 거주함),[7] "유전자 슈퍼마켓",[8] 도덕적 향상(약물이나 유전

---

6 이는 돈 아이디의 저서 《테크놀로지 속의 몸》, 이희은 옮김, 텍스트, 2013의 제목이다.
7 신상규, 《호모 사피엔스의 미래: 포스트휴먼과 트랜스휴머니즘》, 아카넷, 2014, 73~97쪽.
8 신상규, 《호모 사피엔스의 미래: 포스트휴먼과 트랜스휴머니즘》, 129쪽.

공학을 이용해 도덕적 능력을 인위적으로 향상시킴),[9] 머리 이식, 텔레파시(뇌-컴퓨터 인터페이스 기술로 뇌의 생각을 읽음), 뇌의 통합, 월드 와이드 마인드(생물학적 뇌가 모두 연결되어 모두가 생각과 경험을 공유함), 뇌 에뮬레이션(하나의 하드웨어를 다른 하드웨어가 똑같이 흉내 냄), 바이오-파밍farming(교체 가능한 맞춤 장기, 인간화 돼지), 인공자궁과 기계 아기[10] 등을 상상하고 실현해 나갈 수 있게 되었다. 어마어마한 "호모 사피엔스 업그레이드",[11] 나아가 '탈-호모 사피엔스'가 시도되고 있는 것이다. 포스트휴먼 시대를 여는 조건은 이처럼 인간과 기계가 혼합되고 자연과 기술이 동화되어 자아/타자, 인간/외계인, 정상/비정상 등의 휴머니즘적 · 모더니즘적 이분법으로부터 해방되는 것이다.[12] 그에 따라 '포스트휴먼'은 일차적으로 "각종 테크놀로지에 의해 신체적으로 향상되고 강화된 인간"을 가리키지만, 좀 더 범주를 확장하면 "디지털 기술과 바이오 기술이 변화시킨 환경 속에서 이전과는 다른 방식으로 살아가게 된 인간"을 통칭한다.[13] 이진우는 이러한 관점을 더욱 밀고 나간다. 인간이 기계와 너무나 유기적으로 결합되어 기계와 인간을 분리해서 상상할 수 없다면 인간은 이미 사이보그와 같다는 것이다.[14] 오늘날 손에서 휴대폰을 떼어 놓지 못하게 된 인간들의 풍

9 신상규, 《호모 사피엔스의 미래: 포스트휴먼과 트랜스휴머니즘》, 133쪽.

10 주기화, 〈인간 능력 향상 기술의 현기증〉, 《지구에는 포스트휴먼이 산다》, 필로소픽, 2017, 124~143쪽.

11 신상규, 《호모 사피엔스의 미래: 포스트휴먼과 트랜스휴머니즘》, 71쪽.

12 Judith Halberstam, Ira Livingston eds., *Posthuman Bodies*, Indiana Univ. Press, 1995, p. 19. 전혜숙, 《포스트휴먼 시대의 미술: 신체변형 미술과 바이오아트》, 아카넷, 2015, 31쪽에서 재인용.

13 Judith Halberstam, *Posthuman Bodies*, p. 25.

14 이진우, 《테크노인문학》, 책세상, 2013, 182쪽.

경은 한마디로 사이보그화된 인간의 단초가 되는 셈이다.

포스트휴먼에 대한 좀 더 급진적인 범주화로 널리 알려진 인물은 단연코 도나 해러웨이Donna Haraway다. 그는 《사이보그 선언문》을 출판하면서 페미니즘적 관점에서 사이보그의 정치학을 선도적으로 제공했다. 휴먼의 변화라는 관점에서가 아니라 아예 비인간의 관점에서, 즉 사이보그의 재정의를 통해 포스트휴먼을 설명한 해러웨이의 '사이보그론'은 꽤 충격적인 것이었다. 그에게 사이보그는 단순히 생물학적인 것과 인공적인 것의 복합체인 기계-인간만을 가리키는 게 아니다. 그는 사이보그를 남성적 서사의 근간인 자연/문화, 주체/객체, 동물/인간, 인간/기계, 기계/유기체, 구성됨/태어남 등의 계몽주의적 경계를 교란하며 다원성과 잡종성·혼종성을 도입하는 존재라고, 또한 동일시에 의존하는 단일 자아 대신 분산에 의존하는 페미니즘적 주체라고 정의한다.[15] 이러한 정의를 압축하는 존재가 바로 '시스터 아웃사이더'로서의 '유색 여성'이다.[16] 하지만 해러웨이는 여기서 그치지 않고 씨앗, 칩, 유인원, 유전자, 데이터베이스, 폭탄, 태아, 유색인종, 두뇌, 생태계, 흡혈귀, 온코마우스[17] 등을 사이보그의 동반종으로 꼽으면서 사이보그의 "모자이크, 키메라"[18]적 성격을 극대화한다.

한편 로지 브라이도티Rosi Braidotti는 해러웨이를 계승하면서 이를

---

15 다나 J. 해러웨이, 《유인원, 사이보그, 그리고 여자: 자연의 재발명》, 민경숙 옮김, 동문선, 2002, 304쪽.
16 다나 J. 해러웨이, 《유인원, 사이보그, 그리고 여자: 자연의 재발명》, 312쪽.
17 하버드대에서 암 유전자를 실험하기 위해 만든 유전자 변형 쥐의 명칭.
18 다나 J. 해러웨이, 《유인원, 사이보그, 그리고 여자: 자연의 재발명》, 318쪽.

질 들뢰즈Gilles Deleuze의 철학적 시각으로 전유한다.[19] 그는 포스트휴
먼이 '페미니스트 주체', '사이보그 주체', '유목적 주체', '복제양 돌리'
와 같이 유연하고 다중적인 정체성을 이해할 수 있게 해 주는 '개념적
페르소나' 혹은 '형상화figuration'라고 설명한다.[20] 이러한 형상화는 특
정한 지정학적, 역사적 위치를 나타내는 "복잡한 특이성"의 표지다.[21]
따라서 포스트휴머니즘은 포스트식민주의와 젠더 연구, 인종 연구, 환
경주의 연구 등의 복합적 스펙트럼 내에서 코스모폴리탄적인 네오-
휴머니즘을 형식화할 수 있게 해 준다. 그 결과, 포스트휴먼은 새로운
공동체를 건설할 수 있는 새로운 사회적 연대의 기회를 만들어 줄 수
있다.

  사실 포스트휴머니즘이라는 개념이 만들어지기 전에도 이와 유사
한 문제의식은 있었다. 예컨대 '인공지능이 인간을 대체할 것인가'라
는 질문은 1950년대부터 인기 있던 주제였다. 이 질문은 자유주의 우
생학을 바탕으로 한 진화론적 휴머니즘의 관점에 입각해 있었다. 따
라서 유발 하라리Yuval Harari는 '초인간'의 창조를 요청했던 진화론적
휴머니즘이 히틀러 일당에 의해 선택적 육종과 인종 청소로 귀결했음
을 비판한다. 동시에 그는 21세기의 기술휴머니즘이 초인간이라는 목
표에 '평화롭게' 도달하게 해 줄 것이라고 낙관한다.[22] 물론 이러한 낙
관론은 순진해 보인다. 진화의 지평에서는 초인간이 된 인간조차도
언젠가는 또 다른 존재에게 자리를 내주어야 하는 잠정적 · 임시적 지

19 Rosi Braidotti, *The Posthuman*, Polity Press, 2013.
20 이경란, 《로지 브라이도티, 포스트휴먼》, 커뮤니케이션북스, 2017, xvi-xvii쪽.
21 이경란, 《로지 브라이도티, 포스트휴먼》, xvii쪽.
22 유발 하라리, 《호모 데우스: 미래의 역사》, 김명주 옮김, 김영사, 2017, 483쪽.

배자일 수밖에 없기 때문이다. 그래서 바이첸바움Joseph Weizenbaum은 인간의 지능이 곧 '실리콘 지능', 즉 컴퓨터라는 후계자에게 자신의 자리를 물려주게 되리라고 예견한다.[23]

지금까지 살펴본 논의들은 포스트휴머니즘 담론사 안에 과학기술로 인한 인간 존재의 '슈퍼휴먼화'를 예견하는 여전히 인간중심적인 담론과, 아예 인간으로부터의 이탈 내지 인간의 배제를 가정하는 비인간화 담론이 뒤섞여 있음을 알려 준다. SF영화의 역사 또한 이 두 경향 사이에서 진자운동을 해 왔다. 슈퍼휴먼화의 양상을 그려 내려는 쪽에는 전형적으로 〈에일리언〉 시리즈나 〈플라이〉, 〈로보캅〉, 〈공각기동대〉, 〈디스트릭트 9〉, 〈매트릭스〉, 〈아바타〉, 〈알리타: 배틀 엔젤〉 같은, 인간 고유의 본질이 잡종화되거나 상실됨으로써 발생하는 사태를 그리는 영화들이 있다. 반면 비인간화에 주목하는 쪽에는 〈터미네이터〉, 〈에이 아이A.I.〉, 〈아이, 로봇〉, 〈바이센테니얼 맨〉, 〈월-E〉, 〈그녀〉, 〈혹성탈출〉 프리퀄, 〈엑스 마키나〉 같은, 아예 처음부터 인간이 아니면서 의인화된 존재들이 인간 사회를 풍자하는 영화들이 있다. 완전히 일반화할 수는 없지만, 두 번째 경향의 영화들이 점차 비중이 높아지는 추세에 있는 듯하다. 이는 인간을 모든 존재의 최상위에 두는 관점이 과학기술의 발전 속에서 점점 더 위협받고 있음을 방증한다.

흥미롭게도 〈블레이드 러너〉와 〈2049〉의 관계에서도 이러한 변천사를 확인할 수 있다. 물론 〈블레이드 러너〉에서도 비인간 캐릭터의

---

23 J. Weizenbaum, "Denken ohne Seele," in J. Joffe (Hg), *Zeit-Dossier* 2, Munchen: 1981, pp. 136-140. 이종관, 《포스트휴먼이 온다》, 사월의 책, 2017, 64쪽에서 재인용.

비중이 동시대의 여타 SF영화에서보다 확연히 높았던 게 사실이다. 하지만 주인공 데커드(해리슨 포드 분)의 정체성이 인간인지 레플리컨트인지는 서사적으로 모호한 채로 남아 있었고(리들리 스콧 감독이 마침내 내놓은 '정답'으로서의 작가적 의도와 무관하게), 우주 식민지로 떠나지 않고 지구에서 살아가는 인간들이 상당수 등장하여 여전히 지구가 인간의 소관 아래 있음을 시사했다. 그러나 후편에서는 대다수의 등장인물이 레플리컨트이다. 2049년의 지구에서는 타이렐사를 접수한 니안더 월레스(자레드 레토 분)가 개발한, 순종하도록 프로그램된 넥서스 8 안드로이드들이 시스템의 요직에 앉아 있다. 따라서 주인공인 경찰 K(라이언 고슬링 분)부터 레플리컨트이고, K(혹은 '조')와 동거하는 조이(아나 디 아르마스 분)는 홀로그램 AI다. 조의 상사인 조시(로빈 라이트 분)도, 월레스가 '최고의 천사'라고 부르는 러브(실비아 획스 분)도, 이후 조이의 대역으로 조와 성관계를 갖는 마리에트(맥켄지 데이비스 분)도, 결국 데커드의 딸로 밝혀지는 스텔리네 박사(카를라 주리 분)도 모두 안드로이드다. 한 마디로 월레스를 제외한 주요 등장인물이 모두 비인간이다. 이러니 후편은 온전히 비인간의 세계를 그려 내기 위해 제작되었다 해도 무방할 정도다.

그러나 이 캐릭터들은 모두 외형상 인간과 다를 바 없으며 인간 배우들이 연기하고 있다. 물론 이것이 영화 제작의 경제성과 효율성 때문임은 말할 필요도 없다. 그럼에도 불구하고 SF 장르에서만 허용되는 미래 존재에 대한 상상이 인간에게로 환원되는 '의인화' 전략은 일종의 반복 강박으로 보인다. '인간'과 '인간다움'에 관한 무한반복적 관심은 그 자체로 인간들의 증상이라는 뜻이다. 물론 이러한 인간중심주의는 〈2049〉에만 한정되는 현상이 아니다. 잡종적 인간에서부터

포스트휴머니즘 영화에서 (탈)육체성과 기술-환상의 문제 |

비인간에 이르기까지, 보철 육체성(슈퍼맨, 아이언맨, 배트맨처럼 인간보다 강력한 인공기관을 갖는 경우), 변이 육체성(엑스맨, 헐크, 사이보그, 안드로이드, 외계 생명체 등 형상과 기능이 인간을 약간 변화시킨 경우), 유동적 육체성(〈터미네이터 2〉가 보여 준 액체성), 좀비 육체성(〈월드워 Z〉, 〈버드 박스〉 같은 영화들이 보여 준 인간의 좀비화), 나아가 탈육체성(〈루시〉, 〈그녀〉에서처럼 어떠한 외양도 없는 경우)에 이르기까지, 포스트휴먼 존재들은 대부분 인간이라는 기본형에 의존하고 있다. 〈블레이드 러너〉 연작의 레플리컨트들 역시 육체적으로 외양은 물론이고 피와 살, 뼈와 내장기관의 기능까지 정확히 생물학적 인간과 동일하다. 악당 역할의 월레스를 괴롭혔던 좌절감 역시 인간과 똑같은 생식능력을 가진 안드로이드를 개발하는 데 성공하지 못했기 때문이다

의인화는 정신의 차원에서도 계속된다. 다시 말해 인간이 저버렸던 본원적 인간성은 결코 영구 소멸되지 않으며 결국에는 비인간들을 통해서라도 실현되고야 만다. 이처럼 비인간의 존재를 정당화하기 위해 비인간으로 하여금 인간(성)을 대리보충하게 하는 서사는 SF 장르의 친숙한 전략이다. 인간과 비인간(로봇, 사이보그, 안드로이드, 인공지능, 아바타, 외계인과의 합성체 등)을 가르는 기준으로서 감정, 기억, 수명, 윤리의식 등을 꼽고 이러한 쟁점을 '비인간적 존재가 구현하는 인간다움의 궁극적 승리'라는 아이러니로 수렴시키는 전략 말이다. 〈블레이드 러너〉 연작에서도 인간과 레플리컨트를 구별하는 기준은 그가 기억하는 것이 실제 경험이냐, 이식된 경험이냐에 있다. 그런 의미에서 SF 서사의 역사는 인간 종의 복제에 기초한 '인간 시뮬레이션'의 무한한 전개로 이루어져 있다고 해도 과언이 아니다. 여기서 인간 시뮬레이션이라는 표현은 포스트휴먼과 대비되는 휴먼이라는 지시대상의

가능성과 한계를 동시에 내포한다. 가능성은 존엄한 존재로서 인간(만)이 윤리적 가치를 실천할 수 있다는 점과, 한계는 인간의 주체성을 대표해 온 것이 대문자 남성, 즉 고대 고전주의와 르네상스의 인간에 대한 이상을 참조하는 가운데 18~19세기 유럽에서 형성한 이성적인 백인 남성의 주체성이었다는 이데올로기적 한계와 연결되어 있다.

그러므로 〈2049〉에서 인간을 체현하는 레플리컨트라는 의인화 전략은 이중적으로 읽힌다. 한편으로 레플리컨트인 레이첼(숀 영 분)이 최고 버전의 인간 시뮬레이션, 즉 종의 재생산을 이루어 냈다는 점은 인간의 배타적 능력인 임신과 출산마저도 그 생물학적 전제로부터 해방시킨다. 인간과 비인간의 경계를 허물어 버린 것이다. 이러한 발상은 명백히 도발적이다. 더욱이 이 '기적'은 수많은 레플리컨트들을 존엄한 존재로서 고양시키고, 그들이 다른 레플리컨트들과 연대하여 자유를 추구하도록 고무한다. 그러나 다른 한편으로는 그러한 '기적'의 효과로서 결성된 미래 사회의 공동체가 여전히 혈연가족이라는 생물학적 공동체를 모체로 삼고 있음에 주목할 필요가 있다. 게다가 아버지 데커드와 딸 스텔리네 박사의 만남을 도모하는 엔딩은 상실된 부권의 회복과 해체된 가족의 재구성이라는, 어쩔 수 없는 진부함을 끌어들인다.

문화적, 정치적, 윤리적 행위의 원동력이 인간과 동일한 수태 능력을 갖는 데서 비롯된다는 서사적 가정은 포스트휴머니즘의 관점에서 보면 자못 퇴행적이다. 더구나 인간 종에 대한 가공할 위협이 될 레플리컨트의 생식능력은 오직 레이첼만이 경험했던 '예외상태'로 역사 속에 봉인된다. 다시 말해 인간과 비인간 사이 경계의 교란은 단지 일회적, 상징적 사건으로만 남을 뿐이다. 비인간을 내세워 이렇게나 인간

중심적인 미래를 만들다니! 아마도 인간의 흔적을 완전히 지운 사이
보그의 동반종이 만들어 나갈 세계를 상상했던 해러웨이라면 〈2049〉
를 여전히 인간(남성)중심적 지배질서를 재확증하는 반反포스트휴머
니즘적 영화라며 실망스러워할지도 모르겠다.

사이보그 선망과 불멸성이라는 양가적 욕망

〈2049〉의 '형상화'가 드러낸 한계와 달리 포스트휴머니즘의 급진성은
인간의 물질성, 즉 생물학적 신체를 인간성의 거점으로 강조하지 않는
데 있다. 즉, 인간을 역사의 우연한 산물이자 기계와 흔적 없이 매끄럽
게 결합되어야 할 재구성된 신체로, 최초의 인공기관으로만 간주하는
데 있다.[24] 이러한 가정은 아우라를 갖는 저자의 작품이 기계 복제 시대
에는 생산을 위한 모형(모델)의 성격을 갖는 것으로 바뀐다는 발터 벤
야민Walter Benjamin의 주장을 떠올리게 한다. 가장 존엄한 피조물이던
인간이 이제는 인간 종의 생물학적 한계를 넘어서는 포스트휴먼을 탄
생시킬 모형으로만 기능한다는 것이다. 이는 무엇보다도 포스트휴먼이
신체의 물질성보다는 신체와 결합되어야 하는 정보 패턴에 특권을 부
여하기 때문이다. 사이보그는 물리적 공간과 사이버 공간의 교차점에
존재한다거나[25] 사이버네틱스는 인공지능 프로그램조차도 생명체로 간

24　Katherine Hayles, *How we became posthuman: Virtual Bodies in Cybernetics, Literature, and Informatics*, Univ. of Chicago Press, 1999, pp. 2-3.

25　윌리엄 미첼, 《비트의 도시》, 이희재 옮김, 김영사, 1999, 41쪽.

주할 수 있게 해 준다는 주장[26]은 이러한 맥락에서 나온 것이다.

　이처럼 물리적 육체와 테크놀로지의 관계가 쌍방향적이게 되면 당연히 지각 방식도 달라질 수밖에 없다. 돈 아이디Don Ihde에 따르면 휴먼의 코기토적 시각중심주의는 청각성과 촉각성의 강화로, '온몸' 지각의 합성으로 나아가면서 전체화 · 다차원화된다.[27] 가상성을 부여하기 위해 전선으로 연결한 전신 슈트나 아이언맨 같은 외골격exoskeleton 로봇, 혹은 웨어러블wearable 로봇 등이 구현하는 것이 바로 온몸 지각의 상황이다. 물론 가상현실 테크놀로지와 전뇌 에뮬레이션 등의 발달로 인해 미래에는 온몸 지각을 위한 이러한 매개물조차 불필요해질 것이다. 그레고리 베이트슨Gregory Bateson에 의하면, 사이보그의 몸은 피부라는 경계를 갖는 대신 정보가 여행할 수 있는 모든 외부 경로를 포함한다.[28] 이는 지각의 탈체현이 본격화된다는 뜻이다. 그리하여 궁극적으로 인간과 기계의 결합은 지각의 방식뿐만 아니라 지각의 결과마저도 변화시킬 것이다. 돈 아이디의 예상처럼 인간이 비인간과 춤을 출 때 스텝이 종종 음악과 다르거나 음악에서 벗어나는 상황이 전개될 수도 있다.[29]

　SF영화들은 아직 실현되지 않은 테크노사이언스를 가시화하기 위해 노력해 왔다. 덕분에 관객들은 미래의 생활세계를 관찰하면서 온몸 지각이나 지각의 탈체현이 어떻게 이루어지는지를 간접적으로나마 체험할 수 있었다. 〈2049〉의 도입부에서도 K가 모는 비행용 차량

26　김선희, 《과학기술과 인간 정체성》, 아카넷, 2012, 55쪽.
27　돈 아이디, 《테크놀로지 속의 몸》, 93쪽.
28　앤 마리 발사모, 《젠더화된 몸의 기술》, 김경례 옮김, 아르케, 2012, 30쪽.
29　돈 아이디, 《테크놀로지 속의 몸》, 183쪽.

이나 지하까지도 투시할 수 있는 드론은 K의 탈체현된 지각의 매체다. 시각장애인인 월레스도 육체의 시지각을 탈체현하는 '날아다니는 기계 눈들'에 의존한다. 러브가 손톱 손질을 받는 와중에도, K를 공격하는 이들을 원격 안경으로 바라보며 조준하고 폭격 명령을 내릴 수 있는 것은 시각과 촉각의 탈체현이 이루어진 덕분이다. 한편 홀로그램 AI인 조이나 거리를 채운 홀로그램 광고 모델들, 데커드의 집에 있던 뮤직 박스용 홀로그램 공연 장면들도 모두 실제로 만질 수 없다는 점 때문에 오히려 촉각적으로 시각성을 자극한다.

디지털 테크놀로지와 탈고전적 영상미학은 이러한 상상을 현실화할 수 있는 기반이다. 짧은 시간을 단속적으로 연장하는 플로우 모션 flow motion, 사이버 피부를 애니메이션으로 그려 냄으로써 몸의 다형질성을 시각화하는 모핑morphing, 숏을 컴퓨터 그래픽으로 구현하는 버추얼virtual 카메라, 등장인물의 다중적 분열을 표현하는 미디어 인터페이스 효과, 무한히 공간의 심도를 연장하며 롱테이크로 이어지는 리미트리스 줌, 인간의 시각을 탈체현하는 폭탄 시점bomb's eye view 등은 이미 흔해진 신기술이 되었다. 여기에 3D와 4D, 증강현실, 가상현실 등의 실감 미디어 테크놀로지는 영화를 비롯한 영상매체 관람의 형식을 바꾸어 나가고 있다. 불릿 타임bullet time 효과를 만들어 낸 〈매트릭스〉나 3D 촬영을 위한 카메라를 새롭게 개발한 〈아바타〉, 우주의 공간적 효과를 만들어 내기 위해 독특한 라이트 박스를 제작한 〈그래비티〉만큼은 아니어도, 〈2049〉에서도 역시 색조들의 도상해석학적 연출, 정교한 미니어처의 활용, 빛의 산란이 이루어지는 배경을 묘사하기 위한 조명 장치의 제작 등을 선보였다. 이는 모두 2049년의 디스토피아적 지구를 묘사하기 위한 노력이었다.

이렇게 가시화된 테크노사이언스는 하나의 방향을 가리킨다. 그것은 바로 인간과 비인간의 범주를 융합함으로써 마침내 신의 자리에 오르고자 하는 인간의(특히 남성의) 욕망이다. 이 욕망은 "인간향상 enhancement"[30]의 수준을 넘어 "사이보그 선망"[31]으로 나아간다. 이를테면 〈2049〉에서 사소하게는 K가 절상을 입은 피부를 약품으로 간단히 접착하거나 조이가 순식간에 가상의 다른 옷들로 갈아입는 것, 진지하게는 레플리컨트가 자기재생산이 가능한 존재가 되고자 하는 것, 혹은 인간이 그런 레플리컨트를 만들어 내고자 하는 것을 일종의 사이보그 선망으로 읽어 낼 수 있다. 물론 〈2049〉는 여전히 '비인간의 인간화'라는 테제에 머물러 있기 때문에, 신이 되기 위해 기꺼이 비인간과 융합하고자 하는 인간의 욕망, 즉 '인간의 비인간화'라는 테제까지는 다루고 있지 않다. 네트에 전뇌를 완전히 융화시킴으로써 결국 인간이 아닌 인간이 되는 경우(〈공각기동대〉)나, 뇌의 100퍼센트를 사용하게 됨으로써 세계와 구분 불가능한 존재가 되는 경우(〈루시〉)를 〈2049〉와 비교해 보라.

사이보그 선망의 궁극적 목표는 바로 '죽음'이라는, 인간의 필연적 운명의 극복이다. 〈블레이드 러너〉의 서사를 이끌어 간 모티브는 4년밖에 안 되는 수명을 늘려 보려는 레플리컨트들의 소망이었고, 〈2049〉의 서사를 이끌어 간 모티브는 레플리컨트 스스로 종 재생산을 실현할 수 있는가의 문제였다. 이러한 주제들을 요약하는 개념이 바로 '불멸성

---

30   신상규, 《호모 사피엔스의 미래: 포스트휴먼과 트랜스휴머니즘》, 66쪽.
31   이 개념은 로잔느 스톤의 것이다. 임옥희, 〈몸의 물질성과 싸이버공간의 정치성〉, 《여성의 몸: 시각·쟁점·역사》, 한국여성연구소 편, 창비, 2005, 439쪽 참조.

immortality'이다. 〈2049〉에서는 한 개체가 아니라 (비)인간 종의 불멸성을 다루지만, 오늘날 포스트휴머니즘 담론은 정보기술 덕분에 실체적 실존을 넘어, 나아가 물리적 기반을 바꾸어 가며 가상적virtual 불멸성을 획득할 가능성에 진지하게 접근해 가고 있다. 전뇌 에뮬레이션이나 인간 의식의 업로드 등을 통해 그 가능성은 언젠가 완전히 실현될 것이다. 그리하여 마침내 "기계가 스스로를 만들어 내고 성장하여 결국에는 우리 인간을 삼켜 버리는"[32] 순간, 과학자들이 '특이점singularity'이라 부르는 순간이 도래할 것이다. 그 시기가 언제인가에 대해서는 의견이 분분하지만,[33] 그 결정적 단절의 순간을 피할 수는 없을 것이다.

기계와 인간의 융합은 천상과 지상, 삶과 죽음, 동물과 기술적 초지능 사이에서 인간이 확보한 "중간적 지위"가 소멸되고 "인간이 세계와 동화"되어 버림을 의미한다.[34] 이제 개인의 정체성은 피부를 세계와의 경계로 만들어 주던 육체가 아니라 뇌가 위치하는 곳을 거점으로 삼게 될 것이다. 새로운 육체는 휴머노이드 로봇 같은 형태를 띨 수도 있겠지만 새로운 생물학적 껍데기일 수도 있고 컴퓨터 시뮬레이션 세계에 구현된 가상 몸일 수도 있다.[35] 이렇게 초지능 기계에 동화되어 완전히 탈육체화되고 나면 인간은 자동적으로 죽음을 면제받게 될 것이다. 아니, 인간이 아니게 된 그 존재에게 죽음의 면제는 더 이상 욕망의 대상이 아니게 될 것이다.

지금까지 특이점 이후를 다루는 SF영화는 나오지 않았다. 물론 오

32   장-가브리엘 가나시아, 《특이점의 신화》, 이두영 옮김, 글항아리/사이언스, 2017, 22쪽.
33   2023년부터 2045년까지 다양하다. 장-가브리엘 가나시아, 《특이점의 신화》, 30~31쪽 참조.
34   장-가브리엘 가나시아, 《특이점의 신화》, 151쪽.
35   머리 샤나한, 《특이점과 초지능》, 성낙현 옮김, 한울, 2018, 229쪽.

늘날의 영화는 당연히 21세기 관객을 상대로 만들어지며 21세기적인 소망(욕망)을 반영 또는 재구성한다. 설령 미래 지구 공동체에서의 사태를 소재로 삼더라도 말이다. SF영화가 의인화 전략에 의존하는 것도 그런 이유 때문일 것이다. 과학기술은 결코 중립적이지 않으며 특정한 문화나 사회적 관계와 연루되어 있다. 따라서 특이점이 예견된다는 경고에도 불구하고 비인간의 존재는 인간의 "판타지를 증강시키는 장치"[36]로서 계속 요청되고 창안되고 있다. 결국 포스트휴먼 영화들이 보여 준 불멸성의 환상은 단순히 미래의 어떤 가능성에 대한 가정이 아니라 포스트휴먼 시대를 맞이하는 21세기 지구인들의 욕망을 그려 내는 장면인 셈이다.

그렇다면 모든 기술-환상techno-fantasy을 수렴하게 될 이 '불멸성'의 환상은 어떤 의미를 띠고 있는가? 자크 라캉Jacques Lacan의 정신분석에 따르면 첫째, 환상 시나리오가 무대에 올리는 욕망은 주체 자신의 것이 아니라 대타자의 것이다. 즉, 환상은 '사회가 나에게 원하는 것이 무엇인가?'라는 질문에 대답하기 위한 시도다. 둘째, 환상 장면은 대타자의 결여를 가리는 기능을 한다. 셋째, 환상은 주체로 하여금 자신의 욕망을 지탱할 수 있게 해 준다.[37] 이러한 관점에서 보면, 불멸성의 환상은 노화나 죽음에 대한 공포를 회피하고 장수의 욕망을 무한대로 연장하려는 단순한 소망의 표현이 아니다. 그렇다면 특이점의 도래를 예견하는 시대에 과학기술의 발달에 의존하며 불멸성을 꿈꾸는 것은 정신분석적으로 어떻게 해석되어야 하는가?

---

36 돈 아이디, 《테크놀로지 속의 몸》, 163쪽.
37 Dylan Evans, *Dictionary of Lacanian Psychoanalysis*, Routledge, 1996, p. 60.

포스트휴머니즘 영화에서 (탈)육체성과 기술-환상의 문제 |

사실 근대인들에게 죽음은 결코 불행하고 비극적인 사태만은 아니었다. 죽음은 인간으로 하여금 신속한 변화 적응력을 배양하게 했고 그 결과 인간은 멸종되지 않을 수 있었다. 즉, 개체는 죽더라도 좋은 무한히 지속될(불멸할) 수 있었다.[38] 근대적인 의미의 불멸성은 계몽주의와 휴머니즘이라는 가치 아래 추진된 것이었다. 이때 시간을 무한한 직선으로 상상하는 근대의 사고는 이중적인 의미를 띠고 있었다. 첫째, 한계가 있되 너무 멀리 있어 도달할 수 없다는 의미, 둘째, 진보를 멈추게 하는 한계란 없다는 의미가 그것이다.[39] 이러한 욕망은 〈2049〉가 보여 주었듯이 우주를 식민지화한다는 제국주의적 상상으로 연장되고 있다.

그런데 도미니크 바뱅Dominique Babin은 개체의 죽음이 아닌 방식으로 죽음의 필연성의 혜택을 지속적으로 취할 방법은 없을까를 질문한다. 포스트휴먼 시대의 인간향상과 탈육체화는 그러한 질문에 대한 대답이다. 그러나 그 가속화의 도달점에서 인간에게 허용될 불멸성은 인간이 더 이상 인지하고 향유할 수 없는 즐거움이 되어 버린다. 기계와의 융합으로 인해 초지능으로 전환된 인간 종은 하나의 육체를 정체성의 단위로 확보하는 생물학적 단위로서의 개별성(개체성)도, 세계(대타자)의 의지와 구분되는 자신의 의지도 갖지 못하게 될 것이기 때문이다. 그 대신, 직선적인 진보의 시간 대신 둥근 고리와 같은 영원회귀의 시간 또는 "완벽하게 완성된 결말 속에 미래를 가둬 버린"[40] 시간, 평이

38 도미니크 바뱅, 《포스트휴먼과의 만남》, 양영란 옮김, 궁리, 2007, 20쪽.
39 장-가브리엘 가나시아, 《특이점의 신화》, 154쪽.
40 장-가브리엘 가나시아, 《특이점의 신화》, 154쪽.

하고 아무런 변화도 일어나지 않는 시간만이 존재하게 될 것이다. 그처럼 비선형적인 시간 속에서 '합리적으로 사유하는 주체'라는 근대적인 환상은 해체되고 주체는 다만 나른한 무無로 환원될 것이다. 즉, 불멸성 혹은 영원성은 오직 무상성을 통해서만 실현될 수 있을 것이다.

그렇다면 오늘날 SF 서사들이 보여 주는 인간과 비인간, 남자와 여자, 다양한 인종별, 국가별, 지구인과 외계인 등 간의 격렬한 적대 장면들은 결코 포기할 수 없는 인간 종(이라는 대타자)의 마지막 자기확인의 계기일까? 이로써 온전히 보편적인 '종'으로서의 위치는 존재하지 않는다는 대타자의 존재의 진실은 가려지게 되는 것일까? 아울러 주체는 의인화 전략에 힘입어 개별화된 정체성과 그 정체성을 지탱해줄 개별적인 욕망을 추구할 수 있게 될까? 그런 의미에서 〈2049〉가 보여 준 불멸성은 양가적이다. 한편으로 이 영화는 개체의 죽음을 통해서만 종의 불멸성을 이어 갈 수 있다고 보는 근대적·휴머니즘적 접근을 이어가고 있다고 해석된다. 하지만 다른 한편으로 이 영화는 궁극의 탈육체성에 근거한 불멸성이 가져올 종의 해체를 두려워하는 방어의 제스처로 해석된다. 어쩌면 〈2049〉뿐만 아니라 모든 SF영화가 불멸성의 이러한 양가적 의미 사이에서 진자운동하고 있는지도 모르겠다.

나가며: 호모 데우스와 로보 사피엔스 사이에서

테크놀로지의 발전 방향에는 언제나 그 시대 인류의 욕망과 환상이 투영되어 있었다. 다시 말해 테크놀로지의 발전에는 세속적 도구인 테크놀로지를 인간적으로 창조하려는, 즉 테크놀로지로서의 한계를 초월하여 인간의 욕망과 환상을 구현하고자 한다는 근본적 모순이 깃들어 있었다. 이 글에서는 이러한 욕망과 환상이 게놈 시대, 생명공학의 시대, 사이버네틱스의 시대에 새롭게 출현한 포스트휴먼 주체성의 (탈)육체성이라는 특징을 통해 어떠한 기술-환상으로 드러나는지를 분석하고 그 환상이 휴머니즘 시기의 환상과 어떻게 다른지 조명해 보았다.

오늘날 포스트휴머니즘은 호모 데우스와 로보 사피엔스의 존재론 사이에 놓여 있는 것으로 보인다. 그렇다면 인간은 이제 과학기술 발전의 결과 신이 될 것인가, 기계가 될 것인가? 신의 세속화를 꿈꾸는 호모 데우스라는 명명은 여전히 휴머니즘의 프레임에 미련을 두고 있다. 반면 특이점의 도래를 두려워하지 않는 로보 사피엔스라는 명명은 휴머니즘의 지형을 완전히 벗어나려는 의지를 드러내고 있다. 이것을 선택의 문제로 보아도 좋을까? 이경란은 휴머니즘의 긍정적 요소들을 포스트휴머니즘적 문제의식에서 분리해 내기 어렵다고 지적하며, 휴머니즘과 반휴머니즘 사이의 이분법적 차이를 넘어서는 길을 모색하자고 권유한다.[41] 그러한 모색이야말로 테크놀로지의 발전이 불러일으키는 죽음정치에 맞서는 생명정치의 길일 것이다. 그리고 영화는 바로 그 길을 선취하는 도정에서 그 어떤 매체보다도 포스트휴머니즘적일 수 있다.

---

41 이경란, 《로지 브라이도티, 포스트휴먼》, 커뮤니케이션북스, 2017, 8~9쪽.

참고문헌

임옥희, 〈몸의 물질성과 싸이버공간의 정치성〉, 《여성의 몸》, 창비, 2005.

가라타니 고진, 《일본 근대문학의 기원》, 박유하 옮김, 민음사, 1997.
김선희, 《과학기술과 인간 정체성》, 아카넷, 2012.
다나 J. 해러웨이, 《유인원, 사이보그, 그리고 여자》, 민경숙 옮김, 동문선, 2002.
도미니크 바뱅, 《포스트휴먼과의 만남》, 양영란 옮김, 궁리, 2007.
돈 아이디, 《테크놀로지 속의 몸》, 이희은 옮김, 텍스트, 2013.
머리 샤나한, 《특이점과 초지능》, 성낙현 옮김, 한울, 2018.
슈테판 헤어브레히트, 《포스트휴머니즘: 인간 이후의-인간에 관한-문화철학적
　　담론》, 김연순 · 김응준 옮김, 성균관대출판부, 2012.
슬라보예 지젝, 〈환상의 일곱 가지 베일〉, 《라캉 정신분석의 핵심 개념들》, 대니
　　노부스 편, 문심정연 옮김, 문학과지성사, 2013.
신상규, 《호모 사피엔스의 미래》, 아카넷, 2014.
앤 마리 발사모, 《젠더화된 몸의 기술》, 김경례 옮김, 아르케, 2012.
윌리엄 미첼, 《비트의 도시》, 이희재 옮김, 김영사, 1999.
유발 하라리, 《호모 데우스: 미래의 역사》, 김명주 옮김, 김영사, 2017.
이경란, 《로지 브라이도티, 포스트휴먼》, 커뮤니케이션북스, 2017.
이종관, 《포스트휴먼이 온다》, 사월의 책, 2017.
이진우, 《테크노인문학》, 책세상, 2013.
장-가브리엘 가나시아, 《특이점의 신화》, 이두영 옮김, 글항아리/사이언스, 2017.
전혜숙, 《포스트휴먼 시대의 미술》, 아카넷, 2015.
주기화 외, 《지구에는 포스트휴먼이 산다》, 필로소픽, 2017.
주디 와이즈먼, 《테크노페미니즘》, 박진희 · 이현숙 옮김, 궁리, 2009.
플라톤, 《플라톤의 네 대화편》, 박종현 옮김, 서광사, 2006.

Dylan Evans, *Dictionary of Lacanian Psychoanalysis*, Routledge, 1996.
Katherine Hayles, *How we became posthuman*, Univ. of Chicago Press, 1999.

Rosi Braidotti, *The Posthuman*, Polity Press, 2013.

Scott Bukatman, *Terminal Identity*, Duke University Press, 1993.

2부

역사 안팎의 초연결

초연결시대에 다시 보는 글로컬 공간, 만주

조선과 명의 변경지대 인식을 중심으로

| 남의현 |

머리말

만주는 고대부터 다양한 민족들이 진출하여 국가를 건립하거나, 서로 차지하기 위해 각축을 벌이던 복잡한 역사 공간이다. 만주가 역동적인 역사를 가지고 있는 것은 만주의 역사지리적인 조건과 관련이 있다. 기본적으로 만주는 지역이 넓고 강, 산, 평야 등 다양한 지형적 특징을 가지고 있다. 가장 비옥한 곳은 요하 유역의 요동평원으로 도시가 가장 많이 형성된 지역이다. 요하는 요동평원을 동서로 가르며 그 주위에 수많은 항구와 도시들을 형성시킨 만주의 젖줄이다. 중원에서 요동으로 진출하는 세력은 대부분 이 비옥한 요하 유역과 평원 그리고 도시들을 차지하고자 하였다. 한나라의 고조선 침략, 수당의 고구려 정벌, 요나라의 발해 공략 등 수많은 전쟁들은 대부분 만주 지역 중 발해로 연결되는 요하 유역을 중심으로 일어났다. 요하 유역은 사통팔달의 중심지로 이 지역을 차지하면 몽골과 흑룡강 유역, 산동, 한반도 등으로 진출이 용이하고 경제력과 교역을 장악할 수 있었다.

역사적으로 만주 지역은 중원에서 보자면 매우 독립된 국가들이 차지한 지역이었다. 고대부터 한족과는 다른 종족이 살고 있었고, 위도와 경도 · 기후 등도 한족 지역과 달랐으며 평원 외에도 많은 산림으로 구성된 만리장정 외곽 지역이었다.

요녕성 중심을 흐르는 요하 유역은 길림성과 흑룡강 지역에 비해 위도가 낮고 기후가 온난하며 강우량이 풍부한 온난기후대에 속하였다. 산동의 화북평원 지역과 기후 조건이 유사하다. 이러한 유사성 때문에 요하 유역과 요동반도를 나누어 화북지구에 넣어야 한다고 언급하는 연구자도 있다. 요하 유역의 동북부 지역에도 송화강 평원과 삼강 평원이 있지만 이곳은 요하 유역 평원과 기후가 다르다. 위도가 높고 기후가 한랭하여 산림자원과 강을 이용한 농법이 도입되기 전에는 해서여진이 거주하며 어렵과 채집 활동을 주로 하였다.

산업화 이전 문명과 국가는 자연환경의 영향을 많이 받았다. 크고 작은 도시들은 대부분 강과 평야지대를 끼고 형성되었다. 이러한 조건에 맞추어 만주는 크게 세 지역으로 구분할 수 있다. 요하 유역 평야지대를 중심으로 하는 농업경제지대, 어렵과 채집경제를 중심으로 하는 압록강 · 길림 · 흑룡강지대, 몽골로 연결되는 유목초원지대이다. 지리적으로 요양을 중심으로 북쪽으로는 요하 평원과 요하를 이용해 쉽게 몽골과 연결될 수 있고, 남쪽으로는 발해를 건너 산동으로 연결되어 중원으로까지 진출할 수 있으며, 서쪽으로는 요하를 건너 요서 지방으로 진출하는 것도 용이하였다. 이외에 영구, 우장, 철령, 개원 등 근대로 올수록 요하 유역에 크고 작은 도시들이 많이 형성되어 만주 번영의 기초가 되었다. 그러나 21세기를 살아가는 우리는 이러한 만주의 기본적인 특징에 대해 잘 알지 못한다. 우리 기억 속에서 만주가 조금씩 이질적인 공간이 되어 가고 있기 때문이다. 본 글은 이러한 이질적인 공간을 동질적인 공간으로 인식해 보려는 시도의 일환이다.

21세기 지구는 초연결시대의 도래로 다양한 쟁점들이 논의되고 있다. 인공지능AI이 등장하여 인간이 해결하지 못하는 많은 문제들을 해결해 줄 것이라는 기대감도 커지고 있다. 인공지능이 인간의 편리를 도모할 서비스를 제공할 것이라는 긍정론이 있는가 하면, 인공지능이 인간의 노동을 차지하며 인권을 약화시킬 거라는 부정론도 있다. 그렇다면 인공지능은 인간의 학문적 영역 특히 인문학에 어떤 역할을 할 수 있을까? 현재 벌어지고 있는 역사논쟁, 곧 영토 · 변경 · 국경 등의 문제에 인공지능이 개입한다면 객관적으로 문제를 해결할 수 있을까? 인공지능이 이러한 문제를 해결하려면 고대의 복잡한 사료, 고고학적 유물 등 모든 것을 인간보다 더 종합적이고 창의적으로 사고할 수 있어야 할 것이다.

이 글은 초연결시대에도 지속될 역사논쟁 중 명대 만주의 변경에 관한 쟁점을 탐구한다. 시대적 범위는 명나라 시대로 한정하였다. 명나라 시대는 몇 가지 쟁점을 가지고 있다. 우선 조선과 명나라의 경계 문제이다. 조선과 명나라의 경계는 어디였을까? 중국은 현재 압록강으로 보고 있지만, 사실 1480년대 이전은 압록강에서 연산관까지 180리, 1480년대 이후는 압록강에서 봉황성까지 120리가 국경지대로 설정되어 있었다. 둘째, 청나라를 세우기 전 여진 지역을 어떤 시각으로 바라볼 것인가의 문제이다. 중국은 명나라의 지배 지역으로 보지만 실상은 상당수 독립된 여진 부족이 살고 있었으며 압록강과 두만강 유역의 여진은 조선의 관할 하에 있었다. 본 글은 이러한 두 가지 관점을 사료를 중심으로 정리하면서 명나라 시대 만주 공간의 상당 부분을 조선인들이 이질적 공간이 아니라 동질적 공간으로 인식하고 있었음을 밝히고자 한다.

만주는 현재 세계가 주목하는 글로컬 지역이다. 고대부터 동아시아의 여러 세력이 항상 주목했던 변동의 중심이었고, 현재에도 한국과 중국 사이에서 가장 쟁점이 되고 있는 지역이다. 중국 역시 만주를 중심으로 동해로 나아가 환태평양 지역으로 진출하려는 전략을 가지고 있다. 이 글은 초연결시대 쟁점이 되고 있는 만주의 역사성을 이해하기 위해 그 쟁점의 근원이 되고 있는 명대 조선과 명 사이의 변경 지역을 살펴보고, 우리에게 우선 필요한 것은 21세기 만주의 변경 지역을 이질적 공간이 아닌 동질적 공간으로 인식하는 것임을 밝히기 위한 시도이다.

화이華夷의 경계, 압록강에서 연산관180리

우리의 기억에서 지워질 수 없는 압록강鴨綠江은 현재 북한과 중국의 국경을 이루고 있는 강이다. 하지만 조선과 명나라 시대 국경은 지금과 달랐다. 압록강과 요동평원 사이에 백두산에서 뻗어 내려오는 장백산맥이 형성되어 있어서, 압록강에서 요동평원에 도착하려면 5박 6일 동안 험준한 장백산맥을 넘어가야 했다. 그리고 요동평원을 앞에 두고 마지막 날 넘어야 하는 고개길이 바로 연산관連山關이다. 압록강에서 연산관까지의 거리는 대략 180여 리이다. 이 연산관에 도착해야 명나라의 변경 초병을 처음 만날 수 있었다. 당시 명나라가 만주에 진출하여 차지한 지역은 대략 오늘날의 요녕성 일대이다.

압록강에서 연산관을 넘어 요동도사遼東都司가 설치된 요양遼陽에 이르는 지역을 당시에는 요동팔참遼東八站이라고 불렀다. 이 지역에 중요한 8개의 참站이 설치되어 있었기 때문에 붙여진 명칭이다. 이 지역은 조선과 명의 국경지대이면서 조선의 사신을 맞이하는 명의 책문柵門이 1480년 이전에는 연산관에, 이후에는 동남쪽으로 이전하여 봉황성에 설치되어 있었다.

고대에는 선으로서의 국경선도 있었지만 거대한 지역이 국경 역할을 하는 경우가 많았다. 압록강에서 연산관에 이르는 지역이 그랬다. 이 지역은 백두산에서 시작된 산맥이 자리 잡아 인적이 드물고 교통이 불편하여, 압록강에서 연산관에 이르는 180여 리의 산간지대가 국경 역할을 하고 있었다.

명나라 이전 원나라와 고려의 국경은 자비령이었다. 자비령이라는 지명은 불교에서 온 용어로 여러 곳에서 확인된다. 자비령이 한반도 황해도에서도 확인되어 황해도가 원과 고려의 국경 기점이 된다고 보는 견해도 있으나, 최근의 연구 성과들은 연산관 지역이 원과 고려의 국경으로 이곳에 험준한 자비령이 있었다고 보고 있다.

원나라 시기에는 요양행성을 설치한 이후 고려와 원 사이에 큰 전쟁이 없어서 압록강에서 요양에 이르는 지역이 역참驛站으로 정비되어 있었다. 그러나 원나라와 명나라가 각축을 벌이면서 명 초기 몽골과의 전쟁으로 기존의 역참이 파괴되고 인적이 자취를 감추어 이 지역은 무인지대로 남아 있었다. 명나라 초기의 요동팔참은 두관頭館 · 첨수甛水 · 연산連山 · 용봉龍鳳 · 사열斜列 · 개주開州 · 탕참湯站 · 역창驛昌 등으로 노정은 5일에서 6일 정도이고, 요동도사를 지나면서 제1참 두관을 시작으로 압록강 부근에 제8참站인 역창이 위치하였다.

| **그림 1** | **요동팔참 지역과 사행로** 팔참의 이름과 위치는 시기에 따라 다양한 변화 과정을 거쳤다.

팔참은 명조가 건립된 후 새롭게 설치한 것이 아니라 주로 원나라 대 요양행성 시기 사용되던 요양로遼陽路의 노선을 그대로 유지하고 있었다. 요동팔참은 육로를 통해 요동도사의 중심지인 요양에 이르는 사행로使行路의 기본 노선이지만, 장백산맥이 자리 잡고 있어 예로부터 인적이 드물고 산짐승이 많으며 통행이 매우 불편했다.

조선은 《조선왕조실록》에 이 지역의 정보를 상세하게 기록하였다. 조선의 사행로이자 압록강을 마주하고 있는 변경 지역이었기 때문이다. 다음은 조선 세종 시기 통사通事 김옥진金玉振이 보고한 내용이다.

앞서 본국의 사신이 동팔참의 한 길을 내왕했는데, 예전부터 산이 높고 물은 깊었으며, 물줄기 하나는 활처럼 굽어서 무릇 8, 9차례나 건너야 합니다. 여름철 장마에는 물이 범람하고 본래부터 배가 없으며, 겨울철에는 얼음이 얼어 미끄럽고 눈이 깊어서 사람과 말이 넘어져 죽는 일이 많이 있습니다. 또 개주開州와 용봉참龍鳳站 등은 인연人煙이 없고 풀과 나무만 무성하고 빽빽하며, 최근 사나운 범이 자주 나와서 공격하므로, 왕래하는 사람과 말이 실로 고생이 많습니다.[1]

중추부지사 이석형 등도 다음과 같은 글을 올렸다.

신臣 등이 지난해 11월 29일 북경에서 돌아오다가 12월 16일에 요동에 이르니, 5일이 지난 뒤 단련사團鍊使 오서吳滋 · 이중손李仲孫 등이 군사를 거느리고 왔는데, 동상에 걸린 자가 매우 많았으며 심지어는

---

[1] 《世宗實錄》世宗 18年 12月 己巳.

발가락이 탈락脫落된 자까지 있었고, 말도 또한 상한 것이 열에 여덟아홉이었습니다. 그런데도 오히려 태반이나 이르지 않았고, 그 뒤에 오는 자도 연이어 3일 동안 끊이지 않았으며, 동상은 더욱 심하였습니다. 그 이유를 물으니, 동팔참 지역에 눈이 많이 내려 다른 해의 10배나 되어서 갈대가 모두 파묻히고 평지에도 4, 5척이나 쌓여, 한 마리의 말을 앞서가게 해서 길이 잠시 트인 곳으로 여러 군사가 차례로 서로 뒤를 밟아 2, 3리씩 걸었는데, 시간이 지날수록 고통과 추위가 더하였으므로 사람들이 동상에 걸린 것도 당연한 상황입니다.[2]

이러한 기록을 통해 요동팔참 지역의 열악한 자연조건과 사행의 어려움을 잘 알 수 있다. 또한 인적이 드물어 도적떼들이 은거하기에 알맞은 지역임을 다음의 내용을 통해 알 수 있다. 조선 태종 2년 서북면 도순문사西北面都巡問使 이빈李彬이 올린 보고를 보자.

사은사 노숭盧嵩이 개주참開州站에 이르렀다가 도적을 만나 돌아왔습니다. 노숭은 사은 방물方物과 마필을 가지고, 감생監生 유영柳榮은 바꾼 말 2백 필을 압령하여 모두 의주에 이르렀을 때, 손소경孫少卿도 말을 독촉하기 위하여 또한 의주로 와서 마침내 함께 요동으로 향하여 떠났는데, 3월 26일에 개주참에 이르자 난폭한 도적 2백여 명이 별안간 나타나서 협공하여 진헌進獻하려던 방물과 유영이 몰고 가던 말을 다 빼앗아 갔습니다. 다만 노숭이 바치려고 가지고 가던 별마別馬 20필만은 견마군牽馬軍이 타고 달아나서 빼앗기지 않았습니다. 손소경은 탔

2 《睿宗實錄》睿宗 1年 5月 丁酉.

던 말에 화살이 맞았으나 노숭과 같이 모두 달아나서 숨었기 때문에 겨우 죽음을 면하였습니다.[3]

요동반도 남부 지역인 요남遼南에 대하여 "해주海州, 개주盖州 등의 지역은 그 땅이 넓어 수백 리에 이르며 인가가 즐비하고 곡식이 들을 덮고 있으며, 대부분의 사람들이 조선말을 쓰고 있다"[4]고 기록한 것과 비교해 보면, 요동팔참 지역은 산악지대로 인구가 희소하고 산과 계곡·강을 많이 끼고 있어 도적떼나 여진인들이 숨어들기 쉬운 자연지리적 조건을 갖춘 지역이었음을 알 수 있다.

천순天順·성화成化 연간(1457~1487)에 이르면 요동팔참 지역은 여진의 위협이 심화되고 있었다. 1460년(천순 4) 조선의 의정부를 통해 야인野人 낭발아한浪孛兒罕의 아들 아비거阿比車가 조선의 여진정벌 당시 죽은 아버지의 복수를 한다며 동팔참을 위협하였으며, 1464년(천순 8)에는 진응사進鷹使 손수산孫壽山을 통해 모련위毛憐衛의 여진 1천여 병사가 요동팔참의 요충지 봉황산鳳凰山에서 조선의 정조사를 습격하기 위하여 매복하고 있다는 사실이 보고되었다.[5] 1466년(성화 2) 10월에는 야인이 통원보通遠堡에 들어와 사람과 가축을 약탈하는 일도 있었다.[6]

또한 1467년(성화 3) 평안도 관찰사 오백창吳伯昌이 해서위海西衛 군사 1천여 명과 모련위 군사 1천여 명이 연산連山에 주둔하고 있으며, 건주위建州衛 군사 5백여 명이 통원보에 주둔하고 있다는 정보를 입수하는

---

3 《太宗實錄》太宗 2年 4月 乙卯.

4 《成宗實錄》成宗 17年 10月 己卯.

5 《世祖實錄》世祖 10年 3月 庚申.

6 《世祖實錄》世祖 12年 11月 庚寅.

등 심상치 않은 여진의 동팔참 위협이 계속되었다.[7] 같은 해 조선에서는 명사明使를 호위하던 조선 호송군이 요동팔참에서 야인의 공격을 받아 6백 명의 군사를 조직하여 요동팔참 지역의 야인을 찾아 습격할 것을 지시하였으며,[8] 1480년(성화 16) 조선의 사신이 요동팔참의 개주 지방에서 건주위의 야인 2천여 기騎를 만나 물건을 약탈당하는 등 요동팔참은 이미 명이 그대로 간과할 수 없는 심각한 상황으로 변해 가고 있었다.[9] 이처럼 명대의 요동팔참 지역은 산악지대이자 인적이 드문 조선과 명의 국경 완충지대로 여진이 이 지역을 오가는 사신들을 빈번하게 위협하고 있었다. 이러한 여진의 위협은 조선과 명나라에게 해결해야 할 중요한 과제로 다가왔다.

여진의 위협과 화이 경계의 변화

여진의 위협을 약화시키기 위해 조선과 명은 각각 건국 초기부터 이 지역 여진을 상대로 초무 활동을 하였다. 명나라 영락 연간(1403~1424)은 명나라에서 가장 대외정벌과 활동이 많았던 시기이다. 초원의 몽골과 함께 만주의 여진 세력도 초무 대상이었다.

그러나 명 초기에는 조선의 여진 통제가 더 효과를 거두었다. 1391년(홍무 24) 이성계의 노력으로 여진인 3백여 명이 조선으로 넘어왔고, 같

---

7 《成宗實錄》成宗 11年 1月 癸未.

8 《成宗實錄》成宗 11년 9月 乙酉.

9 《成宗實錄》成宗 11년 10月 辛酉.

은 해 8월 두만강 하류 아목하阿木河 일대 여진의 일파인 올량합兀良哈
·火兒阿 부족이 내조하는가 하면, 1392년(홍무 25)에는 오도리斡都里·斡
朶里와 올량합이 고려에 내조하여 만호萬戶·천호千戶·백호百戶 등으로
임명되고 생활필수품을 지원받는 등 고려와 조선의 여진초무가 명에
비해 그 효과를 거두고 있었다.

  명나라 역시 여진을 영향력 하에 두기 위해 여진을 하나의 군사편
제인 '위衛' 단위로 묶었다. 명나라의 여진초무정책에 따라 1403년(영락
원년) 화아아부火兒阿部(건주建州 올량합)의 수령 아합출阿哈出이 명의 초무
를 먼저 받아들여 11월에 건주위의 지휘사로 임명되었다.[10]

  당시 이러한 명의 적극적인 여진초무에도 두만강 유역의 오음회五
音會(회령會寧)에 있던 오도리부의 동맹가첩목아童猛哥帖木兒는 명의 초무
를 완강하게 거절하며 버티고 있었다. 이 시기 명은 천호 고시라高時羅
· 왕교화적王敎化的 · 왕가인王可仁 · 김성金聲 · 서원기徐元奇 등을 파견
해 이 지역의 파아손把兒遜 · 착화着和 · 아란阿蘭 · 동맹가첩목아를 명의
편으로 끌어들이기 위해 줄기차게 노력하고 있었으며, 조선 역시 명
의 눈을 피해 여진을 조선으로 회유하기 위해 상호군上護軍 신상申商 등
을 파견하고 그들이 필요로 하는 물량을 대량으로 지원하는 등 여진
과의 외교적 교섭에 최선을 다하고 있었다.

  1413년(영락 11) 명나라가 동맹가첩목아를 건주위 지휘사로 임명하
면서, 마침내 동맹가첩목아가 중국에 내조의 의사를 표시하였다. 결국
동맹가첩목아가 명조에 귀부한 것을 계기로 올량합 만호 파아손도
'이후 조선을 위하고 조선의 입장을 따르겠지만 동맹가첩목아의 관하

---

10 《明太宗實錄》永樂元年 11月 辛丑, 12月 辛巳.

가 되지 않기 위하여 불가피하게 명을 향해 입조할 수밖에 없다'고 하면서, 변경 지역에서의 여진초무정책은 조선에게 불리한 양상으로 전개되기 시작하였다.[11]

여진과의 충돌과 초무가 반복되는 가운데 명나라의 여진위소女眞衛所는 영락 연간 초기인 1409년(영락 7) 130여 개에서, 1413년(영락 15)에는 흑룡강의 노아간奴兒干 지역을 포함하여 180여 개가 추가로 신속하게 설치되었다. 이로써 다수의 여진인이 명의 형식적인 위소 체제에 편입되었다[12] 요동 북부의 개원開原과 요서의 광녕廣寧 등지에 마시馬市를 설치하여 명이 필요로 하는 말 공급을 원활히 하는 등,[13] 요동도사와 위소를 중심으로 하는 명의 여진초무정책은 일시적으로 그 영향력이 요녕遼寧 · 길림吉林 · 흑룡강 등의 전 지역으로 확대되어 조선에 비하여 더 적극적이고 조직적인 모습을 보였다.[14]

그러나 여진에 대한 명나라의 적극적인 정책은 영락 시기가 최고조였다. 그가 몽골 친정에서 돌아오다가 죽음을 맞은 뒤 명나라의 변경정책은 소극적으로 전환되었고, 이후 여진족이 세력을 확장하면서 변경 약탈이 조금씩 증가하기 시작하였다. 영락 연간 후기가 되면서 여진족은 두만강 지역과 조선의 압록강변 여연閭延 지방에서 대대적인

---

11 《太宗實錄》太宗 5年 9月 甲寅.

12 王鍾翰, 〈明代女眞人的分布〉, 《淸史新考》, 遼寧大學出版社, 1997, pp. 22-39.

13 《明太宗實錄》永樂 24年 11月 乙酉, 《明仁宗實錄》洪熙 元年 4月 壬戌, 6月 丙子, 癸巳 등 자못 많은 기록을 볼 수 있다. 이들 마시를 통해 사들인 군마軍馬의 기록 일부를 살펴 보면 1424년(태종太宗 22)에 개원마시에서 말 537필, 1424년(홍희 원년) 4월에 개원마시에서 200필, 같은 해 6월 광녕마시에서 82필과 465필을 사들였다.

14 《明太宗實錄》永樂 4年 3月 甲午. "設遼東開元廣寧馬市二所, 外夷以馬霑于邊, 命有司善價易之, 至是 來者衆 故設二市, 命千戶答納失里等主之".

약탈을 시작했으며, 조선 조정에는 여진이 변경을 침략한다는 비보가 속속 전해졌다.

1419년(영락 17) 평안도 관찰사가 오랑캐 40여 명이 압록강 변 여연군에[15] 침입하여 남녀 10명을 잡아갔음을 알렸고,[16] 같은 해 평안도 병마도절제사가 야인 40여 명이 여연군에 들어와 남녀 70인과 가축을 약탈해 가는 것을 되찾아 오는 등 피해가 늘어 갔다.[17] 1421년(영락 19) 11월에는 평안도 관찰사 정분鄭苯이 올량합 4백여 기騎가 여연에 쳐들어 왔다고 급보를 전하여[18] 병조에서 여연을 방비하러 가는 군인들에게 총통 쓰는 법을 익히게 하였다. 그러나 이러한 임시방편적인 방어책은 여진의 성장과 공격을 근본적으로 해결하지 못했으며, 이후에도 1422년(영락 20) 올량합 2백여 기가 여연을 공격하는 등 여진의 공격과 위협은 날이 갈수로 심해져 갔다.

선덕宣德 연간(1426~1434)에는 북변과 요동의 형세가 매우 심각해져서 명은 북변에 대대적인 성보 수축을 준비하였다.[19] 사신 배준 등을 보내 여진의 고조화高早化와 양목답올楊木答兀에게 피로被擄된 자들을 송환시키고 동맹가첩목아를 우도독에 임명하는 등 두만강 유역의 여진을 통제하고자 하였다. 건주부족의 양옥답올은 친명親明의 입장을

---

15 여연 지역은 원래 함길도咸吉道 갑산군의 여연촌이었는데, 1416년 압록강의 지류가 합류하던 갑산군의 小薰豆 서쪽을 떼어 여연촌을 중심으로 여연군을 설치하였으며 평안도의 관할로 하였다. 1435년 도호부로 승격시켜 진을 설치하고 첨절제사를 두었다. 그러나 이후 압록강 지역에 여진족의 침입이 너무 잦아 4군을 폐지하게 되었으며 결국 여연은 강계부에 소속되었다.

16 《世宗實錄》世宗 元年 8月 乙巳.

17 《世宗實錄》世宗 元年 9月 甲寅.

18 《世宗實錄》世宗 4年 12月 庚子.

19 《明宣宗實錄》宣德 元年 7月 癸丑, 宣德 4年 7月 甲戌.

취하던 동맹가첩목아에게 불만을 표시하며 동맹가첩목아와 아들 권두權豆 그리고 다수의 부족민을 살해하였다.

결국 명조는 여진의 규합을 방지하기 위해 1442년(정통 7) 건주위를 분리시켜 동창童倉을 건주좌위의 추장으로 범찰凡察을 새로운 건주우위의 추장으로 임명하여 건주를 3개의 위衛로 분리시키고 분리된 건주 3위를 모두 명의 관할 하에 두고자 하였다.

정통正統 연간(1436~1449)은 북변의 몽골 침입이 더욱 심각해진 시기로, 이 영향으로 압록강 등 요동팔참 지역으로 여진이 이동해 왔다. 명나라 조정은 여진초무정책의 일환으로서 조선 경내에 살던 동창童倉 등 여진 5백 호와 지휘指揮 고조화 등 50호를 조선의 경내에서 파저강婆猪江으로 옮겨 살도록 하여, 압록강 상류 지역의 여진을 명의 판도로 끌어들이려고 하였다.[20] 1442년(정통 7) 건주위 도지휘첨사都指揮僉事 이만주李滿住를 도독첨사都督僉事로, 1447년(정통 12)에 다시 도독동지都督同知로 승직시키는 등 여진에 각별한 관심을 두었다. 이는 몽골의 오이라트부(서몽골)가 북변을 심각하게 압박하고 있었으며, 이를 방어하러 출정했던 황제 영종英宗이 말년에 오이라트에게 포로로 잡히고 요동의 위소 체제가 몽골의 공격으로 심각한 위기에 처하게 되자, 여진을 통해 몽골을 방어하려는 목적이었다.

요동의 불안정한 상황은 더욱 악화되어 1450년(경태景太 원년) 5월 건주위와 해서여진 1만 5천여 명이 요동을 침입하였다.[21] 그해 6월 마침내 좌도어사左都御史 왕고王翺의 주청에 따라 건주 지역을 토벌할 계획

---

20 《世宗實錄》世宗 19年 12月 辛巳.

21 《明英宗實錄》景泰 元年 5月 癸丑.

을 세웠으며, 이러한 명조의 건주 지역 토벌에 대해 여진은 압록강 지류인 혼강渾江 유역에서 파저강 유역으로 옮겨 가 조선과 근접한 지역에 자리 잡았다.[22] 요동팔참의 상황은 이미 명이 그대로 간과할 수 없는 심각한 상황으로 변해 가고 있었다.[23]

화이 경계의 축소, 연산관에서 봉황성으로

여진이 요동팔참을 위협한다는 소식은 1437년(정통 2) 명 조정에도 보고되었다. 그러나 명은 이 시기 요동팔참과 여진에 대해 특별한 군사 조치를 내리지 않았다.[24] 명조가 요동팔참 지역에 관심을 둘 수 없었던 이유는, 당시 북변의 정세를 보면 쉽게 알 수 있다. 당시 몽골의 공격이 심각하여 이미 1436년(정통 1)에 개원開元과 무순撫順 등지까지 몽골 세력이 침략하는 등 북변의 위기가 심각한 상황에 이르고 있었다. 곧 그해 5월, 1백여 명의 몽골 기병이 무순의 삼각산三角山을 공격한 사실이 요동총병관 무개巫凱에 의해 보고되었다.[25] 명은 요동도사 정료전위定遼前衛 지휘첨사 필공畢恭 등을 통해 해주海州와 심양중위瀋陽中衛에 이르는 지역에 4개의 보와 9개의 돈대를, 심양瀋陽과 철령鐵嶺[26] 등

---

22 《明英宗實錄》景泰 元年 5月 戊戌.

23 《成宗實錄》成宗 11년 10月 辛酉.

24 《明英宗實錄》正統 2年 2月 辛酉.

25 《明英宗實錄》正統 1年 6月 乙巳.

26 《明宣宗實錄》宣德 4年 12月 癸巳. 鐵嶺은 遼東都司 25衛 중 鐵嶺衛가 설치된 지역으로 馬市가 설치된 開原 등과 함께 遼東都司 체제의 최북단을 방어하는 군사重鎭으로 이미 1429年(宣德 4)부터 廣寧 등과 함께 몽골의 침입이 가장 잦았던 곳이라고 할 수 있다.

에 각각 포하천호소蒲河千戶所와 범하천호소泛河千戶所 2곳을 증설하고 군대와 무기를 정비하는 등 우환에 철저히 대비하였다.[27] 이와 같은 준비가 진행되고 있었지만 요동도사 관할의 위소 지역은 그 수가 너무 많고 번잡하여 범죄 사건, 소송 사건 등이 빈번히 발생하여 사건들을 균형 있게 처리하지 못하는 상황이었다.

이 시기 명은 후방의 안정을 위해 건주위의 이만주 등 75개 위衛에 소속된 여진의 대소 두목 등을 불러 함부로 몽골 에센也先 등의 세력과 사통하면 군사적인 힘으로 징벌하겠다고 위협하였다.[28] 또한 압록강 주변에 거주하다가 조선으로 넘어가는 사람은 한인漢人이나 여진인을 막론하고 체포하여 북경으로 압송하도록 하는 내용의 칙서를 조선에 보내 인구가 조선으로 넘어가는 것을 미연에 방지하고자 하였다.[29]

이와 같은 노력에도 1449년(정통 14) 여진인 3만여 명이 침입하여 역보驛堡와 둔장屯庄 등 80여 곳을 파괴하고 관원과 기군旗軍, 부녀자 등 1만 3,280여 명과 말 6천여 필, 소양 2만여 마리 등을 훔쳐 달아는 일이 발생하기도 하였다.[30]

이러한 동부 지역 여진의 약탈 외에 몽골 에센의 세력이 개원·심양瀋陽·무순성撫順城 등을 대대적으로 침략하자 근처 건주위 등의 이만주·범찰凡察·동산童山·刺答 등은 일부 몽골 세력과 연합하여 1만 5천의 세력을 구성하며 요동 각 지역 명의 군대와 충돌하였다. 몽골의 위협은 여진이 요동팔참을 더 심각하게 위협하는 중요한 요인이 되었

---

27 《明英宗實錄》正統 2年 3月 乙卯. 正統 2年 8月 壬申.

28 《明英宗實錄》正統 13年 正月 乙巳.

29 《明英宗實錄》正統 7年 5月 壬戌.

30 《明英宗實錄》正統 14年 8月 乙酉.

초연결시대에 다시 보는 글로컬 공간, 만주 |

으며,[31] 이러한 위기감은 명나라로 하여금 요동팔참 지역에 성보를 수축하도록 하는 결정적인 원인을 제공하였다. 곧 1451년(경태 2) 요동도사는 요동의 책문이 설치되어 있는 연산관 부근과 제4참인 설리참雪里站에 성보를 수축하고 군사를 주둔시켜 사신을 보호하고 둔전을 경영하겠다는 내용의 상주문을 조정에 올려 그 준비를 서두르고 있었다.[32]

조선은 1436년(정통 1), 1438년(정통 3), 1451년(경태 2), 1460년(천순 4), 1480년(성화 16)에 걸쳐 요동팔참의 사행로 변경을 요청하였다. 사행로 변경 요청의 이유는 명과 조선의 사신을 안전하게 보호한다는 것이었다.[33] 그러나 자유채刺楡寨를 경유하는 조선의 요동팔참 사행로 변경 요청은 명나라에 받아들여지지 않았다.[34]

성화 연간(1465~1487)에 이르러 여진의 요동팔참 위협은 양적, 질적으로 우려할 만한 정도로 심각해지기 시작했다. 1466년(성화 2) 봉황산 지역,[35] 1467년(성화 3) 아골관鴉鶻關 지역과 연산관 · 통원보 · 개원 · 설리참 · 위원보威遠堡 등 요동팔참 지역이 대대적으로 여진의 약탈을 받았으며,[36] 명조는 1477년(성화 13) 여진과 몽골을 방어한다는 명분으로 금주錦州 · 의주義州 등에 변장邊墻 · 성보城堡 · 돈대 등을 쌓고 봉황산 등에 성보를 증축할 것을 결정하였다.[37]

---

31 《明英宗實錄》景泰 1年 5月 癸丑.

32 《明英宗實錄》景泰 2年 2月 戊子. "提督遼東軍務都御史王翱等奏, 欲于連山把截舊關口左右, 幷以東第四站雪里去處築置城堡, 拔軍守把防, 送使臣保障軍余屯種, 從之".

33 《文宗實錄》文宗 卽位年 8月 庚寅.

34 《明英宗實錄》景泰 2年 10月 丁亥, 景泰 3年 6月 甲申.

35 《明憲宗實錄》成化 2年 11月 丁酉.

36 《明憲宗實錄》成化 3年 正月 庚辰, 二月 乙亥, 四月 丁巳.

37 《明憲宗實錄》成化 13年 2月 庚寅. "命修築遼東錦義等處邊墻壕塹城堡墩臺, 增築尖山川鳳凰山二堡".

명조는 성보 수축과 더불어 조선과 연합하여 여진을 토벌할 것을 결정하고, 1467년(성화 3) 이만주 및 그 아들 고납합古納哈 등 273명을 살상하고 포로 24명, 소와 말 200백 마리, 거주지 217곳을 불태우는 전과를 올렸다. 1478년(성화 14)에는 요동팔참에서 가까운 건주 3위 지역을 토벌해 가옥 2백여 채를 불태우고 2백여 명을 참수했으며 말 102필을 노획하는 등 여진에 대한 강경책을 쓰기도 하였다.[38]

1479년(성화 15)에는 명군이 여진인 695명을 참수하고 486명을 포로로 잡았으며 소와 말 1천여 마리를 노획하는 등의 전과를 올렸으며,[39] 조선에 국경 지역으로 도망간 여진인을 협공을 통해 모두 잡아 요동으로 압송해 줄 것을 요청하는 칙서를 보냈다.[40] 그리고 마침내 명은 건주위 공격 후 요동팔참 지역에 성보를 쌓아 명의 군대를 주둔시킨다는 최종 결정을 하였다. 이로써 조선은 화이 경계지대가 축소된 것을 염려할 수밖에 없었다.

명이 요동팔참 지역에 성보를 쌓아 군사를 주둔시킨다는 소식은 조선을 긴장시켰다. 특히 양성지梁誠之의 상소문은 주목할 만하다. 그의 상소문 내용은 첫째, 중국 조정에서 장차 개주 곧 봉황성 부근에 위소를 세운다면 평안도 백성들은 방수防戍의 부역에 더욱 시달리게 되고 또한 중국에 입조하는 사신을 영접하고 전송하는 데에도 더 많이 시달리게 되어 인구의 태반이 동팔참과 요동반도 남단의 비옥한 해주海州 · 개주蓋州 등 여러 주州에 몰래 유입하게 되므로, 압록강 지역의 인

---

38 《明憲宗實錄》成化 14年 2月 庚申.
39 《明憲宗實錄》成化 15年 11月 丁未.
40 《明憲宗實錄》成化 15年 10月 丙申.

초연결시대에 다시 보는 글로컬 공간, 만주 |

구가 감소할 것이고, 다른 한편으로는 명이 조선 변경의 허실을 모두 알게 되므로 후일 우리에게 큰 해가 될 수도 있다면서 명의 요동팔참 진출과 관련하여 강계江界 · 삭주朔州 · 의주義州 3진鎭을 견고하게 만들 방도를 올렸다.[41] 둘째, 요동의 동쪽 180리는 중국과 연산, 곧 연산관을 경계로 하고 있는데, 토지가 비옥하여 가축을 기르거나 사냥하는 데 편리한 요동팔참 지역을 명이 군사적으로 점령하여 양국의 강역이 가까워진다면 국가적인 분쟁이 일어나기 쉬우니 깊이 생각하지 않을 수 없다고 역설하였다. 또한 명이 성보를 쌓는다면 동팔참 지역이 중국의 내지內地가 되어서 부역이 감면되는 등 진실로 살기 좋은 땅이 될 것이므로 평안도의 많은 인구가 부역을 피해 개주나 요하 유역 그리고 남쪽 해안 바다로 이주하거나 유망流亡하는 일이 옛날보다 많아질 것을 심각하게 염려하였다. 셋째, 만약 중국에서 봉수대를 요동팔참 지역의 압록강 방면으로 확대 설치하고 둔전을 널리 행한다면, 양국 사이에는 다만 압록강 하나만이 경계가 될 뿐이며 명조가 조선의 변방을 엿볼 수도 있음을 염려하였다.[42] 게다가 양성지는 장차 개주진開州鎭을 설치할 봉황산의 전략적 중요성에 대해서 명확히 지적하였다. 곧 봉황산은 산세가 우뚝하고 산 가운데에 대천大川이 있으며 3면이 대단히 험하고 1면만이 겨우 인마人馬가 통할 수 있는 천연의 요새 지역이므로, 한 사람이 관關을 지키면 1만 명이라도 당해 낼 수 없는 곳으로, 중국에게 이 천연의 요새를 빼앗기면 만일의 사태에 조선을 위급하게 만들 수도 있으며, 또한 이 요새는 북쪽으로는 심양瀋陽 · 철령

41 《世祖實錄》世祖 12年 11月 庚午.
42 《睿宗實錄》睿宗 1年 6月 辛巳.

鐵嶺·개원으로 통하여 야인과 연접하고 남쪽으로는 해도海道로 연결되어 해주海州·개주蓋州·금주金州·복주復州를 지나 등주登州·내주萊州와 접하며 서쪽으로는 요동·광녕廣寧·금주錦州·단주瑞州·연주燕州로 통할 수 있는 요충지라고 그 중요성을 강조하였다. 이러한 요충지를 명이 차지하여 군대를 주둔시키면 개주에서 압록강까지는 겨우 하루거리이므로, 지금 개주에 성을 쌓으면 개주에 그치지 않고 반드시 동쪽의 탕참湯站에 성을 쌓게 될 것이며, 탕참에 성을 쌓게 되면 탕참에 그치지 않고 성을 쌓지 않는 곳이 없게 될 것이므로 우리와 경계가 맞닿게 되는 것은 영원한 근심거리가 될 것이라고 역설하였다.

1481년(성화 17) 명은 마침내 사신 정동鄭同을 통해 명 조정이 새 진을 개주의 봉황산에 세우기로 의논하여 이미 명조에서 봉황산에 성을 쌓고 있으며, 군인들과 그 가속들이 그 지역에 같이 거주할 것임을 전하였다.[43] 명은 봉황산을 중심으로 본격적으로 성보를 수축할 계획을 완비하였다. 당시 봉황산은 요동도사에서 약 3백여 리의 거리인데, 봉황산의 동북에서 애양보靉陽堡 사이에 13좌座의 돈대를, 통원보에서 연강沿江 사이에 22좌의 돈대를 설치하고자 하였다. 이어 봉황산의 서북 15리 지점에 1보를 쌓아 봉황성둔이라 이름 붙이고 군사 1천을 주둔시켰으며, 봉황성 서쪽 60리 지점인 사열참斜烈站에 1보를 쌓아 진녕보鎭寧堡라 하고, 다시 사열참의 서북 60리 지점을 신통원보新通院堡라 칭하고 그 남쪽에 1보를 쌓아 영이보寧夷堡라 하였으며 이 2보에 각각 군마 5백 필을 주둔시키고자 하였다. 이로써 요양에서 조선에 이르는 지역을 봉수와 척후로써 연락하고 요동팔참을 포함하는 요동도사의 동

---

43 《成宗實錄》成宗 12年 4月 癸亥.

남 지역을 방어한다는 전략을 최종적으로 결정하였다.[44]

조선에서 다양한 방법을 모색하고 있을 때 1488년(홍치弘治 1) 성절사 聖節使 채수蔡壽가 북경에서 돌아와 이미 봉황산 동쪽에 축성을 마치고 1천 명이 주둔하고 있다고 고했다. 그는 봉황산이 의주義州와 겨우 하 룻길밖에 안 되는 요해지라며, 현재 동팔참 사람들 대부분이 조선말 을 잘하는 평안도 사람들로 모두 요사이 내투한 자이고, 봉황산에 성 이 있으면 평안도 사람들이 장차 반드시 모두 기꺼이 투입投入해 갈 것 이니 국가에서 다방면으로 계획을 세워 조속히 막는 것이 옳을 것이 라고 방책을 제시하였다.[45]

결국 조선은 이러한 명의 요동팔참 점령으로 인한 국경지대 축소와 그에 따른 변경의 위기를 사전에 방지하기 위해 읍성과 행성을 축조 하는 등 축성 사업을 진행하기로 하였다. 그러나 축성 공사는 신속히 추진되지 못했다. 그 이유는 위에서 이미 문제점이 지적된바 흉년기 에 축성 사업을 하면 백성들의 태반이 요동팔참 지역으로 도망하여 넘어갈 수 있었기 때문이다. 결국 성종 23년에도 좌승지 권경희權景禧 와 심회沈澮 등이 축성 등의 방안을 제시하였으나 흉년이 들어 성을 단 기간에 축성하기 힘드니 잠시 상황을 보고 다시 논의하자는 쪽으로 결정되었다.[46]

---

44 《明憲宗實錄》成化 17年 6月 癸酉.

45 《成宗實錄》成宗 19年 8月 乙卯.

46 《成宗實錄》成宗 23年 9月 乙亥.

명나라 변경 정책의 후퇴와 여진의 성장

영락 연간(1403~1424)은 명이 몽골 정벌과 여진 부락에 위소를 설치하는 동시에 흑룡강 하류에 노아간도사奴兒干都司를 설치하여 지배력을 확대시키려고 한 시기이다. 노아간도사는 요동도사와 같은 군정기관으로 흑룡강 유역까지 지배하려던 명나라의 전략에서 나온 것이다. 이러한 구상으로 영락 연간 흑룡강 하류에 노아간도사가 설치되었다. 노아간은 도사都司로 개설되기 이전인 1404년(영락 2)에 여진의 추장 把剌答哈이 내조하여 노아간위를 설치한 것에서 시작하여, 이후 1409년(영락 7)에 노아간도사 설치가 결정되고,[47] 1411년(영락 9)에 마침내 노아간도사가 설치되었다.[48] 노아간도사의 기능과 성격을 파악하기 위해 살펴보아야 할 중요한 자료는 《명실록明實錄》 이외에 《칙수노아간영녕사비기敕修奴兒干永寧寺碑記》와 《중건영년사비기重建永寧寺碑記》이다. 노아간도사 설치 후 건립된 영녕사永寧寺에 두 개의 석비가 현재 모두 남아 있다. 이 비기碑記에 노아간도사와 관련된 내용이 수록되어 있는데, 비문을 통해서 분석해 보면 노아간도사 개설 이전에 이미 세 차례의 군사적 활동이 이루어졌고 노아간도사를 개설하면서 대규모 군사 활동이 진행되었음을 알 수 있다.[49] 노아간도사 설치 이후 진행된 군사 활동 시기는 1차와 2차는 각각 1409년과 1412년, 3차와 4차는 1415~1420년

---

47 《明實錄》永樂 7年 6月 己未, "置奴兒干都指揮使司, 經歷司經歷一員"
48 《敕修奴兒干永寧寺碑記》 "是以皇帝勅使三至其國 … 永樂九年春, 特遣內官亦失哈, 率官軍一千
     餘人, 巨船二十五艘, 復至其國, 開設奴兒干都司.
49 《敕修奴兒干永寧寺碑》.

초연결시대에 다시 보는 글로컬 공간, 만주 |

(영락 13~영락 18) 사이 그리고 마지막 5차는 영락 후기로 추측된다.[50] 선덕 연간에 진행된 군사 활동을 포함하면 총 9~10차례에 이른다. 역실합 亦失哈 등의 지휘 하에 군사를 이끌고 5차례 노아간에 간 목적은 군사 적 활동, 노아간도사 설치, 여진과의 접촉과 회유, 여진인의 귀화, 해동 청 등 지방 토산물 확보 등으로 파악된다.

《명실록》과 두 비문의 기록을 분석해 보면, 파견된 군사들을 이끌고 있는 대표 관직이 ①흠차欽差, ②노아간지휘동지奴兒干指揮同知, ③도지 휘첨사都指揮僉事, ④지휘指揮, ⑤천호, ⑥백호 등 대부분 무관직으로 구 성되어 있으며[51] 간단한 문서 작성이나 이첩 정도를 관장하는 경력經歷 과 이吏 등으로 매우 소략하게 지휘 체계가 구성되어 있음을 알 수 있 다. 곧, 《명실록》 등의 기록과 비문의 어디에도 노아간도사가 요동도 사와 같은 단사시斷事司, 사옥사司獄司 등을 설치하여 행정과 사법권을 행사했다는 기록이 없다.

또한 10여 차례 1천여 명 또는 그 이상의 군사들이 대대적으로 노 아간 지역에 진출하였지만, 관리가 장기간 상주한 흔적이 전혀 보이 지 않는다. 이것은 역실합 · 강왕康旺 등 지휘관을 노아간에 보내 일정 기간 군사 활동을 전개하였으나 노아간도사가 노아간 지역에 정식으 로 설치된 상설기구가 아니라 필요에 따라 10차례 군사 활동을 전개 한 임시 군사기구임을 의미하는 것이라 할 수 있다. 따라서 노아간도 사 지역의 지리적 조건이 매우 열악하였고 군사가 파견되지 않았을 때는 아무런 활동도 진행되지 않았기 때문에, 노아간도사가 흑룡강

---

50 楊暘,《中國的東北社會 十四~一七世紀》, 遼寧人民出版社, 1991, p. 132.
51 《敕修奴兒干永寧寺碑記》,《重建永寧寺碑記》.

지역 이외에 송화강·두만강·압록강 나아가 요동 북부의 몽골 올량합 3위 등 여진 지역과 인근의 모든 위소를 관할하였다는 중국의 주장은 설득력이 없다.

요동도사와 노아간도사의 관계를 통해서도 노아간도사가 여진위소들에 대해 관할권과 영향력이 없었다는 것을 추론할 수 있다. 우선 노아간도사의 주요 관리들은 요동도사로부터 파견되었다. 예를 들면 강왕康旺·왕조주王肇舟는 요동도사 동녕위東寧衛, 佟荅剌哈은 삼만위三萬衛의 관리들이 주로 파견되었는데, 그들은 누차 노아간도사에 사신으로 파견되어 임무를 끝낸 후 다시 요동도사로 복귀하여 요동도사 소속 각 위의 일을 처리하였다. 기타 군량과 기타 생활필수품 역시 대부분 요동도사의 계획 하에 지원되어,[52] 요동도사로부터 군사와 군량을 수송할 선단을 구성하기 위해 송화강 유역에서 대대적으로 배가 건조되기도 했다. 그러나 명은 1429년(선덕 4) 12월 선박 건조의 어려움, 교통의 불편, 소비의 과다, 실익의 부족, 여진과의 충돌 등 여러 가지 이유를 들어 역실합 등 노아간도사에 파견 나가 있던 군사를 다시 요동으로 불러들이려 하였고,[53] 다음 해 송화강 유역의 선박제조창을 폐쇄하기로 최종 결정하였다. 이로써 흑룡강으로 진출하여 관할 범위를 확대하려던 명의 계획은 실현되지 못했다. 여진 지역과 압록강·두만강 유역의 여진을 통제하려는 명나라의 전략이 좌절된 것이다.[54]

52 《朝鮮王朝實錄》文宗 零年 12月 甲戌.

53 《明實錄》宣德 4年 12月 壬辰.

54 《明實錄》宣德 10年 正月 甲戌. 宣宗은 遼東總兵官 都督僉事 巫凱, 遼東都司 都督僉事 王眞, 鎭守太監 王彦과 院羲民 등에게 칙서를 보내 ① 采捕·造船·運糧 등의 일은 모두 정지시키고,

나가며

앞에서 명대 변경 지역과 요동팔참 지역을 살펴보았다. 요동팔참 지역은 압록강에서 요양 사이에 설치된 8개의 역참에서 나온 명칭이다. 요동팔참의 문제는 압록강을 둘러싼 조선과 명, 조선과 청 사이 변경지대의 성격과 만주라는 공간을 동질적인 공간으로 이해하는 데 매우 중요한 단서를 가지고 있다.

현재 중국은 명·청 시대 조선과의 국경선을 압록강으로 설정하고 있다. 그러나 본 글에서 살펴본 바와 같이 명 초기 조선과 명 사이 국경은 선으로 설정할 수 없으며, 지역 곧 면으로 설정해야 함을 알 수 있다. 적어도 1480년 이전 조선과 명의 국경은 압록강에서 연산관 180여 리, 1480년 이후는 압록강에서 봉황성 120여 리가 국경지대로 설정되어 있었다. 여진이 요동팔참 지역을 위협하자 명나라는 이를 명분으로 책문을 봉황성으로 옮겨 옴으로써 압록강에서 봉황성에 이르는 120여 리가 1480년대 이후 조선과 명의 국경지대가 된 것이다. 봉황성 책문은 청대로 이어졌다. 즉, 120여 리의 지대가 청대까지 조선과 명, 조선과 청의 국경을 구성하고 있었던 것이다.

명나라 시기 동쪽 여진 지역에는 여진족 중 가장 강대한 건주여진족 10개 부락이 있었다. 이들이 바로 10처處 여진이다. 명나라는 알타리부斡朶里部의 맹가첩목아猛哥帖木兒(멍케티무르)를 중심으로 하는 10처 여진을 흡수하려고 지속적인 노력을 기울였다. 초기부터 두만강 유역

---

② 가지고 갔던 것들은 모두 遼東의 창고로 옮기며, ③ 파견되었던 내외관원들은 모두 回京시키고, ④ 관군 등은 각각 해당 衛所로 보내 役에 종사할 것을 명함으로써 실제 奴兒干都司의 기능을 정지시켰다.

으로 이동한 알타리부는 조선과 많이 접촉하면서 그 의존도도 깊어졌다. 조선은 두만강 유역의 여진 문제를 중요한 현안으로 삼고 지속적으로 추진한 결과 알타리부를 이끌던 맹가첩목아를 초기부터 조선의 영향력 하에 둘 수 있었는데, 명나라가 그들을 위소 체제에 편입시키고 그들의 우두머리인 맹가첩목아를 영향력 하에 두고자 하였다.

당시 명나라가 두만강 유역을 비롯하여 송화강·흑룡강 유역으로 진출하고 있었던 것은 앞서 언급한 바와 같이 여진 지역을 몽골과 차단시키고 여진을 명나라의 영향력 아래에 두려는 목적이 있었다. 특히 영락 연간은 수십만의 대군을 동원한 영락제의 5차 몽골 친정이 계속 진행되고 있었기 때문에, 이를 배후에서 지원할 목적으로 흑룡강 유역에 노아간도사를 세우고 여진위소를 설치하고자 하였다.

노아간도사 설치는 요동도사가 힘을 미칠 수 없는 지역, 곧 멀리 떨어진 길림과 흑룡강 지역의 여진을 명의 영향력 하에 두려는 변경정책의 일환이었다. 그러나 앞에서 보았듯이 길림과 흑룡강 지역은 거리가 멀고 교통이 불편하여 명나라의 영향력 하에 두는 것이 불가능하였다. 노아간도사 설치는 10여 차례 군사를 파견하여 특산물을 확보한 것으로 종결되었다. 이처럼 노아간도사의 영향력은 명 초기부터 한계가 있었기 때문에 두만강 유역의 여진 역시 명나라의 통제권 밖에 있었다.

그럼에도 두만강 유역에 대한 명나라의 관심은 지속되었다. 두만강 유역의 여진이 조선으로 편입되거나 독자적인 세력으로 형성되면 명의 여진정책 및 요동의 지역사령부에 해당하는 요동도사에 유리할 것이 없었기 때문에 두만강 유역의 여진 흡수는 전략상 중요한 사안이었다. 장기적으로 요동도사의 안전을 확보하고 몽골 정벌의 배후 세력을 확보하는 등 많은 군사적 이득을 얻을 수 있었기 때문에 두만강 유역으로 이동해 온 맹가첩목아에 대한 명나라의 관심은 지속적이고 각별하였다.

1403년 명나라는 조선이 맹가첩목아의 알타리, 올량합 등에 대한 관할권을 포기하도록 하였다. 조선은 명의 입장을 미리 파악하고 있었지만 두만강 유역은 조선의 중요한 변경이었기 때문에 10처 여진의 문제와 마찬가지로 맹가첩목아를 포기할 수 없었다. 조선은 다양한 물품 공세와 함께 맹가첩목아에게 상장군의 관직을 내리는 한편, 기타 여진인들도 호군護軍·사직司直·부사직副司直 등으로 임명함으로써 그들이 조선에서 이탈하지 않도록 최대한의 조치를 취하였다. 이러한 노력의 결과 맹가첩목아는 명나라 사신 천호 고시라 등에게 자신들을 오도리위吾都里衛라고만 하고 만호의 이름을 기록하지 아니하였다는 이유를 들어 명으로 귀부하라는 황제의 칙서와 명령을 거절하고 명과의 단절을 통보하였다.

맹가첩목아의 거절에도 영락 3년(1405) 정월과 3월에 명조는 다시 천호 고시라와 왕교화적을 보내 맹가첩목아를 비롯한 여진과 지속적으로 접촉하는 한편, 조선에도 칙서를 보내 협조를 요구하는 2중 외교술을 전개하였다. 명의 입장에 대해 조선은 이미 맹가첩목아 등은 조선의 호적에 편입되어 있으며, 더구나 그들은 이전에 명나라 영락제가 차지하려다가 조선의 영토로 인정하고 포기한 10처 여진 지역에 포함되어 있다는 합리적인 이유를 설명하며 명에게 이 지역 여진을 양보할 수 없음을 분명히 하였다.

실질적으로 조선이 명에게 맹가첩목아를 양보할 수 없는 전략적인 이유도 있었다. 맹가첩목아는 당시 조선의 변경을 보호하는 울타리

역할을 하였는데, 이 울타리가 무너지면 조선 역시 기타 올적합兀狄哈 같은 조선에 적대적인 여진이나 몽골의 약탈 대상지가 되기 쉬었으므로 이들을 회유하려는 조선의 노력 역시 지속될 수밖에 없었다.

영락 연간 여진에 대한 명의 지속적인 접촉과 위협은 조선과 맹가첩목아의 관계에도 영향을 미쳤다. 영락 3년(1405) 5월 맹가첩목아는 마침내 명나라에 대한 강경한 태도를 버리고 회유되어 그해 9월 마침내 명나라의 경사京師에 도착하였다. 맹가첩목아는 명에 귀부하여 건주위 지휘사의 관직을 받고, 관직을 받은 후 여전히 두만강의 아목하阿木河(會寧)에 거주하였다.

맹가첩목아는 명 조정에서 관직을 받았지만 지리적·경제적인 이유로 조선과의 관계를 단절할 수는 없었으며, 조선과의 관계를 유지하기 위해 비정기적으로 공물을 헌상하는 등 명과 조선 사이에서 2중 외교술을 발휘하였다. 이러한 여진의 태도는 훗날 맹가첩목아 등의 건주여진이 후금을 세우는 힘이 되었고, 만주족이 산해관을 넘어 청나라를 세움으로써 만주는 다시 인구가 희소한 변경지대가 되었다.

요약하면, 명대 조선과 명의 국경은 압록강의 선으로 설정할 수 없으며 100여 리의 면으로 설정해야 한다. 중국은 여진 지역을 노아간도사가 관할하였다고 주장하지만, 노아간도사의 쇠퇴에서 알 수 있는바 명청 시대 여진 지역은 조선·명·여진의 변경지대였다. 명나라는 요동도사와 노아간도사를 이용하여 흑룡강 유역에 이르기까지 널리 분포하고 있는 수백 개의 여진 부족을 영향력 하에 두려 했으나 모두 실패하였다. 오히려 명나라 시대 여진의 역사는 건주여진을 중심으로 전개된 후금의 성장 과정이었다.

명의 힘이 미치지 않던 압록강과 두만강 변의 여진은 오히려 조선의 관할이었다. 이 지역 여진인들은 조선인과 혼인하고, 조선의 농사법을 배우며 조선의 관직을 수여받았다. 두만강과 압록강 변경은 선으로 설정할 수 없는 조선과 여진 사이에 형성된 또 하나의 국경지대였던 것이다.

21세기 초연결시대에도 우리는 여전히 과거 기록을 중심으로 역사전쟁을 벌이고 있다. 특히 중국과의 역사전쟁은 장기화될 수밖에 없다. 위의 글에서 살펴보았듯 만주 지역의 상당 부분은 우리와 동질적인 공간이었다. 그러나 만주에 대한 역사 연구가 주목받지 못하면서 만주 공간은 우리의 기억에서 점차 이질적인 공간으로 변해 가고 있다. 이질적인 공간을 동질적인 공간으로 전화시키기 위해서는 공간에서 일어난 역사를 탐구해야 한다. 선사시대를 포함하여 역사시대 고조선, 고구려, 발해, 고려, 조선 등이 만주벌판에 남겨 놓은 우리 고대국가들의 흔적을 찾아 탐구하며 동질적인 공간이었음을 이해할 때 한중 간 역사전쟁에서 이길 수 있을 것이다.

참고문헌

《朝鮮王朝實錄》
《明實錄》
楊暘,《中國的東北社會 十四~一七世紀》, 遼寧人民出版社, 1991.
王禹浪,《東北古代史研究》, 黑龍江人民出版社, 2014.
王鍾翰,《淸史新考》, 遼寧大學出版社, 1997.
王臻,《朝鮮前期與建州女眞關系研究》, 中國文史出版社, 2005.
劉子敏,《明代中朝關系史》, 黑龍江朝鮮民族出版社, 1999.
李健才,《明代東北》, 遼寧人民出版社, 1986.
李花子,《明淸時期中朝邊界史研究》, 知識産權出版社, 2011.
長士尊,《明代遼東邊疆研究》, 吉林人民出版社, 2022.
長士尊,《紐帶,明淸兩代中朝交通考》, 黑龍江人民出版社, 2012.
張鍾月,《淸代以來鴨綠江流域移民研究(1644-1931)》, 山東人民出版社, 2017.

진실과 탈진실의 혼재
그리스도교의 티베트 선교

| 최병욱 |

이 글은 《명청사연구》 제56집(2021)에 실린 글을 보완하여 재수록한 것이다.

탈진실의 시대

《옥스퍼드 사전》은 2016년 올해의 단어로 '탈진실post-truth'을 선정했다. 그 이유는 2016년 미국 대통령선거에서 트럼프의 당선과 영국의 유럽연합 탈퇴(브렉시트)에 대한 국민투표 결정이었다.《옥스퍼드 사전》은 탈진실의 시대를 "대중의 의견을 형성하는 데 있어서 객관적 사실이 개인적 신념과 감정에 호소하는 것보다 영향력이 적은 환경"이라고 정의 내리고 있다. 즉, 객관적 사실보다 개인적 신념과 감정이 여론 형성에 더 큰 영향을 미치는 현상을 이르는 말이다.

우리는 현재 탈진실의 시대, 사실의 진위 여부와 상관없이 신념과 감정이 여론 형성을 주도하는 시대에 살고 있다. 세계의 국가 지도자조차 객관적 사실 관계를 무시하고 대중 또한 사실 관계를 중요하게 생각하지 않는다. 일반적 사실들이 탈진실 현상의 필터를 거치면서 여론과 담론이 적대적으로 양분되고 있다. 이러한 현상은 점차 현실화되고 있는 '초연결사회'에서 더욱 심화되고 있다. 비슷한 성향의 사람들끼리만 모여서 정보를 주고받는 플랫폼이 등장했기 때문이다. 사람들은 원하는 정보만 찾아서 보거나, 믿고 싶은 것만 믿는 경향이 있다. 가짜뉴스가 문제가 아니라 가짜뉴스를 진짜라고 믿고 싶어 하는 것이 본질적 문제이다. 시간과 장소, 그리고 사물의 제약을 뛰어넘는 초연결의 시대에 살고 있음에도 사람들은 자신이 원하는 정보만 선별하고, 이들이 진짜라고 믿는 가짜뉴스가 '좋아요' 클릭을 더 많이 받고 있다.

이렇게 자신의 신념과 감정으로 대상을 바라볼 경우, 그것은 진실을 덮고 탈진실의 형태로 나타난다. 하물며 동서양 교류가 부재했던 시대와 지역에서는 문화와 문화의 만남에서 진실과 탈진실이 혼재되어 무엇이 진실이고 무엇이 탈진실인지 모르는 상태가 된다. 거기에 종교적 이질성을 둘러싼 편견, 혐오, 갈등 등이 더해지면 대상을 더욱 왜곡되게 평가한다. 이 글에서는 그리스도교와 티베트 불교의 초기 문화적 만남에서 나타난 포르투갈 출신의 예수회 선교사 안드라데 António de Andrade의 티베트 인식을 통해 진실과 탈진실이 혼재된 그리스도교의 티베트 선교 활동을 살펴보고자 한다.

서양 티베트학의 시조, 안드라데

중세 유럽에는 동방에 그리스도교 왕국이 존재하고 있으며 그 왕국을 다스리고 있는 사람은 프레스터 존Prester John이라는 전설이 전해지고 있었다. 프레스터 존, 즉 사제왕 요한은 중세 유럽인들의 상상 속에 존재했던 허구적 인물로 당시 몽골 초원에 경교景敎를 믿는 유목민이 상

당수 존재했기 때문에 나온 설화로 알려져 있다. 마르코 폴로는 《동방견문록》에서 케레이트부의 옹 칸이 프레스터 존이라고 확신했다. 그리고 3백여 년 뒤 사제왕 요한이 다스리는 동방 그리스도교 왕국을 찾아 나선 가톨릭 신부가 있었다. 그가 바로 안드라데였다.

당시 인도의 무굴제국에 파견됐던 포르투갈 출신의 예수회 신부 안드라데는

안드라데(1581~1634)

마르케스Manuel Marques 수사와 함께 1624년 3월에 무굴제국의 아그라Agra를 떠나 매우 힘든 여정 끝에 티베트 아리Ngari阿里 지역의 구게 Guge · 古格왕국 수도 차파랑Tsaparang(현 아리 지역 자다현札達縣 자부랑마을札布讓村)에 도착했다. 그들은 당시 구게 왕과 왕비의 열렬한 환영을 받았다.

안드라데는 구게 왕의 적극적인 보호를 받으며 선교 활동을 했고, 티베트의 자연 · 종교 · 풍습 등을 직접 경험했다. 그때까지 유럽에 거의 알려져 있지 않았던 히말라야 산지에 들어온 최초의 유럽인 안드라데는 티베트가 동방 그리스도교 왕국이 아님을 확인했다. 그러나 가톨릭 신부의 눈으로 본 티베트는 분명 낯설고 생소했다. 이렇게 낯설고 생소했지만 가톨릭과 유사하다고 생각했던 티베트 불교의 종교적 의식 등에 대해 그가 예수회에 올린 보고서는 유럽인에게 티베트에 대한 생생한 정보를 알려 주는 동시에, 티베트 불교에 대한 왜곡된 정보를 유럽에 전하게 되는 계기가 됐다.

유럽인들에게 티베트는 아주 오래전부터 그 본모습이 감추어진 '신화'처럼 알려져 왔다. 마르코 폴로는《동방견문록》에서 쿠빌라이 대칸 옆에 있는 마술사와 점쟁이(물론 이들은 티베트 승려였을 것이다)를 '테베트Tebet'라고 하면서 그것이 그들 민족의 이름이라고 언급하고, 제4편(중국의 북부와 서남부)에서 '테베트' 지방의 신비스러우면서도 황당한 이야기를 전하고 있다. 물론 마르코 폴로는 티베트에 방문한 적도 없었다.

마르코 폴로와 달리 유럽인 최초로 직접 티베트에 들어가 선교했던 안드라데 신부의 티베트 관찰기는 유럽인들에게 상당한 감흥을 불러일으켰다. 그는 당시 티베트인, 즉 구게왕국 사람들의 품성을 매우 좋

진실과 탈진실의 혼재 |

게 묘사하고 티베트 불교 라마승의 인품을 높게 평가하는 등 긍정적으로 서술했지만, 낯선 종교의 고유한 문화를 가진 티베트와 그들의 종교인 불교를 잘 모른 채 폄하하기도 했다. 그리고 티베트 일부분에 대한 신비하면서도 잘못된 그의 인식과 표현은, 서양인들의 시각에 따라 때론 신비스러운 이미지로, 때론 왜곡된 이미지로 포장되어 왔다.

이러한 한계에도 불구하고 안드라데는 티베트에 그리스도교를 선교하는 동시에, 서방 세계에 최초로 티베트 특히 티베트 불교를 소개한 역사의 산증인이라고 할 수 있다. 그가 티베트 불교의 왜곡된 이미지를 유럽에 소개하기도 했지만 일정 정도 실제 티베트의 실상과 티베트 불교의 생생한 모습을 소개한 인물이었던 것은 틀림없는 사실이다. 안드라데의 티베트 선교 활동 이전에는 서양에서 티베트에 대한 인식이 거의 없었고, 단지 영성하게 전해졌을 뿐이다. 안드라데는 티베트로 들어가서 친히 경험한 것을 예수회에 보내는 편지에 상세히 기록했다.[1] 비록 일부 왜곡된 티베트 이미지를 처음 유럽에 전한 인물로 알려져 있기도 하지만, 유럽인 최초로 서부 티베트의 구게왕국에 들어가 선교 활동을 했던 안드라데는 서방 티베트학의 시조라 할 만하다.

---

1 안드라데가 예수회에 보낸 원본 편지는 현재 바티칸 문서고에서 보관되어 있다. 이 글에서는 안드라데 편지를 번역하고 주해한 아래의 두 책을 참고했다. G. M. 托斯卡諾(Giuseppe M. Toscano), 《魂牽雪域-西藏最早的天主教傳教會》, 伍昆明 · 區易柄 譯, 北京: 中國藏學出版社, 1998. (이하 《魂牽雪域》으로 약칭); Translated and introduced by Michael J. Sweet, More Than the Promised Land: Letters and Relations from Tibet by the Jesuit Missionary António de Andrade (1580-1634), Boston, Institute of Jesuit Sources, 2017(이하 More Than the Promised Land로 약칭).

동방의 그리스도교 왕국을 찾아

예수회가 티베트 선교를 추진하게 된 배경은 사제왕 요한에 대한 중세 교회의 전설 때문이었다. 동서 문화의 선도자 역할을 하고 있던 예수회 선교사들은 아시아 대륙 내부 어디엔가 그리스도교 왕국이 존재하고 있을지도 모른다는 당시의 믿음에 따라 이 왕국의 존재를 확인하고 싶어 했다. 당시 포르투갈 상인들 사이에서 티베트 불교와 가톨릭 신앙의 유사성이 제기되면서 예수회 선교사들의 호기심은 더 증폭됐다. 인도의 무굴인이나 힌두교도들이 히말라야산맥 중턱에 있는 라싸lha sa · 拉薩라는 신비로운 도시에 '가톨릭 수도사'들이 살고 있다는 정보를 유럽인들에게 제공했기 때문이다. 이러한 잘못된 정보는 예수회 선교사들의 지적 호기심을 자극하기에 충분했다. 예수회 수사 벤토 데 고에스Bento de Goes의 중앙아시아 탐험과 안드라데의 차파랑 선교는 이러한 사제왕 요한의 전설과 밀접하게 연관되어 있다.

포르투갈 출신 고에스 선교사는 당시 대부분의 예수회 선교사들이 포르투갈의 배를 타고 중국에 온 것과 달리, 예수회의 명령으로 인도에서 육로로 이른바 《동방견문록》에 나오는 '카타이Cathay'를 찾아 인도-파키스탄-아프가니스탄을 거쳐 파미르고원을 넘어 중국의 감숙성甘肅省 주천酒泉에 도착했고, 그의 보고서가 티베트로의 선교를 자극했을 것으로 보인다. 당시 고에스는 신강新疆 지역에서 티베트족 '왕공王公'을 만났는데, 그 왕공은 고에스에게 가톨릭의 주교관과 제포祭袍와 같은 비단옷을 입은 자신들의 대제사장(라마)을 묘사했다. 이에 선교사들은 히말라야 쪽에 사람들에게 잊혀진 그리스도교 형제가 존재한다고 깊게 믿었고, 당시 인도의 고아Goa 예수회에서 히말라야 너머에 대한 탐색을 제안했을 가능성이 크다.

1580년 포르투갈 베이라 바이샤Beira Baixa 지방의 올레이로스Oleiros
에서 태어난 안드라데는 1596년 12월 15일에 코임브라Coimbra 공립
학교에서 예수회에 가입해 다음해 리스본으로 가서 공부했다. 1600년
4월 22일, 그는 인도 주재 포르투갈 총독의 군함과 함께 리스본에서
인도로 향하여 같은 해 10월 22일 인도 남부 항구도시 코친에 도착했
고, 1601년 1월 6일 고아에 도착했다. 그는 고아의 성바오로예수회 학
원Colleggio S. Paolo a Goa을 졸업한 후 1612년 10월 14일부터 사제직에
종사했다. 이후 안드라데는 고아 성바오로예수회 학원 원장을 지냈고,
1621년 무굴제국의 수도 아그라로 부임해 그곳 선교책임자로 선교 사
업 전반을 담당했다. 1624년 티베트에 갔을 때 그는 여전히 아그라 선
교책임자 직무를 유지하고 있었던 상황이었다.

1624년 3월, 안드라데는 마르케스와 함께 무굴제국 황제 일행의 이
동을 따라 아그라를 떠나 카슈미르Kashmir로 향했다.[2] 안드라데는 출
발 당시의 상황을 다음과 같이 기록하고 있다.

우리들이 델리에 도착한 후 많은 이교도들이 유명한 사원으로 순례
하러 간다는 것을 알았습니다. 이 사원은 아그라에서 걸어서 반 개월
걸리는 곳에 있었습니다. 신부들이 최근 20년 동안 전해 들은 소문과
는 별도로 우리들은 이미 여러 정보를 통해 그곳에 그리스도교 왕국이
있다고 전해 들었습니다. 이제 그곳에 함께할 일행이 생겼고, 이 사람

---

2 당시 예수회 신부들은 인도에서 매우 평판이 좋아서 인도의 무굴 궁정에서 상당한 영향력을 끼
   치고 있었다. 당시 무굴제국의 황제는 4대 황제 자항기르Jahāngīr였다.

들이 우리들을 안내할 수 있기 때문에 이 기회를 놓치면 또다시 오래 걸릴지도 모릅니다. 국왕이 카슈미르왕국으로 갈 때 한 명의 신부가 동행하면 충분하다고 생각합니다. 그가 카슈미르를 떠날 때 우리는 라호르Lahore에서 회합할 수 있습니다. 그래서 나는 바로 결정했습니다.[3]

안드라데의 편지 기록으로 보아 그가 티베트에 가게 된 배경은 명확히 동방 그리스도교 왕국이 존재하는지를 확인하고 싶어서였음을 알 수 있다. 안드라데 일행은 델리Delhi에서 히말라야의 불교 사원을 방문하는 성지순례단을 따라 인도 상인으로 변장하고 그들과 동행했다. 안드라데 일행은 히말라야의 바드리나트Badrinath를 방문했고, 마나Mana라는 작은 촌락을 거쳐 티베트 안쪽으로 진입해 들어갔다. 이들의 행로는 상상할 수 없는 험난한 길이었고, 사방에 쌓인 눈으로 인해 안드라데가 심각한 안질환을 앓아 행진을 멈추기도 했다.

마침내 1624년 8월, 유럽인 최초로 안드라데는 티베트의 도시 차파랑에 도착했다. 당시 그곳은 티베트 구게왕국의 중심이었으며, 안드라데는 뜻밖에도 구게 왕의 융숭한 대접을 받았다. 안드라데는 구게 왕이 자신과 그리스도교에 호의를 보이자 이곳에서 천주교 전파에 뜻을 두고 미사 물품 등을 준비하기 위해 25일간 머물고 아그라로 돌아갔다. 아그라로 돌아온 후 그간의 티베트 여정과 티베트의 상황에 대해 장문의 편지(안드라데의 1624년 11월 8일자 편지)를 예수회 고아 관구

---

3 《魂牽雪域》, 72~73쪽; *More Than the Promised Land*, pp. 63-65. 라호르는 파키스탄 동북부에 있는 도시이다.

진실과 탈진실의 혼재 |

구게 왕궁 전경

에 보냈고, 이 사실은 곧바로 로마에 전해져 유럽에 알려졌다.[4]

당시 안드라데의 편지가 유럽에 전해지자 '대大카타이'가 발견됐다고 크게 알려졌다. 1626년 리스본에서 안드라데의 편지를 바탕으로 한 《대大카타이, 즉 티베트왕국의 발견New Discovery of the Great Cathay, or the Kingdoms of Tibet》라는 책이 출판되어 대중들의 흥미를 끌었다. 그러나 예수회 고아 관구장이 로마 예수회 본부에 보낸 보고서에는

----

4 《魂牽雪域》, 71~96쪽; *More Than the Promised Land*, pp. 63-95.

무굴 선교회 회장 안드라데 신부가 티베트를 발견했는데, 그것은 중국과 접한 왕국이라는 내용이었다. 보고서 안에는 카타이라고 언급한 내용이 없으며 더욱이 '카타이의 새로운 발견'에 대한 언급은 더더욱 없다. 그렇다면 누가 이러한 제목으로 과장된 출판을 했는가. 안드라데의 편지에도 '새로운 발견'이라는 말은 찾아볼 수 없다. 이러한 제목은 인도에서 활동하던 선교사들의 사상이 반영된 것이라고 볼 수 있다. 실제로 그들 중 일부는 이후 10여 년 동안 여전히 티베트를 '카타이'로 불렀다.

안드라데는 1624년 11월 8일에 아그라에서 쓴 편지 말미에 "티베트 사람들의 좋은 성품과 그 왕국의 광활한 땅을 생각해 보면 주님이 복음 전파를 위해 우리에게 큰 대문을 열었음을 확인할 수 있다"[5]라면서 차파랑에서의 천주교 선교의 밝은 미래를 준비하고 있다. 이렇게 안드라데가 티베트에서 천주교 선교를 긍정적으로 바라볼 수 있었던 배경은 당시 구게왕국의 정치·종교적 상황 덕분이었다.

구게왕국의 창시자는 토번 왕자 끼데니마괸skyid lde myi ma mgon·吉德尼玛衮이었다. 9세기 토번왕조가 멸망한 뒤 왕실 후손 끼데니마괸은 소수의 수종들을 이끌고 티베트 서부의 아리로 들어가 이곳에 작은 왕국을 건립했다. 끼데니마괸은 후에 아리 지역을 세 부분으로 나눠 아들들에게 나눠줬는데, 이들 나라가 라다크왕국(지금의 인도 카슈미르의 라다크 지역), 푸랑왕국(지금의 티베트 푸란현普蘭縣), 그리고 구게왕국이다. 장남 끼데릭빠괸skyid lde rig pa mgon·吉德日巴衮에게 마르위Maryul·瑪瑀(라다크 지역)를, 차남 따시데괸bkra shis lde mgon·扎西德衮에

---

5 《魂牽雪域》, 95쪽; *More Than the Promised Land*, p.95.

게 푸랑purang · 布讓(티베트 푸란현)지역을 주었고, 막내 데쭉괸lde gtsug mgon · 德祖袞에게 물려준 샹슝香雄(象雄)이 구게왕국이다.[6]

데쭉괸의 장자 콜레khor re · 科日는 불법을 흠모하여 996년 톨링mtho lding · 托林사원을 건립했으며, 호족의 자제들을 선발하여 인도로 보내 유학시켰는데, 그중 린첸상뽀rin chen bzang po · 仁欽桑布(958~1055)가 인도인 스승들에게 배우고 방대한 불경에 통달했다. 그는 톨링사원으로 돌아와 불경을 번역하고 제자들을 길렀다. 그리하여 정통 인도 불교의 법맥이 서부 티베트에서 살아나기 시작했다. 콜레는 1016년 동생 쏭에srong nge · 松艾에게 왕위를 물려주고 두 아들을 데리고 린첸상뽀를 따라 출가해 법명을 예셰외ye shes vod · 益西沃라고 했다. 그는 인도에 많은 고승을 요청했는데, 그중 가장 유명한 승려가 바로 아티샤Atisha(982~1054)이다. 아티샤는 사망할 때까지 티베트에서 교리 개혁과 사원 계율 쇄신에 힘썼다. 이때부터가 티베트 불교의 후홍기後弘期, 즉 제2차 티베트 불교 전파기의 시작이다.[7]

구게왕국은 16세기까지 차파랑, 톨링 일대를 중심으로 세력을 떨쳤다. 그러나 안드라데가 이곳에 들어왔던 17세 초에는 구게 정권이 쇠락하던 시기였고, 대외적으로 라다크 등의 소국과 전쟁이 잦아 국력이 많이 쇠퇴해 있었다. 당시 구게왕국은 행정 수뇌인 국왕과 종교 수장인 대라마가 분리되어 다스리고 있었다. 즉, 국왕을 중심으로 한 세

----

6 《魂牽雪域》, 121~122쪽.
7 티베트 불교의 역사를 논할 때, 전홍기前弘期와 후홍기後弘期라는 표현을 사용한다. 토번왕국의 송첸캄포srong btsan sgam po(재위 608-649? 650)는 당唐 황실의 딸 문성공주文成公主와 네팔 국왕의 딸을 왕비로 맞았는데, 이들을 통해 티베트에 불교가 전래된 시기 이후를 전홍기라고 한다. 또한 토번왕국의 마지막 왕 랑다르마glang dar ma · 郎達瑪(재위 838~842)의 억불 정책 이후 새로이 불교가 부흥하는 시기를 후홍기라고 한다.

속 집단과 대라마를 수장으로 하는 종교 집단이 형성되었고, 구체적으로 말하면 구게 국왕과 그 동생, 숙부叔父, 숙조叔祖 등을 우두머리로 하는 2대 집단이었다. 명말청초明末淸初 시기 신흥 겔룩파 집단이 까귀파 세력을 대체하고 있었는데, 구게왕국의 대라마는 구게 국왕의 형제이며 겔룩파에 속해 있었다.

당시 구게의 사원 세력은 위짱dbus gtsang · 衛藏의 판첸라마의 지지를 받고 있었고, 그가 구게에 와서 시찰하도록 초청했다. 1618년 7월에 판첸라마가 구게에 도착하여 톨링사원에서 환영 행사를 열었다. 판첸라마는 구게 왕의 숙조叔祖를 구게왕국의 '정신적 지도자'로 임명하여 그 권위를 인정했다. 당시 구게 지역 사원의 승려 수는 5~6천 명이 넘었고, 절대다수는 겔룩파에 속했다. 이는 겔룩파 사원 세력이 구게 지역에서 정치 · 경제적 실력을 가지고 있었음을 설명한다. 인구가 매우 희박하고 토지가 척박한 지역에서 대량으로 일반 대중들이 승려가 되다 보니, 구게 지역의 농목업 생산과 매년 일어나는 대외 전쟁에서 보충할 수 있는 인원이 필요했다. 이러한 상황이 구게 왕과 사원 집단 간의 모순을 불러일으켰다. 안드라데가 도착하기 전에 이미 구게에서는 사원 승려들의 모반이 발생했었다. 당시 라마들의 반란 원인과 구체적인 상황은 명확하지 않지만, 구게 왕을 중심으로 한 세속 정권과 겔룩파 사원 집단 간의 갈등이 매우 첨예했음을 추측할 수 있다.

당시 티베트는 16세기 중엽 이후 라싸를 중심으로 겔룩파 황교黃敎 세력이 강대해져 까귀파에 속했던 많은 사찰들이 점차 겔룩파에 통합되고 있었다. 또한 시가체gzhis ka rtse · 日喀則에서는 까귀파 세력인 장파칸gtsang pa han · 藏巴汗 세속 정권이 들어선 상황이었다. 이렇게 위짱 지역에서 겔룩파의 정치적 영향력과 경제력은 점차 강대해졌고, 한편

으론 세속 권력을 대표하는 장파칸과의 대립이 형성됐다. 17세기 초 천주교의 전파는 바로 이런 상황에서 아리와 위짱 지역으로 유입되기 시작했다.

안드라데 일행이 차파랑에 도착했을 때 구게 왕은 그들이 상인이고, 많은 상품을 가져왔을 것이라고 생각했다. 하지만 그렇지 않다는 것을 알고 사람을 파견하여 그들이 이곳에 온 이유를 추궁했다. 안드라데는 자신은 상인이 아니고 상품을 가져오지 않았다며, 이곳에 온 이유를 국왕 앞에서 진술할 수 있게 해 달라고 요청했다. 국왕은 안드라데의 요구에 동의했고, 국왕 접견 시에 카슈미르 출신의 무슬림이 페르시아어로 통역하여 의사소통을 할 수 있었다. 통역의 어려움이 있었지만, 구게 왕과 왕후가 안드라데가 설명한 영원 구원과 그리스도교 교리에 대해 관심을 표했던 것은 틀림없다. 이후 안드라데는 구게 왕과 계속 만나 대화를 했고, 국왕은 안드라데에게 호감을 표시하며 그가 수시로 궁전에 입실할 수 있도록 하라는 명령을 내리기도 했다. 안드라데의 편지에 보면, 그들은 왕과 왕후에게 매우 융숭한 접대를 받았다. 양고기와 쌀·밀가루·버터·자그라jagra(인도산 흑설탕)·건포도·포도주 등을 공급받았는데, 너무 많이 받아 다른 이들에게 나누어 줄 정도였다.

안드라데는 차파랑에 도착한 지 얼마 되지 않아 곧 인도로 돌아가야 했다. 겨울이 되어 큰 눈이 쌓이기 전에 돌아가야 했는데, 그들에게 미사 때 사용하는 전례용구 등이 구비되어 있지 않았을 뿐더러 이곳에 선교회를 개척하려면 예수회 고아 관구의 승인을 받아야 했기 때문이다. 당시 구게 왕은 이들의 인도행에 반대했지만, 안드라데는 다음 해에 분명히 돌아온다는 약속을 했다. 다만, 안드라데는 구게 왕에게 몇 가지 조건을 제시했다. 그의 나라에서 선교할 수 있는 권리, 성당을 건립할 수 있는 부지 요구, 선교사로서 상업 활동에 개입하지 않는 문제, 카슈미르 무슬림의 말을 믿지 말 것 등을 요구했다. 이에 왕과 왕후는 위의 조건을 받아들이고 옥새가 찍힌 서류에 다음과 같은 내용을 썼다.

> 우리들, 티베트(Potente) 왕국의 왕은 포르투갈의 안토니오 신부가 우리 땅에 와서 우리들에게 그의 성스러운 종교를 전래한 것을 매우 기쁘게 받아들인다. 우리는 그를 우리의 정신적 스승이자 대라마로 여긴다. 우리는 그에게 우리 백성들에게 교리를 전파하고 가르칠 충분한 권리를 부여한다. 어떠한 사람도 간섭해서는 안 된다. 이 밖에 우리들은 그에게 주거지와 필요한 도움을 제공하고 성당을 세우는 데 도움을 제공한다. … 우리들은 열렬히 안토니오 신부가 조속히 우리 땅으로 다시 와서 우리들 백성을 구원할 수 있도록 보내 주기를 대신부大神父에게 요청한다.[8]

사실 안드라데는 차파랑에 1차로 왔을 때 25일 정도밖에 머물지 않았다. 그럼에도 불구하고 안드라데의 편지에 나오듯 구게 왕과 왕후가 매우 적극적으로 안드라데와 그리스도교에 호의를 표하고 '대라마'의 칭호까지 부여한 것은 매우 이례적인 일이다. 당시 안드라데와 구게 왕 사이의 의사소통은 카슈미르 출신의 무슬림이 통역으로 참여하

---

8 《魂牽雪域》, 88쪽; *More Than the Promised Land*, pp.85-86. Potente는 여기에서 티베트를 얘기하는 것인데, 포르투갈어로 powerful 혹은 mighty를 뜻한다. 대신부大神父는 예수회 고아 관구장을 말한다.

진실과 탈진실의 혼재 |

고 있었던 데다 주된 언어는 페르시아어였다. 예수회 선교사들은 티베트어를 전혀 몰랐지만 아시아 선교를 위해 페르시아어를 할 줄 알았다. 페르시아어를 매개로 티베트어 → 페르시아어 → 포르투갈어로 이해했기 때문에 정확한 소통은 힘들다고 안드라데는 고백하고 있다. 특히 안드라데가 무슬림 통역인을 믿지 못했음에도 불구하고 구게 왕에게 융숭한 대접을 받고 향후 천주교 선교에 대한 약속까지 받아 낸 것에 대해서는, 당시 구게왕국이 처한 여러 가지 요인들을 고려해야만 할 것이다.

예수회 고아 관구장은 안드라데가 무굴제국의 아그라로 돌아와 1624년 11월 8일에 쓴 편지를 받고 구게에 선교회를 건립하겠다는 안드라데의 요구에 동의했다. 아울러 세 명의 신부를 보내어 구게 선교회의 역량 강화에 힘쓰도록 했다. 이 세 명의 신부는 올리베이라Oliveira, 안조스Anjos, 고디뉴Godinho이다. 1625년 봄, 안드라데는 고아에서 오기로 한 세 명의 신부가 오지 않자 마르케스에게 이들을 기다리도록 하고, 자신은 수자Gonzales de Souza 및 구게 왕이 함께 보냈던 2명의 티베트 청년과 함께 1625년 6월 17일 먼저 출발하여 8월 28일에 차파랑에 도착했다. 고아에서 온 3명의 신부와 마르케스는 다음 해인 1626년 4월 12일, 성당 기공식 며칠 전에 차파랑에 도착했다.

안드라데의 편지(1625년 9월 10일자)에 의하면,[9] 구게 왕은 안드라데의 2차 방문에 매우 기뻐했고, 각종 필요한 물품을 넉넉히 제공했으며 편안한 거주지를 마련해 주었다. 이후 구게 왕은 안드라데의 요구에 따라 성당 부지를 제공하였는데, 아주 위치가 좋은 곳으로 선정해

---

9 *More Than the Promised Land*, pp. 97-101.

주었다. 1626년 4월 12일 부활절에 성당 기공식이 거행됐으며, 성당 이름은 '희망의 성모 마리아' 성당으로 정했다. 그 이유는 선교사들의 위대한 희망을 성모 마리아께 의지하여 이곳 사람들을 그리스도교 신앙으로 인도하고자 주님께 기도하기 위함이라고 밝혔다. 당시 차파랑에서는 목재가 생산되지 않아 원거리에서 수송했고, 공사에 참여한 사람들 중에는 자원봉사자도 있었다. 150명 이상의 인부들이 일했으며 모든 건축 비용은 구게 왕이 지원하였다.

안드라데가 성당 건축 소식을 로마 예수회 본부에 편지(1626년 8월 15일자 편지)로 알릴 때에는 성당이 이미 준공됐는데, 당시 성당을 건축할 때 구게 왕은 그들이 거주하고 있는 산의 가장 정상에 십자가를 설치할 것을 요구했다고 한다. 구게왕국은 이 산 중턱에 자리 잡고 있어서 산의 정상에서는 전 도시가 모두 보이며, 그렇게 되면 구게왕국으로 들어오는 모든 사람이 십자가를 볼 수 있게 된다. 당시 안드라데는 "십자가가 이렇게 높은 데에 있으니 이제 전 왕국을 얻을 준비가 된 것 같다"고 했다. 그러면서 그는 "이곳에는 많은 큰 사찰들이 있는데, 이곳 사람들이 장래에 그것들을 우리들의 성당으로 바꿀 수 있기를 기대한다"고 했다.

이렇게 안드라데 신부는 티베트 차파랑에 첫 천주교 성당을 세웠다. 안드라데는 가장 먼저 구게 왕과 왕후, 왕실 사람들에게 그리스도교 교리를 설명했다. 구게 왕은 항상 안드라데가 설명하는 교리에 관심을 기울였고, 언제나 성당을 방문해 기도했으며, 성물에 세 번 머리 숙여 인사하곤 했다. 안드라데는 "그가 언제나 우리들의 신앙에 대해 질문했지만, 제대로 대답하지 못하는 상황이 아쉽다. 그가 어느 정도 교리를 익히면 바로 천주교인이 될 것이다"라고 했고, "하느님에 대한

진실과 탈진실의 혼재 |

왕후의 관심은 대단하다. 특히 영혼 구원의 방법에 매우 관심이 많다. 그러나 이에 대해 설명하기가 어렵다"라고 하여 의사소통 문제에 대해 호소했다.[10] 이에 안드라데와 신부들은 티베트어를 집중적으로 공부하기 시작했다.

당시 구게 왕은 십자가 등 성물을 목에 차고 다녔으며, 왕실 사람들과 고관들이 이를 따라하기도 했다. 심지어 일반 백성들도 십자가 목걸이를 차고 다니기도 했으며, 몇몇 군인들이 선교사 거처에 와서 십자가를 구하기도 했다. 또한 많은 사람들이 성당을 방문하여 구경하곤 했는데, 신부들은 이를 그리스도교 전파의 기회로 여겼다. 구게 왕의 적극적인 지원을 받아 티베트에서의 첫 선교 성적은 일정한 성과를 얻었다고 볼 수 있다. 선교사들은 구게왕국에서 천주교 선교의 합법화를 이룰 수 있었고, 더군다나 선교 보호를 받았으며 의식주 등 적극적인 지원을 받았다.

그러나 연구자들은 선교사들의 편지가 좀 과장된 면이 있다고 생각한다. 티베트 아리 지구는 티베트 원시종교인 뵌교bön의 고향이자, 아티샤 이후 티베트 불교 후홍기의 발상지인데 천주교를 쉽게 받아들였다는 것은 그리 간단히 생각할 일이 아니다. 여하튼, 안드라데의 편지에 의하면 왕과 왕후를 비롯한 왕실 사람들이 그리스도교에 많은 관심을 갖고 있었던 것은 사실로 보인다. 그리하여 극소수의 왕실 사람과 고관들이 세례를 받고 천주교인이 됐다. 세례 상황과 관련하여 1627년 11월 10일 안조스 신부가 예수회 고아 관구장에게 보낸 편지에 의하면, 세례 받은 사람이 12명이지만 많은 사람들이 준비하고 있

---

10 《魂牽雪域》, 190~191쪽; *More Than the Promised Land*, pp. 146-147.

다고 했다. 왕후와 그녀의 사촌 여동생이 세례를 곧 받을 것이라고 했지만, 구게 왕이 세례를 받았다는 내용은 나와 있지 않다. 다만 훗날 구게왕국이 멸망한 뒤 안드라데가 예수회 로마 본부에 보낸 편지(1633년 2월 4일자)에서[11] 4백여 명의 천주교인이 전리품으로 나눠졌다고 한 것으로 보아, 꽤 많은 사람들이 세례를 받았던 것으로 보인다. 18세기 초에 라싸에 와서 선교했던 예수회 선교사 데시데리Ippolito Desideri(1684~1733) 역시 구게왕국 시기 천주교인이 4백명 정도 있었을 것으로 추정했다.

선교사들은 이렇게 위에서 아래로의 선교를 꾀하는 동시에 티베트 불교의 '잘못된 점'과 라마들의 행위에 대한 비판을 통해 그리스도교를 선교하고자 했다. 선교사들은 항상 구게 왕이나 많은 사람들 앞에서 라마들의 몇몇 습속을 비난하거나 변론을 통해 라마를 면박 주곤 했다. 예컨대, 라마들이 병을 치료할 때 환자에게 입김을 불어넣으면서 기도하는데, 선교사들은 라마들이 입김으로 병을 치료하는 것을 조롱했다. 또한 라마와의 변론을 통해 그리스도교 인식의 틀 안에서 그들 불교의 잘못된 점을 비판했다. 선교사들은 불교를 통해 그들을 이해하는 것이 아니라 티베트 불교의 허점을 찾아내 그리스도교를 전파하고자 했던 것으로 보인다. 예수회 선교사들은 라마들과 공개적으로 대립하여 변론을 진행하고 티베트 불교를 비판했다.

---

11 *More Than the Promised Land*, pp. 167-172.

그리스도교 틀 안에서 티베트 불교를 바라보다

안드라데는 티베트를 첫 번째 방문하고 아그라로 돌아온 후 1624년 11월 8일자 편지에서, 티베트가 매우 광활하며 땅이 기름지고 수원이 풍부하여 밀·쌀·과일·포도·복숭아 등이 많이 생산되는 곳으로 알았으나 실제 티베트의 중심 도시인 차파랑은 매우 척박한 곳으로 도시 외곽에서 물을 끌어 쓰기 때문에 밀이 조금밖에 생산되지 않는다고 했다. 또한 면양·산양·말 떼들은 많이 보이지만 다른 동물은 없다고 하고, 이곳에는 설탕이 없으며 과일과 채소가 생산되지 않고 가금류가 없으며, 1년 중 3개월만 논밭과 들에 눈이 쌓이지 않아 그때에 가축들이 이곳에서 먹고 자란다고 전했다. 안드라데와 구게 왕의 통역을 맡았던 카슈미르의 무슬림이 항상 말하기를, "지옥은 이 땅 아래 있을 것이다. 이곳의 가장 큰 특징은 척박함이다"라고 할 만큼 생활 환경이 매우 어려웠음을 보여 주고 있다.

안드라데는 첫 방문 때에 차파랑이 티베트의 중심 지역이라고 생각했으며, 자신들이 원래 알고 있었던 티베트보다는 매우 척박한 환경의 지역임을 확인했다. 25일간의 짧은 체류 기간 동안 피상적으로 바라볼 수밖에 없겠지만, 그가 바라본 티베트 사람들과 라마에 대한 첫인상은 긍정적이었다.

대부분의 사람들은 매우 친근하고, 용감하며, 전쟁에 대비해 끊임없이 훈련하고 있습니다. 그들은 무엇보다도 매우 경건하고 우리 주님의 문제에 대해 호의적입니다. 그들은 매일 새벽에 기도 드리며 특정한 기도를 암송합니다. … 그들은 라마를 존중합니다. 티베트인은 모직

옷을 즐겨 입고 있습니다. 그들이 쓰는 삼각모는 포르투갈 병사의 모자와 비슷합니다. 신발은 잘 다듬은 피혁으로 제작합니다. … 라마는 그들의 신부입니다. 그곳의 라마는 매우 많습니다. 그들은 우리들 신부처럼 함께 거주하고 있습니다. 그들은 매우 가난하지만 그들 모두는 매우 좋은 품행을 지니고 있습니다.[12]

이러한 라마에 대한 호의적 평가는 2차 방문 이후 본격적으로 선교 활동을 진행하면서 점차 부정적으로 변화했다. 사실 안드라데가 티베트를 방문한 목적은 분명했다. 이는 그의 다음과 같은 편지에서 잘 드러난다.

내가 이곳에 온 이유는 구게 왕이 그리스도교 신자이며 그의 백성은 그리스도교를 믿고 있다고 전해 들은 것을 확인하기 위해서라고 말했습니다. 국왕이 허락한다면, 그들 종교의 잘못된 점을 설명할 것이라고 나는 제안했습니다. 나는 그에게 말하기를, 국왕이 영원의 구원을 희망하기 때문에 나는 조국과 형제 친구들을 떠나 멀리 왔고, 천신만고 끝에 이곳에 왔다고 했습니다. 그래서 나는 그에게 하느님의 은총을 줄 기회를 이용하고 싶다고 전했습니다. 지난 과거 동안 하느님은 이러한 기회를 그의 이전 왕들에게 주지 못했습니다. 이로 인해 국왕이 그에게 하느님의 은총이 내리는 것을 저버리지 않기를 바란다고 말했습니다.[13]

---

12 《魂牽雪域》, 93쪽; *More Than the Promised Land*, p.92.
13 《魂牽雪域》, 86쪽; *More Than the Promised Land*, pp.81-82.

진실과 탈진실의 혼재 |

그런데 안드라데의 편지 내용을 살펴보면, 이때에 그는 티베트인들이 마치 에티오피아 그리스도교인, 아르메니아 그리스도교인, 남인도의 그리스도교인처럼 이단 변종의 그리스도교인이라고 상상했음을 알 수 있다. 안드라데는 동방의 그리스도교 왕국을 찾지는 못했지만, 티베트 불교가 그리스도교의 변종된 형태라고 생각했다. 그래서 그는 그리스도교 인식의 틀 안에서 티베트 불교를 바라보았던 것이다.

안드라데는 티베트의 문화를 제대로 알기도 전에 이미 그리스도교 인식의 틀 안에서 왜곡된 편견을 가지고 티베트 불교의 '잘못된 점'을 지적했고, 자신의 티베트 선교 여정을 티베트 구게왕조에 대한 하느님의 은사로 여겼다. 안드라데의 이러한 티베트 불교 인식은 티베트 불교 라마와의 변론에서도 명확히 드러난다. 예를 들면, 그는 티베트 불교의 호법신護法神을 천사로 견강부회하며 다음과 같이 편지에서 얘기하고 있다.

그들은 천사를 'lha'라고 부르며 다양하게 그려 놓고 있는데, 젊고 잘생기게 그렸고 마치 마귀와 투쟁하는 것과 같습니다. … 이 신령스러운 대열 안에 천신을 거느리는 성聖 미카엘이 있고, 설령 몸에 날개도 없고 손에 저울도 없이 그려진다 해도 어찌 누가 알아채지 못하겠습니까? 그것들이 차례로 9열로 늘어선 것이 성경에서 말하는 9품 천신이 아니고 무엇입니까?[14]

---

14 《魂牽雪域》, 160쪽; *More Than the Promised Land*, pp. 110-111. 'lha'는 산스크리트어로 deva, 즉 천신天神, 범천梵天을 뜻한다.

또한 금강저金剛杵를 십자가로 견강부회하여 라마들이 이를 제대로 파악하지 못하고 있다고 비판했다. 그는 "성聖십자가에 대해 그들이 아는 것이 적거나 근본적으로 알지 못한다. 그러나 그들의 책에는 있다. 그들은 십자가를 삼각형으로 그려 놓았으며, 그 위에 신기한 문자도 있다. 그들은 또한 이러한 문자의 함의가 무엇인지 알지 못한다"고 말했다. 티베트 불교의 건축과 회화에 자주 등장하는 금강저는 원래 고대 인도의 병기였으나 티베트 불교의 밀종에 법기法器로 흡수되어 견고하고 날카로운 불지佛智를 나타낸다.

이처럼 티베트 불교의 호법신과 금강저의 의미를 그리스도교의 천사와 십자가로 여기는 잘못된 인식 아래 그가 라마들과 비교적 길게 변론했던 내용이 바로 불교 삼보三寶에 대한 것이다. 안드라데는 불교 삼보를 그리스도교의 삼위일체三位一體와 마찬가지로 하느님의 본질에 관한 것으로 이해했고, 이로 인해 다음과 같이 말했다.

우리가 처음 변론한 내용은 하느님의 본질입니다. 그들도 하느님은 삼위일체라고 말하지만, 그들이 구체적으로 설명할 때마다 온갖 말이 난무합니다. 그들은 하느님을 'Lama conjoe'라고 칭하는데, 즉 '제1인'을 말합니다. '제2인'을 'cho conjoe'라고 부릅니다. 즉 대서大書 · great book 입니다. '제3인'을 'Sanguya conjoe'라고 합니다. 즉 '하느님의 영광 속에서 보고 사랑하라'는 뜻입니다. 나는 그들에게 묻기를, 'cho conjoe'라고 부르는 제2인, 즉 하느님의 대서大書는 그들이 가지고 다니면서 읽는 책이냐고 물었는데, 그들은 그렇다고 대답했습니다.

나는 또 묻기를, "그렇다면 너희들의 이 책이 하느님이냐? 그런데

이 책이 어떻게 하느님이 될 수 있는가? 그것은 마치 하나의 돌이나 나무막대기처럼 생명도 감각도 없이 물속에 던져지거나 불에 의해 망가질 수 있다. 그러나 하느님은 살아 계시고 영원하며 변하지 않으신다. 이 밖에 이 책은 필사자의 손으로 쓰인 것이며 종이와 잉크로 구성된 것이다. 그러나 하느님은 자유로운 존재의 실체이며, 그는 만물을 창조하신다. 책은 나에게 좋은 일도 해 주지 않을 뿐만 아니라 나쁜 일도 해 주지 않을 것이다. 왜냐하면 할 수도 없고, 당신이 그것을 상자 위에 두면 그것은 그대로 있다. 그것은 당신이 움직이지 않으면 움직이지 않을 것이다. 그러나 하느님은 살아 계시고 영원하며, 어떤 일에 관여하는 것은 하느님의 주선으로, 모든 것은 하느님의 뜻 없이 정부는 아무것도 이룰 수 없다"고 말했습니다. 라마들은 나의 이런 질문에 아연실색하고 서로 쳐다보면서 아무도 답을 하지 못합니다.

존경하는 신부님, 나중에 언급할 다양한 주제에 대한 이런 논쟁에 대해 놀라지 마십시오. 왜냐하면 라마들은 전문적인 용어조차 모르고 아는 게 거의 없기 때문에, 그들이 이해하지 못하는 신학적이고 추측적인 논쟁보다는 구체적이고 평범한 추론을 사용하는 것이 이 사람들을 설득하는 최선의 수단이기 때문입니다.[15]

안드라데가 삼위일체로 이해한 '제1인', '제2인', '제3인'은 라마들이 불교의 삼보를 설명한 것이었다. 불교의 삼보는 불자가 귀의해야 한다는 불보佛寶 · 법보法寶 · 승보僧寶, 세 가지를 가리키는 불교 교리이

---

15 《魂牽雪域》, 170~171쪽; More Than the Promised Land, pp. 123-124. 'conjoe'는 티베트어로 꾄촉dkon mchog, 즉 '보寶'를 말한다(《魂牽雪域》, 213쪽).

다. 깨달음을 얻은 사람과 그 가르침 및 그 가르침을 따르는 교단 등, 이 세 가지를 보물에 비유한 말이다. 그렇기 때문에 불교 삼보는 근본적으로 '하느님God·上帝'의 의미가 전혀 없다. 안드라데가 견강부회한 불교의 삼보와 그리스도교의 삼위일체는 서로 조금도 관계가 없는 두 가지 개념이다. 불교 삼보가 세 가지 다른 것을 다루는 것과 대조적으로 그리스도교의 삼위일체는 같은 실체를 말한다. 즉, 성부와 성자 그리고 성령은 하나라는 믿음이다.

티베트 불교에서는 법을 전하는 사師를 더하여 사보四寶라 하고, 여기에도 귀의한다. 즉, 불교도에게 불·법·승 삼보 외에 라마(上師)에게도 귀의하라는 것이다. 안드라데는 삼보와 사귀의四歸依를 혼동했던 것으로 보인다. 왜냐하면 그가 언급한 'Lama conjoe'(제1인의 의미)가 그 근본적 뜻이 하느님이 아니라 '라마보寶'였기 때문이다. 안드라데 신부는 '상인上人', '상사上師'의 의미를 가진 '라마보'를 '제1인'의 자리에 올려 그리스도교의 삼위일체 중 성부에 견강부회했다. 사실 안드라데가 삼보와 사귀의를 혼동했다 하더라도 '라마보'는 승보僧寶의 한 특수한 부분이기 때문에 그 순서는 불교 삼보 중 세 번째 보寶의 위치에 배열해야 한다.

안드라데 신부가 불교의 두 번째 보배인 법보를 '대서'의 뜻으로 이해한 것은 이해할 수 있는 해석이지만, 그리스도교 삼위일체 중 '말씀이 육신으로 바뀐 성자', 즉 예수 그리스도에 견강부회한 것은 지나친 비유라고 할 수 있다. 또한 안드라데는 삼보의 첫 번째인 불보를 '제3인'으로 배열하고, 또 "하느님의 영광 속에서 보고 사랑하다"라는 뜻으로 번역해 삼위일체의 성령과 가까워지게 했다.

이렇게 불교의 삼보를 그리스도교의 삼위일체로 해석한 것은 안드라데가 티베트 불교를 그리스도교의 변형된 형태로 생각했기 때문이었다. 또한 삼보의 위치를 잘못 해석한 것은 상호 간의 의사소통 문제로 보인다. 안드라데 역시 티베트어를 아직 제대로 학습하지 못했음을 시인하고 있다.

나는 가능한 가장 좋은 방식으로 그들에게 해석했습니다. 왜냐하면 나는 그들 언어 중에 이러한 내용을 설명할 수 있는 필요 어휘를 장악하지 못했기 때문입니다. ⋯ 이로 인해 나는 그들에게 그들이 말하는 Cho Conjoe는 하느님의 아들이며, 하느님 아버지에게서 탄생한 영원히 존재하는 책이라고 설명했습니다. 또한 이 책은 살아 있으며, 그들이 생각하는 그것과 같이 죽은 것, 무지無智의 것이 아니고, 책에 쓰인 말씀은 모두 하느님 스스로가 쓴 것이며, 그들 책의 말씀과는 다르다고 했습니다.

그리고 더 구체적으로 그들에게 말하기를, 이러한 영원의 말씀, 즉 '하느님의 아들'이 사람이 되셨고, 우리를 위해 돌아가시고 천국으로 승천하셨다고 했습니다. ⋯ '제3인', 즉 그들이 말하는 'Sanguya conjoe'도 '하느님의 영광 속에서 보고 사랑하라'입니다. 나는 그것이 앞의 제1인과 제2인의 무한한 상호 사랑에서 나온 신령으로 그들 3인은 모두 같으며, 권력 · 지식 · 영원 등 방면에서 모두 평등한 것이라고 그들에게 알려 주었습니다.[16]

문화적 생소함과 의사소통의 장애, 그리고 그리스도교 인식의 틀

---

16 《魂牽雪域》, 171쪽; *More Than the Promised Land*, pp. 124-125.

안에서 티베트 불교를 오독한 안드라데 신부의 견해는 후대 서양인들이 티베트 불교를 이해하는 데 많은 영향을 미쳤다.《혼견설역魂牽雪域》의 저자 토스카노M. Toscano는 안드라데가 불교의 삼보를 천주교의 삼위일체 교리로 파악한 오류가 오랫동안 계속되어 17~18세기의 선교사들이 착오를 반복했고, 심지어 19세기의 많은 학자들도 이러한 오류를 받아들였다고 비판했다. 그러나 토스카노 역시 "티베트 불교의 발원지는 인도이다. 인도에서 힌두교 대중화 시대의 최초 몇 세기 안에 아마도 그리스도교의 전성기가 출현했고, 이로 인해 삼위일체의 그리스도교 교리가 인도로 유입됐다는 시나리오도 배제할 수는 없다"[17]고 하여, 불교 삼보의 그리스도교의 삼위일체 수용의 가능성을 얘기하고 있다.

이외에 안드라데는 윤회와 육자진언六字眞言(옴마니반메홈)에 대한 라마와의 토론을 편지에 쓰고 있다. 그는 윤회가 매우 황당한 논리임을 그리스도교의 인식 틀에서 많은 예를 들어 설명하고 있다.[18] 또한 육자진언에 대한 토론에서 라마들이 무슨 뜻인지 정확히 설명하지 못하자, 그것은 하느님의 말씀이며, 그 뜻은 '하느님이 너희들의 죄를 용서한다'라는 뜻이라며 알려 주고 있다. 사실 이 뜻은 관세음보살의 자비를 나타내는 주문으로, '옴마니반메홈'(산스크리트어 oṃ maṇi padme hūm) 주문을 외우면 관세음보살의 자비에 의해 번뇌와 죄악이 소멸되고, 온갖 지혜와 공덕을 갖추게 된다는 뜻이다. 라마승들이 이 뜻을 모를 리 없으니, 분명 안드라데와 의사소통하는 데 문제를 겪었던 것으

---

17 《魂牽雪域》, 213쪽.
18 《魂牽雪域》, 172~175쪽; *More Than the Promised Land*, pp. 126-130.

로 보인다. 안드라데 본인도 편지에서 의사소통의 어려움을 호소했던 바와 같이, 라마승 역시 복잡한 교리를 안드라데에게 명확히 설명하기는 어려웠을 것이다.

이러한 상황을 안드라데 신부는 라마들과의 변론에서 자신이 승리한 것으로 귀결시키며, 티베트 라마들의 "무지無知가 그들을 끝없는 혼란에 빠지게 한다. 이러한 무지를 이미 국왕이 알아챘고 이러한 무지는 국왕으로 하여금 그들의 함정에서 나오게 할 수 있었다"는 결론을 내렸다.

여하튼 1620년대 안드라데 신부가 구게왕국에 들어섰을 때 구게왕의 왕제王弟와 왕숙王叔은 구게 전역에서 왕 못지않은 영향력을 행사했고, 신하들과 백성들에 대한 통제권을 얻기 위한 세속 권력과 종교 권력 사이의 갈등도 상당히 노골화되고 있었다. 이러한 시기에 구게왕은 안드라데 신부의 종교를 이용하여 자신의 정적을 약화시키려 했다고 볼 수 있다.

구게 왕이 급속도로 '서방 라마'들에게 경도되는 것을 보며, 티베트 라마들은 국왕에게 왕제의 집에 머물며 불교 경전을 많이 읽으라고 권했는데, 안드라데는 이러한 라마들의 행위를 "사기극으로 알고 있으며 마귀가 라마를 통해 국왕을 위해 쳐 놓은 함정"[19]이라고 규정함으로써 티베트 불교와 라마에 대한 종교적 편견을 드러냈다.

우리의 신성한 신앙에 대한 국왕의 존숭이 그토록 애틋하니 우리가 이보다 더 나은 것을 바랄 수 있겠습니까. 왕과 왕후, 고관들은 성물에

19 《魂牽雪域》, 169쪽 ; *More Than the Promised Land*, pp. 122-123.

대한 극대한 존경을 나타내지만, 그들 선교사(라마)들의 물건에 대해서는 쉴 새 없이 비웃고 있습니다. 그들은 우리들에 대해, 우리들의 경문·재계·영혼 구원의 열정에 대해, 우리가 독경하는 방식 등에 대해 끊임없이 찬사를 보내고 있습니다.

이로 인해 국왕은 우리에 대해 큰 존중과 애정을 가지고 있습니다. 국왕은 그의 나라에서 그리스도교가 전파되는 것을 기뻐하며 우리에게 광범위한 자유를 제공했습니다. 그 어떠한 사람도 감히 우리의 언행에 대해 비난할 엄두를 내지 못하고 있습니다. 이 땅에서 우리의 신성한 신앙에 반대하는 사람이 있다면, 그들은 이곳 수많은 승려(라마)일 수밖에 없습니다. 국왕이 그들을 단속하기로 결정했는데, 이 결정은 우리의 예상을 뒤엎었습니다.[20]

결국 구게 왕은 티베트 불교 승려들에 대한 종교적 탄압을 단행했다. 라마 왕제의 토지와 재산을 몰수하고 군관들을 파견해 사원 권력을 박탈하고, 많은 승려들을 강제로 환속시켰다. 이것은 1627년의 상황이다. 1628년과 1629년에 발생한 일들에 대해서는 자료가 없어 명확하지 않지만, 상황이 나아지지 않았던 것으로 보인다. 1630년 안드라데 신부가 인도 고아의 예수회 관구장으로 선임되어 인도에 가 있을 때 구게 왕이 중병을 앓았고 라마들이 마침내 반발하여 라다크 국왕에게 원조를 요청하면서 구게왕국은 붕괴했다. 구게왕국이 멸망하자 이에 기대어 발전했던 천주교 선교도 종말을 고했고, 차파랑의 예수회 성당은 파괴됐다. 안드라데는 당시 인도 고아에 나가 있던 터라

....

20 《魂牽雪域》, 324쪽.

난을 피할 수 있었다. 티베트 선교단이 끝나게 되자 안드라데는 선교 활동을 회복시키고자 세 번째 티베트 진출을 준비했지만 1634년 3월 19일 차파랑으로 가는 도중에 불행히도 사망했다. 그의 오래된 동료 마르케스도 같은 노력을 했지만 성공을 거두지 못했다.

진실과 탈진실의 혼재

안드라데가 티베트 구게왕국에서 매우 단기간 내에 국왕의 전폭적 지원 아래 선교 활동을 할 수 있었던 것은, 당시 구게 왕실과 겔룩파 사원 세력과의 첨예한 대립이라는 정치 · 종교적인 배경 때문이었다. 하지만 결과적으로 티베트 아리에서의 안드라데의 선교 활동은 실패했다. 안드라데의 티베트 선교 활동이 실패했던 이유는 티베트 아리 지역의 종교 · 정치 · 자연적 상황 때문이기도 하겠지만, 결정적으로 선교사들의 선교 방법이 그들의 실패를 가속화시키는 원인이 됐다. 정치적 역량에 의지해 선교에 집중했기에 그 후원자가 없어진다면 급속히 무너져 버릴 수밖에 없었다.

안드라데가 구게에 도착했을 때 구게 왕실은 이미 쇠락한 상태였고, 국왕과 겔룩파 사원 세력의 모순이 첨예화되고 있었으며 주변 국가와의 관계도 악화일로에 놓여 있었다. 구게 왕은 통치를 공고화하기 위해 그리스도교를 이용하여 불교를 대체하고자 불교와 승려를 박해하여 정권의 멸망을 가속화시켰다. 구게 왕이 사라지면서 선교회는 강력한 후원자를 잃고 견고한 군중적 기초도 없어 신속히 무너졌던 것이다.

선교사들은 불교에 대한 편견과 왜곡으로 티베트 불교와 승려들을 비판했고, 구게 왕의 지지를 얻어 티베트에서 그리스도교가 '잘못된' 불교를 대체할 수 있다고 보았다. 이후 구게왕국이 붕괴되고 차파랑 선교회가 해체되자 선교사들은 구게왕국의 멸망이 구게 왕이 세례를 받지 못한 결과라면서 "우리 주께서 왕권을 빼앗으신 여러 가지 이유에는 하느님에 대한 믿음이 부족했기 때문"[21]이라고 생각했다.

안드라데 신부가 극도의 어려움 속에서도 목숨을 걸고 종교적 열정으로 티베트를 '발견'했고, 그의 편지를 통해 히말라야 오지의 티베트인들의 삶과 신앙이 유럽에 알려지게 됐다. 그가 예수회에 보낸 편지는 17세기 초 서부 티베트 사회를 연구하는 데 매우 중요한 역사적 자료로서 가치가 있다. 그러나 그는 그리스도교의 인식 틀 안에서 티베트 불교를 바라보았던 한계가 있다. 티베트 불교의 호법신을 그리스도교의 천사로, 금강저를 십자가로 견강부회하여 티베트 불교의 '잘못된 점'을 지적했고, 불교의 삼보를 그리스도교의 삼위일체로 해석하여 티베트 라마들이 삼보의 개념을 잘못 이해하고 있음을 지적하는 착오를 저질렀다.

어쩌면 안드라데는 티베트가 그리스도교 왕국이 아니라는 '진실'을 발견했지만, 그가 자신의 종교적 신념으로 바라본 티베트는 변형된 그리스도교 왕국이 아니었을까? 그리고 '진실'보다는 그러한 '탈진실'이 당대 유럽인과 선교사들에게 더 큰 주목을 끈 것은 아닐까? 이렇게 진실과 탈진실이 혼재되어 나타난 그의 티베트 인식은 이를 받아들인 서양인들의 시각에 따라 때론 신비스러운 이미지로, 때론 왜곡된 이미지로 포장되어 왔다.

....

21 《魂牽雪域》, 362쪽.

참고문헌

강성현, 《탈진실의 시대, 역사부정을 묻는다 - '반일 종족주의' 현상 비판》, 푸른역사, 2020.

김상근, 《동서문화의 교류와 예수회 선교역사》, 한들출판사, 2006.

김지인 · 안경덕 · 김상근 번역과 주해, 《명말청초(明末淸初) 시대의 예수회 중국 선교 : 에바하스트 혜지 육의 《중국, 몽골, 티베트에 전래된 그리스도교》 2권의 번역과 주해》, 연세대학교 대학출판문화원, 2021.

리 매킨타이어, 《포스트 트루스 - 가짜 뉴스와 탈진실의 시대》, 김재경 옮김, 정준희 해제, 두리반, 2019.

마르코 폴로, 《동방견문록》, 김호동 역주, 사계절, 2000.

伍昆明, 《早期傳敎士進藏活動史》, 北京: 中國藏學出版社, 1992.

Giuseppe M. Toscano(G. M. 托斯卡諾), 《魂牽雪域 - 西藏最早的天主敎傳敎會》, 伍昆明 · 區易柄 譯, 北京: 中國藏學出版社, 1998.

Translated and introduced by Michael J. Sweet, *More Than the Promised Land: Letters and Relations from Tibet by the Jesuit Missionary António de Andrade (1580-1634)*, Boston, Institute of Jesuit Sources, 2017.

심혁주, 〈선교사의 눈에 비친 티베트 - 아폴리토 데시데리(Ippolito Desideri, 1684-1733)의 선교활동과 티베트불교에 대한 인식〉, 《인문논총》 73-2, 2016.

董莉英, 〈天主敎在西藏的傳播及其影響〉, 《西藏大學學報》, 2004-3.

李蓉, 〈17-18世紀天主敎在西藏傳播槪述〉, 《西藏大學學報》, 2006-1.

班覺 · 巴桑旺堆 · 倉決卓瑪, 〈早期西方傳敎士在西藏活動綜述〉, 《西藏硏究》, 2015-6.

王瑾瑾, 〈略論西方傳敎士對藏傳佛敎的部分闡釋〉, 《中國藏學》, 2007-3.

喩天舒, 〈傳敎士與古格王國的覆滅〉, 《中國藏學》, 2007-1.

3부

초연결 증상과 치유의 모색

미디어플랫폼 서비스 이용의 중독 요인

| 이상호 |

미디어플랫폼과 콘텐츠의 풍요 속에서 방치되는 이용자들

이 글은 미디어플랫폼 서비스로서 다수 소비자의 선택을 받고 있는 다양한 미디어 서비스 이용에서 나타나는 중독의 증상과 요인에 대한 연구들을 정리하였다. 최근의 미디어 서비스는 인터넷 기술의 기반 위에 제공되는 것으로, 모바일 통신과 스마트폰의 진화와 더불어 급격하게 변화되어 왔다. 미디어 분야로 한정해서 본다면 과거 10여 년 전만 해도 인터넷과 게임에 몰입하는 청소년의 정신건강을 염려하는 연구가 발표되어 왔으나, 최근에는 그 몰입과 중독의 대상이 전 연령층으로 확산되고 있는 양상이다.

국내에서 광범위하게 사용되는 카카오톡과 유튜브 등의 서비스는 고립을 회피하려는 이용자들이 사회적 관계를 유지하기 위해 이용할 수밖에 없는 준강제성이 있으며, 오락적 측면이 가미되어 이용자가 스스로 통제하기 어려울 정도로 록인lock-in되는 경향이 있다. 한편 미디어 서비스는 적절한 수준의 몰입과 중독이 주는 심리 측면의 긍정적인 효과가 있고, 서비스의 중독 자체가 질병으로 정의될 정도는 아니라는 견해도 다수이다. 필자 역시 그 점에 동의하면서도, 과도한 경우의 문제점을 미리 점검한다는 측면에서 본 연구의 필요성이 있다고 본다.

통상의 미디어 기업들의 일관된 목표 역시 이용자의 중독적 접속을 강화시키고 시장점유율을 올려 자사의 독점적 영향력을 높이는 데에 있다는 점도 우려할 만한 문제이다. 산업계에서 빈번하게 관측되는 분쟁 역시 자사의 영향력을 높이려는 의도에서 발생하며, 자사가 독점력을 보유하고 있는 콘텐츠나 서비스에 대해 타사의 서비스와 협력하지 않고 갈등과 법적 분쟁으로 치닫는 것은 사회 전반적인 피로도를 증가시키고 궁극적으로 소비자에게 피해를 준다는 측면에서 문제가 심각하다. 또한 특정 미디어플랫폼에 콘텐츠를 제공하는 사업자나 주체들의 탈법, 불법적 행위, 과도한 마케팅과 거짓 정보, 이용자를 볼모로 하는 공급 중단 협박과 유료 요금 체계의 변경 등도 상기한 기업들의 경영 목표와 무관하지 않다.

필자는 미디어 소비자의 건전한 이용과 긍정적 피드백이 서비스의 성장과 지속적 이용에 도움이 된다는 점을 미디어 기업들이 인식해야 하며, 해당 기업과 더불어 정부 당국자들도 과도한 몰입과 접속으로 인해 예상되는 심리적 · 경제적 · 사회적 피해를 방지하도록 노력할 필요가 있다고 본다. 따라서 이 글의 내용을 다음과 같은 주제로 정리하고자 한다.

① 미디어중독의 원인이 되는 변인 연구에 대한 추세를 정리한다.
② 미디어중독 관련 연구 모형을 정리하고 논의한다.
③ 미디어중독지수를 확인하여 함의를 정리하고 논의한다.

문헌에서 찾아보는 미디어중독 요인의 변화[1]

본 절에서는 2001~2021년 동안 청소년 미디어 서비스 중독 연구에서

---

[1] 이 글은 필자가 공동 연구한 아래 논문의 내용을 일부 발췌하여 정리한 것이다. 배승주·이상호, 〈미디어서비스 중독 변인의 종단적 추세변화 연구―2000~2021년 청소년 대상 연구를 중심으로〉, 《산업정보학회논문지》 26(5), 2021, 95~111쪽.

나타난 논의를 토대로, 중독의 원인을 네 가지로 유형화하고 변인들을 시기별로 분류하였다. 주요 4개 속성은 '청소년기 속성', '개인 속성', '매체 속성', '미디어 의존 속성'이다.

'청소년기 속성'에 대해서는 피아제Jean Piaget의 인지발달이론에 기초한 한상철(Han 2003)의 '자아중심적', '가능성 지향적', '감각 추구 성향' 사고로 청소년의 발달적 특성을 설명하였다. 변인 분석은 관련 정도가 높은 요인을 적용하였다. 또한 청소년의 문화적 · 사회적 · 도덕적 발달이 청소년기의 미디어중독 원인을 설명하는 중요 요소라는 점도 함께 살펴보았다. '개인 속성'은 클레인M. Klein(1935)의 인간의 심리적 공간을 구성하는 '대상관계', '방어', '환상', '불안'으로 조명된다. 대상관계는 환경에 해당되며, 방어는 자기상실에 대한 공포에 대해 취하는 태도이므로 개인의 심리에 초점을 두었다. '매체 속성'은 매체의 매체적 특성과 기능성의 시각에서 바라보았다. '미디어 의존 속성'은 세 가지 이용 목적—이해/인지, 태도/행동의 결정, 오락—과 개인의 불안정 정도 및 정보원으로서 중요성을 조명하였다. 이러한 변인들은 다수의 논문에서 2개 이상의 유형이 복합적으로 나타나는 결과를 보였다.

미디어중독 요인을 연구한 추세를 시기별로 정리하면, 네 번의 추세적 변화가 있는 것으로 정리할 수 있다. 첫 번째 시기는 2000~2011년으로 소셜네트워크서비스가 활성화된 시기이다. 유형의 빈도는 '매체 속성'(7), '청소년기 속성'(6), '개인 속성'(6), '미디어 의존 속성'(3)으로 나타났다. **'청소년기 속성'**의 변인은 충동성, 현실도피, 또래 관계, 음란물 및 폭력물, 정서 경험, 기록형 게임이다. 충동성 · 음란물 및 폭력물 · 기록형 게임은 청소년기의 감각 추구 성향적 사고와 관련이 있으며, 현실도피는 자아중심적 사고와 관련이 있다. 또래 관계는 청소년의 문화적 특성에 속한다. **'개인 속성'**의 변인은 우울, 사회 유대, 표현, 부모의 사회경제적 특성, 커뮤니케이션 환경, 인구사회학적 요소이다. 표현·부모의 사회경제적 특성·커뮤니케이션 환경·인구사회학적 요소는 '대상관계'에 속하며, 우울과 사회 유대는 개인적인 요인으로 '방어'에 속한다. 청소년 미디어중독 원인에서 개인 속성은 개인의 환경과 개인 심리에 초점을 두고 있다. 즉, 청소년의 미디어중독 원인을 가정환경에 두고 있음을 알 수 있다. **'매체 속성'** 변인은 익명성, 상호작용성, 개방성, 모바일 서비스, 멀티미디어, 인터페이스, 멀티태스킹이다. **'미디어 의존 속성'**과 관련한 변인은 교류, 사회적 불안, 프로그램 등이다. 사회적 불안은 이해/인지에 속하고, 교류는 태도/행동의 결정에 속한다. 프로그램은 오락에 속한다. 사회적 불안, 상호작용, 프로그램 등의 변인은 개인의 환경 불안정 정도와 정보원으로서 중요성에 따라 미디어중독에 영향을 미친다.

두 번째 시기인 2012~2014년은 모바일과 스마트 디바이스가 활성화된 시기이다. 유형 빈도는 '개인 속성'(9), '미디어 의존 속성'(4), '청소년기 속성'(3), '매체 속성'(1) 순으로 나타났다. **'청소년기 속성'**과 관련된 변인은 충동성, 또래집단, 정체성이다. 충동성은 감각 추구 성향에 속하고, 또래 관계는 문화적 특성, 그리고 정체성은 심리적 특성에 속한다. **'개인 속성'** 관련 변인은 우울, 외로움, 성취감, 자기통제 수준, 자존감, 자기효능감, 자아탄력성, 자기표현, 부모관계이다. 앞서 기술한 기준에 따라 개인 속성을 분류하면 자기표현·부모관계는 '대상관계' 그룹으로 묶었고, 우울·외로움·성취감·자기통제 수준·자존감·자기효능감·자아탄력성은 '방어' 그룹으로 묶었다. 이 시기에도 청소년 미디어중독 원인을 여전히 청소년의 환경과 개인 심리 관점에서 연구가 진행되었음을 알 수 있다. 이전 시기와 비교하면 개인의 심리를 세분화하고 다양한 측면에서 중독 원인 연구가 진행되었다. **'매체 속성'**의 변인은 시간이다. **'미디어 의존 속성'**에서 변인은 정보, 교류, 관계, 재미이다. 정보는 이해/인지에 속하고, 교류와 관계는 태도/행동에 속한다. 그리고 재미는 오락으로 분류된다.

세 번째 시기인 2015~2019년은 OTT 활성화 시기이다. 유형의 빈도는 '개인 속성'(13), '매체 속성'(8), '청소년기 속성'(6), '미디어 의존 속성'(6) 순이다. '청소년기 속성'의 변인은 교사 관계, 또래 관계, 인정 욕구, 자기중심성, 충동성, 현실도피이다. 교사 및 또래 관계는 문화적 특성에 속하고, 인정욕구는 사회적 특성, 그리고 충동성은 감각 추구 성향에 속한다. 현실도피와 자기중심성은 자아중심적 사고에 속한다. **'개인 속성'** 변인은 우울, 소외, 무력감, 자기통제력, 자아존중감, 자기 효능감, 내현적 자기애, 사회적 위축, 인내력, 부모관계, 어머니의 중독 수준, 가족 요인, 인구사회학적 요인이다. 부모관계·어머니 중독 수준·가족 요인은 '대상관계'에 속하고, 우울·소외·무력감·자기통제력·자아존중감·자기효능감·내현적 자기애·사회적 위축·인내력·인구사회적 요인은 '방어'에 속한다. 청소년 미디어중독 원인을 청소년의 환경과 개인 심리 측면에서 접근하는 것인데, 이는 미디어 중독의 원인이 청소년 개인과 부모, 그리고 가정환경에 있다고 보는 것이다. **'매체 속성'** 변인은 상호작용, 접근성, 몰입성, 디지털 리터러시, 디지털 교과서, 이동성, 즉시성, 시간이다. '미디어 의존 속성' 변인은 재미, 보상, 정보, 교류, 긴장 해소, 스트레스이다. 재미, 보상은 개인적 놀이에 해당된다.

마지막으로 2020~2021년은 팬데믹 시기이다. 유형의 빈도는 '개인 속성'(8), '매체 속성'(1)이다. '청소년기 속성'과 '미디어 의존 속성'은 현재까지는 없는 상황이다. 남은 기간 동안 논문이 더 발표되겠지만 2021년도 논문을 수집한 이유는 팬데믹이 미친 영향을 살펴보기 위해서이다. '개인 속성' 변인은 애착, 소외, 소속감, 불안통제감, 자아존중감, 부모의 사회경제적 지위, 부모의 통제, 의사소통이다. 전술한 기준에 따라 부모의 사회경제적 지위 · 부모의 통제 · 커뮤니케이션은 '대상관계'에 속하고, 애착 · 소외 · 소속감 · 불안통제감 · 자아존중감은 '방어'에 속한다. '매체 속성'과 관련하여 미디어 사용 시간을 변인으로 한 연구가 있었다.

소셜미디어 플랫폼의 중독 요인[2]

개인의 혁신성과 선호도

개인의 혁신성innovativeness은 혁신확산이론의 관점으로, 로저스Everett M. Rogers(2002)는 이용자가 신기술을 수용하는 이유는 기술 자체뿐만 아니라 이용자 개인이 다른 구성원보다 새로운 정보를 더욱 빨리 받아들이는 경향과 그 정도도 포함된다고 주장했다. 아가왈Ritu Agarwal

---

2 본 절과 다음 절의 내용은 필자가 공동 연구한 아래 논문들의 내용을 일부 발췌하여 정리한 것이다. 강아리 · 배승주 · 권만우 · 이상호, 〈소셜미디어 위챗의 지속 이용의도와 중독의 영향요인 연구〉, 《한국융합학회논문지》 12(12), 2021, 245~255쪽; 이정정 · 배승주 · 이상호, 〈OTT 이용자의 지불의도와 몰입, 중독에 이르는 영향요인 연구〉, 《한국융합학회논문지》 13(1), 2022, 167~178쪽.

과 프라사드Jayesh Prasad(1998) 등도 혁신성을 신기술을 체험하는 개인의 자발적 의지로 보았다. 이러한 의지가 높을수록 신기술에 대하여 긍정적 인식을 가지며 이용 의도도 높아진다. 개인의 혁신성이 미디어 서비스 이용 결정과 행동 의도에 중요한 영향을 미칠 수 있다는 설명이다.

선호도preference는 제품이나 서비스에 대한 이용자의 애착 정도를 의미한다. 조성수 · 최성진 · 이영주(Cho, Choi & Lee 2013) 등은 이용자가 이용 목적으로 플랫폼에서 제공하는 서비스 중 원하는 콘텐츠를 선택하여 소비하는 것으로 보았다. 이는 이용자의 자발적이고 의식적인 행위이다. 동시에 이용자는 시간과 장소에 구애받지 않고 영상을 볼 수 있으며, 유료로 원하는 콘텐츠를 선택할 수 있다. 따라서 콘텐츠 선호도는 미디어 이용자의 유료 지불 행위을 연구하는 데 중요한 의미를 가진다.

이 같은 논의를 종합해 보면 혁신성은 미디어 서비스 이용자 간 수용 정도에서 차이가 나는 개성 있는 특징이며, 선호도는 이용자 자신의 이용 목적에 입각한 능동적인 선택이다. 따라서 개인의 혁신성과 선호도를 이용자의 특성으로 하여 이용자의 서비스 이용에 대한 인지된 변인의 영향을 검정할 수 있을 것으로 보았다.

사회적 요인

사회적 요인은 사회제도 · 국가 법률 · 사회 교류 · 사회 여론 · 행동 습관 등을 포함하며, 요인들의 존재와 역할이 사람들의 태도 형성과 변화에 강한 영향을 미친다. 본 연구에서는 미디어 사용에 영향을 미치는 사회적 요인을 사교성과 지불성의 두 가지 요소로 설정하였다.

에머슨R. M. Emerson(1967)의 소셜이론에 따르면, 소셜 커뮤니케이션은 자발적인 행위이며, 사람들은 소셜 커뮤니케이션에 참여하여 그 결과로부터 얻을 수 있는 보상을 극대화할 것으로 기대한다. 렁Louis Leung(2003)은 사교성에 대해 이용자가 제품이나 서비스를 사용하는 과정에서 쓸쓸함과 외로움을 달래기 위해 비슷한 생각을 가진 사람들과 접촉하고 교류함으로써 공감과 사회적 지지를 얻는 경험이라고 정의하였다. 사회생활에서 이러한 사교 행위는 어디에서나 볼 수 있으며, 사람들은 다양한 사회관계에서 최대한 자신의 이익과 보상을 얻고자 한다.

정성광(Zheng 2019)은 모바일 간편결제를 현금이나 신용카드 대신 모바일 기기를 이용해 상품이나 서비스를 구매할 때 결제하는 서비스라고 보았다. 모바일 간편결제 서비스의 규모는 지속적으로 성장하고 있다. 미디어 사업자가 제공하는 페이서비스는 스마트폰에 기반하여 출시한 모바일 결제로, 이용자가 은행카드와 연결하면 주변에서 쉽게 접할 수 있는 QR코드를 통해 더욱 간편하게 결제를 완료할 수 있다. 현재 페이서비스는 영화관람권, 상품 쿠폰, 복권, 모바일 온라인쇼핑과 모바일 충전 등에 사용할 수 있다. 페이서비스는 효율적인 결제 방식을 모바일 전자상거래에 제공했을 뿐만 아니라 새로운 모바일 전자상거래 생태계를 만들었다.

필자는 상기한 서비스들이 미디어 이용자로 하여금 사교성과 지불의 편리성을 인식하게 하면서 애착을 야기할 수 있을 것으로 설정하였다.

오락적 요인

Qu & Zhang(2015) 등은 이용자가 사교 활동에서 문자, 사진, 동영상 또는 아름다운 커뮤니티 디자인을 찾아봄으로써 즐겁고 편안한 기분을 얻는 것을 오락적 경험이라고 하였다. 오락의 추구는 사람들이 소셜 미디어를 이용하는 주요한 동기이자 오락적 요인의 한 형태이다. 생활관련성은 유용한 정보를 얻거나 친구들을 통해 자신의 실생활과 관련된 물질적 · 정신적 활동을 알림으로써 정서적 만족을 얻는 것으로, 이 또한 오락적 요인으로 볼 수 있다. 따라서 본 연구에서는 미디어 이용자가 인식하는 오락적 요인을 오락성과 생활관련성의 두 가지 요소로 설정하였다.

필자는 미디어 이용자가 작은 게임 등 프로그램을 이용하여 캐주얼하고 즐거운 느낌을 받고, 친구들과의 상호 교류나 공유 등을 통해 기쁘고 격동적인 감정적 체험을 하는 것을 오락성이라고 정의하였다. 또한, 생활관련성은 평온한 삶을 영위하기 위해 목표 행위를 지향하는 것으로 보았다. 이용자가 가상 커뮤니티를 이용하는 동기는 생활 관련 유용한 정보를 얻고 도움을 받고자 함이며, 사람들이 미디어를 사용하는 목적은 생활과 관련된 가치 있는 정보 자원을 얻는 것이다.

따라서 필자는 미디어 서비스의 오락적 서비스 요인으로, 이용자로 하여금 지속적으로 오락성과 생활관련성 감정 체험을 제공하는 것을 하위 구성 요인으로 정리할 수 있다고 보았다.

지속적 사용 의도와 만족 요인

지속적 사용 의도는 행동 의도Behavioral Intentions에서 확장된 개념으로, 일반적으로 소비자의 중복구매 의향으로 정의된다. 이성적 행동에 관한 이론을 제시한 피시바인M. Fishbein과 에이젠I. Ajzen((1975) 등은 어떤 특정한 행동에 대한 개인적 사용 의도의 강약을 행동 의도라고 하였다. 워쇼Paul R. Warshaw와 데이비스Fred D. Davis(1985)는 행동 의도를 미래에 어떤 행동을 하거나 하지 않는 이용자의 태도를 나타내는 의식의 정도라고 규정하였고, 블랙웰Roger D. Blackwell(2005)은 "개인이 미래에 어떤 일을 완성할 의지가 있는지에 대한 주관적인 판단"이라고 정의하였다. 행동 의도에 대한 학자들의 정의는 대부분 개인, 미래 행동, 가능성, 주관적 판단 등 몇 가지 키워드를 포함하고 있다. 본고에서는 상기의 행동 의도를 사용 의도의 개념으로 적용하고자 하며, 사용 의도는 개인의 미래 행동 가능성에 대한 주관적 판단을 의미한다. 본 연구의 지속적 사용 의도는 지속성을 더욱 강조한다. 현재 지속적 사용 의도에 대한 개념이 통일되어 있지는 않지만, 학계에서는 대부분 이 개념에 공감하고 있으며, 지속적 사용 의도는 "정보시스템을 지속적으로 이용하는 개인의 주관적 경향"으로 정의하고 있다.

만족Satisfaction이란 이용자가 사전에 가지고 있는 기대에 따라 제품이나 서비스를 사용한 후의 경험과 비교하여 생기는 감정 상태를 말한다. 만족도를 기업이 제공하는 제품이나 서비스에 대한 이용자의 긍정적인 반응으로 보는 학자도 있다. 코틀러Philip Kotler(2003)는 이용자의 사전 기대와 소비 경험의 비교에서 느끼는 만족 또는 실망의 느낌으로 정의하였다.

몰입과 중독 요인

몰입이론은 1975년 칙센트미하이Mihaly Csikszentmihalyi에 의해 처음 제안되었다. 그는 다수의 예술 및 체육 분야의 예술가나 선수들을 대상으로 심층 인터뷰를 진행하면서, 난이도가 높거나 가치를 향상시키는 활동을 수행하기 위해 본인의 능력과 기술을 최대한 발휘하는 순간에 느끼는 긍정적인 심리 정서를 몰입의 경험으로 보았으며, 이를 이데 올로기의 일종이라고 정의하였다. 몰입은 적절한 난이도와 단계별 극복 과정을 통해 형성되며, 대개 적당한 수준의 몰입은 성과를 향상시키는 데 도움이 된다. 또한, 칙센트미하이는 사람들이 몰입하는 동안 집중도가 높아지며 자기만족도가 충족되는 경험으로 인해 스스로 몰입의 순간을 기대한다고 판단하였다.

중독은 생물신경과학에서 유래된 것으로, 쿱George F. Koob과 르 모 알Michel le Moal(1997) 등은 정신노동 시스템의 부조화로 인해 약물의 강제 사용이 증가하고 약물에 대한 통제력을 잃게 된다고 주장하였으며, 중뇌 주변의 도파민 · 펩티드 · 뇌 및 호르몬 스트레스 시스템 등의 신경생물학적 메커니즘으로 기술하였다. 이후 쿱koob과 볼코프Nora Volkow(Koob & George 2010) 등은 약물중독의 특징을 강박적인 약물복용, 섭취 행동의 통제력 상실, 사용 중단시의 불안감 · 초조함과 같은 부정적인 감정 상태 등으로 정의하였다. 카림R. Karim과 초드리P. Chaudhri (2012) 등은 행동중독과 물질중독의 뇌보상 체계가 일치한다고 지적하며, 정신장애진단DSM-V: Diagnostic and Statistical Manual of Mental Disorders-5th edition에서 행동중독은 '명시되지 않은 충동조절장애', '섭식장애', '물질 관련 장애'로 분류된다고 보고하였다.

미디어 몰입과 중독 관련 연구 모형의 검정

연구 모형의 제안

필자는 선행 연구 이론을 바탕으로 개념을 조작화하여 정의함으로써 개념 간의 가설과 관계를 설정하여 〈그림 1〉과 같이 연구 모형을 제시한다.

표본의 인구통계학적 특징은 다음과 같다. 표본의 성별은 남자 203명(25퍼센트), 여자 608명(75퍼센트)이다. 연령은 평균 39.6세, 24세 이하 228명(28.1퍼센트), 25~39세 215명(26.5퍼센트), 40세 이상 368명(45.4퍼센트)이다. 이 중 미혼은 504명(62.1퍼센트), 기혼은 307명(37.9퍼센트)이다. 총 811명 중 자영업 261명(32.2퍼센트), 전문직 204명(25.2퍼센트), 학생 174명(21.5퍼센트), 회사원 56명(6.9퍼센트), 기술/생산직 34명(4.2퍼센트) 등으로 구성됐다.

| 그림 1 | Research Model

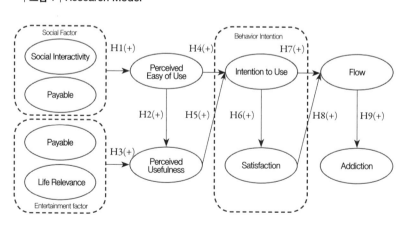

신뢰도 검정

이 연구 모형과 설문지의 결과를 바탕으로 신뢰도 분석과 경로 분석을 통해 연구 모형을 검정하였다.

첫 번째 단계인 확인적 요인 분석 결과 연구 모형의 기본적인 신뢰도와 적합도는 〈표 1〉과 같이 확인할 수 있었다. 전체적인 모형을 설명하는 X^2은 2738.975로 나타났고, 자유도는 657, p=0.000, X^2/df는 4.169로 나타났다. 그리고 모형의 세부 적합도 지수들은 대부분 권고치 내에 포함되는 수준을 나타냈다. RMR는 0.055, RMSEA는 0.063로 각각 0.1 이하의 권고치에 적합하였고, GFI는 0.841로 0.9이상의 권고치에 다소 부족하나 RFI 0.910, NFI 0.910, IFI 0.938, TLI

| 표 1 | Results of Reliability and Validity Analysis

Variables of proposed model		Standardized item loading	T-Value	CR	AVE	Cronbach a
1. Social Interactivity (SI)	SI1	0.812 *	29.337	0.883	0.654	0.906
	SI2	0.872 *	-a)			
	SI3	0.841 *	31.227			
	SI4	0.844 *	31.369			
2. Payable (P)	P1	0.911 *	-	0.938	0.792	0.937
	P2	0.917 *	43.033			
	P3	0.874 *	38.062			
	P4	0.853 *	35.936			
3. Entertainment(EN)	EN1	0.792 *	-	0.844	0.644	0.832
	EN2	0.753 *	23.132			
	EN3	0.814 *	25.579			
4. Life Relevance (L)	L1	0.888 *	31.930	0.831	0.621	0.887
	L2	0.833 *	28.857			
	L3	0.828 *	-			
5. Perceived Easy of Use (PEU)	PEU1	0.897 *	35.393	0.905	0.706	0.914
	PEU2	0.818 *	29.887			
	PEU3	0.825 *	30.331			
	PEU4	0.860 *	-			

6. Intention to Use (U)	U1	0.892 *	32.155	0.936	0.787	0.926
	U2	0.930 *	34.525			
	U3	0.818 *	-			
	U4	0.882 *	31.595			
7. Perceived Usefulness (PU)	PU1	0.882 *	36.317	0.910	0.716	0.929
	PU2	0.870 *	35.209			
	PU3	0.881 *	-			
	PU4	0.850 *	33.614			
8. Satisfaction(S)	AU1	0.890 *	40.190	0.944	0.808	0.944
	AU2	0.908 *	42.410			
	AU3	0.890 *	40.127			
	AU4	0.907 *	-			
9. Flow (F)	F1	0.799 *	26.563	0.875	0.700	0.861
	F2	0.868 *	30.019			
	F3	0.814 *	-			
10. Addiction (AD)	AD1	0.722 *	23.389	0.871	0.531	0.906
	AD2	0.795 *	28.815			
	AD3	0.831 *	-			
	AD4	0.831 *	28.725			
	AD5	0.762 *	25.236			
	AD6	0.800 *	27.098			

Summary of model fit indices: X^2=2738.975, df=657, p=0.000, X^2/df=4.169, RMR=0.055, GFI=0.841, AGFI=0.811, PGFI=0.708, NFI=0.910, RFI=0.910, IFI=0.938, TLI=0.930, CFI=0.938, PNFI=0.816, PCFI=0.832, RMSEA=0.063

*) p←0.001, a) fixed to 1

0.930, CFI 0.938로 다수의 지수가 0.9 이상의 값을 보이고 있어 양호하였고, 간명 적합지수인 PGFI는 0.832, PNFI 0.816, PCFI 0.832 등으로 0.6 이상의 양호한 값을 보여 전반적인 모형의 설명력은 연구를 수행하는 데 무리가 없었다. 모든 요소의 표준화 경로계수도 유의한 t값을 보여 주었으며, 개념신뢰도 CR은 모든 항목이 0.7 이상, 평균분산추출 AVE는 모든 항목이 0.5 이상, 추가적으로 확인한 크론바흐 알파값은 0.8 이상으로 확인되어 사회과학 연구에서 사용 가능한 모형의 신뢰도를 확보하였다. 한편 본 모형은 판별타당도 측면에서 부족한 면이 있었으나 전반적인 모형의 적합도와 신뢰도가 충분하여 다음

단계인 경로 분석을 진행하기에 양호한 것으로 판단할 수 있다.

연구 모형 검정 결과

연구 모형의 2단계 검정을 위해 경로 분석을 실시한 결과는 〈표 2〉와 같다. 전반적인 모형의 적합도 지수를 살펴보면 X^2은 3046.158, 자유도 688, p=0.000, X^2/df는 4.428로 나타나 역시 5 이하의 양호한 값을 보였다. RMR 0.059, RMSEA 0.065로 나타나 0.1 이하의 조건에 합당하고, GFI 0.817, NFI 0.911, RFI 0.904 등으로 0.9 이상의 권고치를 대체적으로 충족하였다. IFI 0.930, TLI 0.924, CFI 0.930로 나타나 0.9 이상의 권고치에 합당하였고, 간명적합지수인 PGFI 0.721, PNFI

| 표 2 | Results of Model Estimated by AMOS

Path of proposed model		Standardized item loading	T-Value	Results
Perceived Easy of Use(PEU) ← Social Interactivity(SI) Payable (P)	H1	0.951 ***	24.98	Support
Perceived Usefulness(PU)← Perceived Easy of Use(PEU)	H2	0.257 **	3.059	Support
Perceived Usefulness(PU) ← Entertainment(EN) Life Relevance (L)	H3	0.683 ***	7.863	Support
Intention to Use (U) ← Perceived Easy of Use(PEU)	H4	0.468 ***	10.107	Support
Intention to Use (U) ← Perceived Usefulness(PU)	H5	0.512 ***	11.000	Support
Satisfaction(S)← Intention to Use (U)	H6	0.969 ***	31.921	Support
Flow (F) ← Intention to Use (U)	H7	0.474 ***	3.569	Support
Flow (F) ← Satisfaction(S)	H8	0.428 **	3.221	Support
Addiction (AD) ← Flow (F)	H9	0.938 ***	25.536	Support

Summary of model fit indices: X²=3046.158, df=688, p=0.000, X²/df=4.428, RMR=0.059, GFI=0.817, AGFI=0.793, PGFI=0.721, NFI=0.911, RFI=0.904, IFI=0.930, TLI=0.924, CFI=0.930, PNFI=0.846, PCFI=0.863, RMSEA=0.065

*) p← 0.1, **) p← 0.05, ***) p← 0.001

미디어플랫폼 서비스 이용의 중독 요인 |

0.846, PCFI 0.863으로 0.6 이상의 양호한 수준으로 확인되었다.

각 가설별로 확인된 결과를 정리하면 다음과 같다. 가설 H1은 표준화경로계수가 0.951, t값이 24.98로 나타나 SI/P가 PEU에 유의한 정(+)의 영향을 미치는 것을 알 수 있었으며 가설은 채택되었다. 가설 H2는 표준화경로계수가 0.257, t값이 3.059로 나타나 PEU가 PU에 유의한 정(+)의 영향을 미치는 것을 알 수 있었으며 가설은 채택되었다. 가설 H3은 표준화경로계수가 0.683, t값이 7.863로 나타나 EN/L가 PU에 유의한 정(+)의 영향을 미치는 것을 알 수 있었으며 가설은 채택되었다. 가설 H4는 표준화경로계수가 0.468, t값이 10.107로 나타나 PEU가 U에 유의한 정(+)의 영향을 미치는 것을 알 수 있었으며 가설은 채택되었다. 가설 H5는 표준화경로계수가 0.512, t값이 11.000로 나타나 PU가 U에 유의한 정(+)의 영향을 미치는 것을 알 수 있었으며 가설은 채택되었다. 가설 H6은 표준화경로계수가 0.969, t값이 31.921로 나타나 U가 S에 유의한 정(+)의 영향을 미치는 것을 알 수 있었으며 가설은 채택되었다. 가설 H7은 표준화경로계수가 0.474, t값이 3.569로 나타나 U가 F에 유의한 정(+)의 영향을 미치는 것을 알 수 있었으며 가설은 채택되었다. 가설 H8은 표준화경로계수가 0.428, t값이 3.221로 나타나 S가 F에 유의한 정(+)의 영향을 미치는 것을 알 수 있었으며 가설은 채택되었다. 가설 H9는 표준화경로계수가 0.938, t값이 25.236로 나타나 F가 AD에 유의한 정(+)의 영향을 미치는 것을 알 수 있었으며 가설은 채택되었다.

따라서 연구 모형의 모든 가설은 채택되었다. 결과적으로 미디어 서비스의 사교성과 지불성이 이용자의 인지된 용이성에 긍정적 영향을 주었다(H1). 또한 이용자의 인지된 용이성과 인지된 유용성에 긍정적 영향을 주었으며(H2), 서비스의 오락성과 생활관련성이 이용자의 인지된 유용성에 영향을 미치고 있었다(H3). 한편 미디어 서비스 이용자의 인지된 유용성과 인지된 용이성이 이용자의 지속적인 사용 의도에 영향을 미치고 있었고(H4, H5), 이용자의 지속적인 사용 의도는 이용자의 만족에 영향을 미치고 있었다(H6). 끝으로 이용자의 지속적인 사용 의도와 만족이 이용자의 몰입에 긍정적 영향을 미치고 있었으며(H7, H8), 이용자의 몰입이 중독에 영향을 미치고 있음을 확인하였다(H9).

미디어 중독 수준의 측정 [3]

중독은 독약에 의한 신체 증상인 중독intoxication과 약물 남용에 의한 정신적인 중독addiction으로 구분되며, 미국 정신의학회APA: American Psychiatric Association는 DSM-V 기준으로 중독이라는 용어를 약물이나 정신질환의 유형으로 사용하고 있고, 의존성 중독은 질환명으로 사용하지 않는다. 그러나 충동조절장애 하위에 병적 도박pathological gambling을 구분하고 있으며, 사이버중독을 포함하려고 시도하고 있어 향후 인터넷 등으로 비롯된 증상도 세분화되어 반영될 것으로 전망된다. 결국

---

[3] 본 절의 내용은 필자가 연구한 아래 논문들의 내용과 미발표 연구 등을 일부 발췌하여 정리한 것이다. 이상호, 〈소셜미디어 사용자의 중독에 관한 정책적 함의 연구: 한국형 SNS 중독지수 (KSAI) 제안을 중심으로〉, 《디지털정책연구》 11(1), 2013, 255~265쪽; 이상호·고아라, 〈소셜 미디어 중독의 영향 요인 연구: 페이스북 이용자의 인식과 몰입을 중심으로〉, 《한국언론학보》 57(6), 2013, 176~210쪽;. 이상호, 〈소셜미디어 중독과 지속사용 의도에 관한 연구〉, 《디지털융복합연구》 12(1), 2014, 273~280쪽.

현재 정신의학회에서 정의된 '중독'의 기준으로 볼 때 서비스에 의한 중독은 질환이 아니라 의존증 정도로 해석할 수 있을 것으로 판단된다. WHO는 중독을 "자연 혹은 인공적인 약물의 반복적인 사용으로 야기되는 일시적 혹은 만성적인 중독 상태"로 규정하면서 약물중독을 중심으로 설명하고 있다.

중독 개념이 서비스로 확장되면서 골드버그! Goldberg는 인터넷중독이라는 용어를 정의하고, 영Young은 '강박적 사고 · 내성과 금단 · 과다 사용 · 지속 욕구 · 생활장애 무시' 등 20문항의 인터넷중독 진단 척도를 개발하였다. 그리피스Griffiths는 도박 · 과다 섭취 · 운동 · 미디어 · 게임 등으로 서비스중독의 범위를 확대하고, 인터넷중독의 요인으로 '집착 · 긍정적 감정 · 내성 · 금단 · 일상생활 지장'을 제시하였다.

골드버그는 "인터넷중독이 알코올중독이나 마약중독과 마찬가지로 지각 장애, 주의력 장애, 사고력 장애, 판단력 장애, 대인 관계 장애 등을 유발한다"고 하였다. 또한 "인터넷에서 반복적으로 접속하지 않았을 때 불안함과 초조함 같은 정서적 금단현상과 내성으로 인해 더욱 인터넷에 몰입되어 학업 소홀과 같은 현실 생활의 어려움을 갖는 것"으로 정의하였다. 본고에서 다루는 중독의 개념은 과거 인터넷중독에서 모바일(스마트폰), SNS 등으로 전이되는 사이버중독의 일종이며 '관계집착형 SNS중독'으로 정의할 수 있다. 항시 연결되어 있는 모바일 환경의 특성상 집단 속에서 내가 소외되지 않도록 상대방과의 관계 및 활동을 예의주시하고, 현실이 아닌 사이버상의 인간관계에 집착하는 것으로 2010년 스마트폰 출현 이후 급속히 확대되고 있는 사회현상 중 하나이다.

한국정보문화진흥원의 진단 체계에서는 사이버중독의 증상으로 알

코올중독이나 도박중독과 비슷하게 강박적 사용과 집착, 내성, 금단, 조절 불능, 일상생활의 부적응 등을 공히 적용하고 있다. 또한 명확한 목적성 없이 의존적으로 모바일에 집착하고 개인의 통제력을 상실하여 본연의 사회활동에 지장을 주는 단계가 중독의 단계이며, 인터넷중독·게임중독과 유사한 징후인 강박·금단증상·내성·의존성·통제력 상실·불안과 초조 등의 증상이 모바일중독에서도 나타난다고 할 수 있다.

노르웨이 베르겐대학 '페이스북 중독 연구팀'의 안드레아센C. S. Andreassen은 2012년 BFASBergen Facebook Addiction Scale 지수를 발표하였다. 베르겐대학의 평균연령 22세의 대학생 423명(여성 227명)을 대상으로 조사하여 상관관계가 높은 6개의 지수를 선정하였다. 6개의 지수는 ① 페이스북 이용을 위한 계획이나 생각에 시간을 많이 사용하는가, ② 페이스북 이용에 더욱 충동을 느끼는가, ③ 개인적 문제를 잊기 위해 사용하는가, ④ 페이스북 이용 중단에 실패하였는가, ⑤ 페이스북을 사용하지 못할 경우 불안을 느끼는가, ⑥ 페이스북 이용이 당신의 일과 학업에 부정적인 영향을 주었는가 등이다. 한편 고아라·이상호 등은 5개의 항목으로 SNS중독을 확인하였는데, ① 페이스북 이용 시간을 줄일 필요가 있다고 생각하는가, ② 페이스북 때문에 자신의 의무(직장, 학교, 가족 생활)을 소홀히 하는가, ③ 페이스북을 이용하고 있지 않을 때에도 종종 페이스북에 대해 생각하는가, ④ 기분이 좋지 않을 때 자주 페이스북을 이용하는가, ⑤ 페이스북을 이용할 수 없을 때 초조·불안·짜증을 느끼는가 등이었다. 필자는 한국정보화진흥원의 인터넷 및 스마트폰 중독의 진단 척도, 고아라·이상호의 연구에서 다룬 SNS중독 측정 항목과 안드레아센 등의 6개 지수,《매경

| 표 3 | 중독지수 확인을 위한 설문 문항

구분	설문 문항
1. 시간적 내성 (준비 포함)	미디어를 사용하거나, 글 남기기를 생각하는 데 상당한 시간을 보낸다
2. 시간적 내성 (사용 시간)	하루 중 총 30분 이상을 미디어만을 이용하는 데 집중한다
3. 생활 장애 (본업 소홀)	미디어 때문에 본업, 학업, 가정에 소홀한 적이 있었다
4. 생활 장애 (업데이트)	중요한 업무 중에도 종종 미디어의 업데이트 내용을 떠올린다
5. 금단 불안 (불안증)	미디어를 이용할 수 없을 때 초조, 불안, 짜증을 느낀다
6. 금단 불안 (수시확인)	미디어상의 내 글 혹은 영상에 대한 반응을 수시로 확인하고 싶다
7. 금단 불안 (과다 흥분)	미디어에서 타인이 올린 글/댓글/영상에 대해 필요 이상 흥분한 적이 있다
8. 금단 불안 (스트레스)	개인적 스트레스를 잊기 위해 미디어를 이용한 적이 있다
9. 중단 시도 (중단 실패)	미디어 이용 중단을 시도했으나 실패한 적이 있다
10. 중단 시도 (조절 실패)	미디어 이용 시간을 스스로 조절하는 데 어려움이 있다

| 표 4 | 미디어 중독성 지수의 진단표

총점	응답 결과에 의한 진단	처방
25점 이하	안심해도 될 단계. 본인이 적절히 시간을 조절할 수 있음	정상
26~30점	업무 지장 적으나 조만간 중독의 가능성이 있는 단계	업무 중 접속 피하기
31~35점	가벼운 중독. 스스로 사용 시간을 자각하지 못하는 단계	일정한 사용 시간 준수
36점 이상	중독 단계. 하루 중 사용 시간을 정하고 과몰입에 주의	전문가 상담 필요

이코노미》에 제시된 10개의 진단 척도 등을 종합하여 한국형 미디어 중독지수를 통계적으로 검증하고자 하였다.

필자는 이에 따라 상기의 설문 문항과 이상호(2013)의 한국형 소셜미디어 중독지수 진단표를 활용(각 설문 문항별 5점 척도로 측정)하여 한국과 중국의 미디어 사용자를 대상으로 조사를 진행하고 있다. 〈표 5〉는 1차로 진행된 중국인 대상 조사 결과로, 중국 미디어 서비스의 주

| 표 5 | 위챗 그룹별 중독 항목 평균 (n=1000)

구 분	청소년	30대	40대	50대~	평균
1. 시간적 내성 (준비 포함)	3.95	4.13	4.07	4.10	4.06
2. 시간적 내성 (사용 시간)	4.15	4.25	4.09	4.07	4.15
3. 생활 장애 (본업 소홀)	4.12	4.23	4.06	3.96	4.10
4. 생활 장애 (업데이트)	4.17	4.22	4.08	4.03	4.13
5. 금단 불안 (불안증)	3.56	3.71	3.58	3.58	3.61
6. 금단 불안 (수시 확인)	3.61	3.89	4.06	4.05	3.87
7. 금단 불안 (과다 흥분)	3.84	3.92	3.91	4.00	3.92
8. 금단 불안 (스트레스)	3.42	3.58	3.59	3.63	3.54
9. 중단 시도 (중단 실패)	3.33	3.40	3.57	3.54	3.44
10. 중단 시도 (조절 실패)	3.40	3.60	3.53	3.43	3.48
합계	37.56	38.93	38.56	38.40	38.29

| 표 5 | 위챗 중독성 지수 결과와 4집단 구분에 의한 중독성 결과의 차이(n=1000)

총점 구분	중독지수 기준			4집단 구분	4집단에 중독지수 적용		비 고
	인원수	인당 평균			인원수	인당 평균	
25점 이하 정상	29 (2.9%)	21.4		청소년	323 (32.3%)	37.6	중독
26~30점 정상/ 약위험	73 (7.3%)	29.1	⇔	30대	273 (27.3%)	38.9	중독
31~35점 경증 중독	215 (21.5%)	33.3		40대	108 (10.8%)	38.6	중독
36점 이상 중증 중독	683 (68.3%)	41.6		50대~	296 (29.6%)	38.4	중독

류인 위챗 서비스를 적용한 것이다. 위챗은 국내의 카카오톡과 같은 위상으로 중국인 대다수가 사용하는 소셜미디어 서비스이다.

위챗의 경우 50점 만점에 평균 38.3점으로 이미 중독 단계에 들어선 것으로 볼 수 있으며, 연령대별로 청소년(24세 이하), 25~39세, 40~49세, 50세 이상 중장년층으로 구분해서 보면 모든 세대에서 중독 수준에 도달했음을 알 수 있다.

미디어중독 관련 연구의 함의와 결론

미디어중독 관련 연구의 함의

미디어 서비스와 콘텐츠 제작자들은 예나 지금이나 자사 서비스 이용자가 자사의 콘텐츠나 서비스에 중독되길 간절히 소망한다. 물론 예전에도 영화나 드라마에 심하게 몰입하는 일명 '폐인'이 존재하였다. 예컨대 드라마 〈모래시계〉나 〈다모〉의 폐인이 되고, 〈하얀거탑〉 콘서트에 가고, 〈겨울연가〉 촬영지에서 추억을 상기하는 등, 미디어나 콘텐츠 제작자들은 이런 팬덤을 구축하고 싶을 것이다. 그러나 다수의 국민이 보는 방송은 시청하지 않고 특정 방송 채널만 보고 특정 방송 프로그램에 목매는 시청자가 있다면 그것이 과연 정상적이며 서비스 기업 측면에서 바람직한지 묻고 싶다. 수억 개의 무료 채널이 넘쳐 나는 유튜브 같은 미디어 서비스가 도처에 있는 상황에서 그런 상상은 정상적이지 않다.

현대는 다양성의 시대인데, 코로나19 시대 미디어 이용자들은 다양성의 양극화에 더해 급기야 융복합적 혼합으로 인해 극심한 정체성의 혼란까지 느끼고 있다. 미디어 서비스는 인간의 정신세계에 미치는 영향이 지대하고, 그만큼 중독되기 용이하다. 그러나 약물중독과 달리 극복하는 것도 한순간이다. 단말기를 끄거나 생업을 하는 동안에는 중단하기도 쉽다. 따라서 미디어 서비스의 중독은 약물중독보다 위험성이 훨씬 약소하며, 중독 기간도 그리 길지 않은 것이 특징이다. 상품에 대한 충성도나 정서적 애착보다는 강하고, 약물중독보다는 약한 수준으로 둘의 중간 정도라고 판단된다. 논란이 되는 게임마저도 사행성 도박이 아닌 다음에는 현실에 대한 도피 정도이지 빠져나오지 못할 정도의 심각성은 그리 많지 않다. 그러니 미디어 서비스 이용자들의 변심이나 이탈에 대해 조급해하기보다는, 새로운 콘텐츠와 품질을 준비하면 돌아올 고객들이라고 생각하는 것이 바람직할 것이다. 미디어 기업들이 이용자의 변심에 대비하여 VOD 콘텐츠 송출을 중단하면서 독점 콘텐츠로 자사 서비스만 독식하는 '궁극의 시장 장악'을 목표로 하는 허황된 꿈에서 하루속히 벗어나길 바란다.

필자는 다양한 미디어 서비스의 선택과 중독 문제에 천착하면서 서비스 이용자의 중독에 어떤 요인이 선행 작용하고, 중독의 정도는 어느 정도인지 수년간 연구하였다. 아직 결론에 도달하지는 못했지만 한 가지 분명한 점은, 서비스에 대한 중독은 확실히 존재하지만 그 수준이 그리 심각하지 않다는 것이며, 이용자들이 언제든 극복할 수 있는 현실적 인식 수준을 갖추고 있다는 것이다. 청소년과 노년층은 중독의 수준이 다소 높아지는 경향이 있지만 약물이나 도박중독에 비할 정도는 결코 아니다.

물론 특정 콘텐츠에 '중독되었다' 혹은 '폐인이다'라고 언급할 정도로 몰입하여 빠져드는 이들도 분명 있다. 사실 이용자는 중독되고 싶은 콘텐츠를 찾고 있는지도 모른다. 그럴 만한 콘텐츠가 항상 등장하지 않는다는 것을 잘 알고 있지만, 그렇다고 아무 플랫폼에 마구 가입해서 모든 콘텐츠를 골고루 시청할 시간이 없는 경우가 다수이다. 그러다 인구에 회자되는 콘텐츠가 있으면 만사를 제치고 시간을 들여 소비할 것이다. 미디어 서비스 이용자의 마음은 변화하는 강물의 중간에서 이리저리 몸을 맡기고 있는 것과 유사하다. 그들에게 특정 플랫폼의 특정한 채널 콘텐츠만을 강제한다는 것은, 그것이 아무리 수백억을 투자하여 만든 명품 드라마라 할지라도 고통이 될 수 있다.

따라서 미디어 서비스 이용자가 언제 어디서나 편하고 자유롭게 가입 · 탈퇴할 수 있는 플랫폼을 제공하거나, 아니면 한 곳에서 모든 콘텐츠를 다양하게 즐길 수 있는 플랫폼을 제공하면 된다. 이용자는 언제든 잠시 중독될 마음의 준비가 되어 있다. 그러나 그것이 플랫폼 유료 가입이나 콘텐츠/네트워크 접근권에 위배된 험난한 경로여서는 안 되는 것이다.

미디어 기업들은 동종의 경쟁 기업끼리 상생협력하는 경우가 드물다. 그래서 정부가 중재하거나 법제화하여 강제할 수 있는 미디어 생태계를 위한 협력의 틀을 양성해야 한다. 이제 막 시장이 열리고 있는 OTT는 더더욱 이러한 틀이 필요하다. 시장 질서가 자리 잡기 전에 정책 당국자가 미리 준비하기를 기대한다.

결론과 제안

본 연구는 미디어플랫폼 사업자가 제공하는 서비스의 중독 가능성에 대해 원인이 되는 변인을 검정하고, 중독의 정도를 지수화하여 확인하면서 중독의 진단과 예방에 이르는 미디어 서비스의 정책적인 측면을 다루고자 했다. 연구주제별 결과를 정리하면 다음과 같다.

첫째, 미디어중독의 원인이 되는 변인 연구의 추세를 정리하였다. 미디어중독 연구에서 개인적 요인에 대한 연구가 많았다. 등장한 변인의 빈도를 보면, 개인 속성과 관련된 변인이 가장 많았고 매체 속성, 청소년기 속성, 미디어 의존 속성의 순이다. 속성 빈도의 변화를 보면 개인 속성 변인은 대상관계에서 점차 개인의 심리적 정서로 중독 요인을 발견하려는 시도가 확대되었고, 다양한 변인이 연구되었다.

둘째, 미디어중독 관련 연구 모형을 정리하고 논의하였다. 미디어 서비스의 사회적 요인이 이용자의 인지된 용이성에 영향을 미치는 선행적 요인임을 확인하였으며, 오락적 요인·생활관련성 등의 요인이 인지된 용이성이 이용자의 인지된 유용성에 영향을 미치는 정의 요인임을 확인하였다. 또한 이용자의 지속적인 사용 의도는 만족도에 영향을 미치고, 이용자들이 지속적으로 사용하려는 의도가 증가함과 동시에 기존 및 개발되는 새로운 기능에 대한 사용만족도도 지속적으로 증가하며 다른 서비스로 교체하거나 사용을 중단하지 않을 것이라는 점을 확인하였다. 결국 이러한 경로를 통해 미디어 서비스에 대한 몰입과 중독으로 연결된다는 점을 검정하였다.

셋째, 미디어중독지수를 확인하여 함의를 정리하고 논의하였다. 국제 비교 연구를 위한 1차 결과물인 중국인 대상의 위챗 서비스의 경우 응답자들은 평균적으로 중독 수준에 근접하거나 초과하는 것으로 나타났으며, 일상적으로 많이 사용하는 위챗의 경우 이용자들이 더욱 중독되어 있음을 확인할 수 있었다. 2차로 진행될 국내 미디어 이용자의 중독 수준을 조사하여 비교한다면 심층적인 시사점을 확보할 수 있을 것으로 기대된다.

상기와 같은 결과는 필자의 탐색적 연구 과정에서 정리한 내용이며, 완성되지 않은 연구의 중간 결과라는 측면에서 다소 미진한 부분이 있다. 그럼에도 불구하고 본 연구의 결과가 미디어플랫폼 기업의 사회적 책임을 거론하고, 정부와 이용자의 관심을 환기시킨다는 측면에서 의미가 있을 것이다.

필자가 전술한 바와 같이 미디어 소비자의 건전한 이용과 긍정적 피드백이 서비스의 성장과 지속적 이용에 도움이 된다는 점을 미디어 기업들이 인식해야 한다. 또한 해당 기업과 더불어 정부 당국자들도 과도한 몰입과 접속으로 인한 예상되는 심리적, 경제적, 사회적 피해를 방지하도록 노력할 필요가 있다. 미디어 서비스 이용자들도 스스로 특정 서비스에 과도하게 몰입하거나 오용 및 남용으로 인한 중독에 이르지 않도록 유의할 필요가 있음을 인식해야 할 것이다.

마지막으로 본 연구의 지속적인 후속 연구를 진행하여, 국내 이용자들을 대상으로 한 중독 수준 측정과 정책적 대안을 제안할 수 있게 되길 기대하며, 본 연구 대해 다양한 토론이 진행되길 바란다. 실무적으로 바람직하며 현실적인 대안들이 도출되어 미디어 서비스 이용 측면에서 이용자의 만족과 편익이 증대되길 희망한다.

참고문헌

강아리 · 배승주 · 권만우 · 이상호, 〈소셜미디어 위챗의 지속 이용의도와 중독의
  영향요인 연구〉,《한국융합학회논문지》12(12), 2021, 245~255쪽.
배승주 · 이상호, 〈미디어서비스 중독 변인의 종단적 추세변화 연구 - 2000
  ~2021년 청소년 대상 연구를 중심으로〉,《산업정보학회논문지》26(5), 2021,
  95~111쪽.
이상호, 〈소셜미디어 사용자의 중독에 관한 정책적 함의 연구: 한국형 SNS 중독
  지수(KSAI) 제안을 중심으로〉,《디지털정책연구》11(1), 2013, 255~265쪽.
이상호 · 고아라, 〈소셜미디어 중독의 영향 요인 연구: 페이스북 이용자의 인식과
  몰입을 중심으로〉,《한국언론학보》57(6), 2013, 176~210쪽.
이상호, 〈소셜미디어 중독과 지속사용 의도에 관한 연구〉,《디지털융복합연구》
  12(1), 2014, 273~280쪽.
이정정 · 배승주 · 이상호, 〈OTT 이용자의 지불의도와 몰입, 중독에 이르는 영향
  요인 연구〉,《한국융합학회논문지》13(1), 2022, 167~178쪽.

R. Agarwal & J. Prasad, "A Conceptual and Operational Definition of Personal
  Innovativeness in the Domain of Information Technology," *Information
  Systems Research* 9(2), 1998, pp. 204-215.
American Psychiatric Association, DSM-V, American Psychiatric Pub
  Incorporated, 2013.
C. S. Andreassen, T. Torsheim, G. S. Brunborg & S. Pallesen, "Development of a
  Facebook Addiction Scale," *Psychological Reports* 110, 2012, pp. 501-517.
R. D. Blackwell, P. W. Miniard & J. F. Engel, *Consumer Behavior* (10th),
  Thomson Learning, 2005.
S. S. Cho, S. J. Choi & Y. J. Lee, "Determinants of the Willingness to Pay of
  Terrestrial Broadcasting Video Contents in Online: Focused on Copyright
  Awareness, Contents Characteristics and Platform Characteristics," *The
  Journal of the Korea Contents Association* 13(8), 2013, pp. 348-359.

M. Csikszentmihalyi, *Flow: The psychology of optimal experience*, New York: Harper and Row, 1990.

R. M. Emerson, "Social Exchange Theory," *Annual Review of Sociology* 1(2), 1967, pp. 335-362.

M. Fishbein & I. Ajzen, *Belief, Attitude, Intention and Behavior: An Introduction to Theory and Research*, Reading, MA: Addison-Wesley, 1975.

I. Goldberg, *Internet Addiction*, Electronic Message Posted to Research Discussion List, 1996.

S. C. Han, "The Survey on the Degree of Link with Internet Space and a Internet Addiction Disposition of Adolescents," *The Korean Journal of Culture and Social Issues* 9(2), 2003, pp. 19-39.

R. Karim & P. Chaudhri, "Behavioral Addictions: An Over view," *Journal of Psychoactive Drugs* 44(1), 2012, pp. 5-17.

M. Klein, "A Contribution to the psychogenesis of manic-depressive states," *International Journal of Psychoanalysis* 16, 1935, pp. 145-174.

G. F. Koob & L. Moal, "Drug Abuse: Hedonic Homeostatic Dysregulation," *Science* 278(53), 1997, pp. 52-58.

G. F. Koob & D. George, "Neurocircuitry of Addiction," *Neuropsychopharmacology* 35(1), 2010, pp. 217-238.

P. Kotler, *Marketing Management: 11th ed*, New Jersey: Prentice-Hall, 2003.

L. Leung, "Impacts of Net-Generation Attributes, Seductive Properties of the Internet and Gratifications-Obtained on Internet Use," *Telematics and Informatics* 20(2), 2003, pp. 107-129.

F. Qu & H. Y. Zhang, "Impact of Non-Traded Virtual Community User Experience on Intention to Continue to Use Study," *Intelligence Journal* 34(9), 2015, pp. 185-191.

E. M. Rogers, *Communication Technology: The New Media in Society*, New York : Free Press, 1986.

P. R. Warshaw & F. D. Davis, "Disentangling Behavioral Intention and Behavioral Expectation," *Journal of Experimental Social Psychology* 12(1), 1985, pp. 213-228.

C. G. Zheng, "Effects of Mobile Payment System Benefit on User Attitude and WOM: Focus on a Risky-Taking Tendency," *Management Consulting Research* 19(2), 2019, pp. 109-119.

미디어중독 개선을 위한 VR과 문학치료의 만남

미디어중독서사 선정과 활용

| 김정애 |

이 글은 《문학치료연구》 58집(2021년 1월)에 실린 논문을 수정하여 재수록한 것이다.

미디어중독과 VR 문학치료 프로그램

2015년 한국인터넷진흥원의 인터넷 이용 실태조사 결과를 보면 전체 인구의 85.1퍼센트가 인터넷을 사용하고 있으며, 10대의 99.8퍼센트가 인터넷을 이용하는 것으로 보고되었다.[1] 코로나19covid-19는 우리 생활을 인터넷에 의존하지 않을 수 없게 했고, 따라서 현 이용 실태는 2015년 조사 결과보다 훨씬 웃돌 것이 자명하다. 물론 대부분의 업무가 사적 공간에서도 가능해지고 온라인을 통한 해외 교류 연구도 활성화된 것을 보면, 분명 인터넷 환경의 순기능적 측면도 있다고 할 수 있다.

그러나 온라인 환경에 대한 의존에 따른 부작용도 크다.[2] 오영희는 인터넷 확산이 인터넷의 잠재적 위험성에 대하여 충분히 대비하지 못한 상태에서 지나칠 만큼 빠르게 진행되고 있으며, 그 위험성의 수위는 각종 사이버 범죄가 빠른 속도로 확산되는 실정에 이르렀다고 주장하였다.[3] 뿐만 아니라, 인터넷 보급률 및 사용률이 높은 우리나라의 경우 인터넷중독Internet addiction 문제 역시 해결해야 할 당면 과제로 떠오르고 있다. 한국정보화진흥원의 2015년 인터넷중독 실태조사에 따르면 유아동 · 청소년 · 성인 등 전체 인터넷 이용자의 6.9퍼센트가

---

[1] 인터넷 이용 인구 중 대학생들의 인터넷 이용률은 99.9퍼센트로 모든 대학생이 인터넷을 이용하고 있다고 할 수 있다(한국인터넷진흥원, 《2015 인터넷이용 실태조사》, 서울: 한국인터넷진흥원, 2015).

[2] Young, K. S, "Internet addiction, The emergence of a new clinical disorder", *Psychological Reports* 79, 1996.

[3] 오영희, 〈청소년 사이버문화와 학습태도, 대인관계 및 소비행동과의 관계연구〉, 《청소년문화연구소 청소년문화포럼》16, (사)한국청소년문화연구소, 2007, 80~114쪽.

인터넷중독 위험군으로 나타났다. 연령대별 위험군은 유아동 5.6퍼센트, 청소년 12.5퍼센트, 성인 5.8퍼센트로 청소년 인터넷중독 위험이 가장 높아(한국인터넷진흥원, 2105), 청소년의 인터넷중독에 대해 좀 더 심층적으로 다룰 필요가 있다.

인터넷 환경이 우리 삶을 점령하다시피 한 현 시점에서 문학치료 혹은 문학치료상담 역시 전환기적인 시대 흐름에 발 맞춰 나갈 필요가 있으며, 그에 따른 변화도 요구된다. 문학치료상담이 인터넷 중심의 환경에서 어떻게 최적화된 치료 효과를 거둘 수 있을까 고민해야 할 것이다.

필자가 속한 연구팀에서는 문학치료 프로그램을 가상현실VR: Virtual Reality 기술과 융합함으로써 인터넷 환경의 부작용 문제를 인터넷 환경에서 해결 가능하도록 구안하는 연구를 진행하고 있다. VR 기술과 문학치료가 융합될 수 있는 이유는 둘 사이에 '서사'가 접목될 수 있기 때문이다. 문학치료는 인간의 삶에 내재되어 있는 자기서사를 문학작품에 내재되어 있는 작품서사를 통해 이해하고 변화하도록 돕는 학문이며, 이것이 가능한 이유는 문학작품과 인간의 삶이 공통적으로 '서사'를 기반으로 하기 때문이다.[4] 이때 서사는 인간관계에서 일어나는 이야기의 자초지종을 가리키며 텍스트 이면에 잠재되어 있는 심층적인 이야기이므로, 장르와 서사를 넘어서는 개념이라 할 수 있다.

---

4 문학치료에서 서사는 '인간관계의 형성과 위기와 회복에 이르는 과정에 대한 서술' 혹은 '이야기의 자초지종', 텍스트 이면에 잠재되어 있는 사건의 전말로 정의되어 왔다. 그리고 서사에는 문학작품의 서사인 작품서사와 인간의 삶의 서사인 자기서사로 나누어 설명되며, 자기서사는 작품서사와의 상호 조응을 통해 수정되고, 강화되며, 통합되기도 한다(정운채, 〈문학치료학의 서사이론〉, 《문학치료연구》 9, 한국문학치료학회, 2008).

VR이라는 환경 역시 서사와 무관하지 않다. 최근 VR을 통해 구현되는 것들은 단순한 풍경이나 장면에 그치지 않는다. 플레이어가 이야기 속 인물이 되어 이야기를 따라가고, 심지어 만들어 나가는 데에까지 이르렀다. 즉, VR 안에서도 인간의 삶이 이야기로 구현될 수 있는 것이다. 달리 말해 플레이어가 VR로 구현되는 작품서사와 접속하여 다양한 역동을 일으킬 수 있을 것으로 전망된다. 특히 VR 환경은 그래픽으로 창출해 낸 3차원 세계에서 인간이 안전하게 직·간접적으로 듣고 보고 느끼도록 해 주며, 인간으로 하여금 조작된 환경 속에 있다는 느낌을 넘어 그 가상공간 안에 실제 존재하고 있다는 느낌을 갖게 해 준다는 특징이 있다. 이러한 특징 덕분에 VR을 통한 서사의 구현은 플레이어의 적극적 참여 가능성을 열어 준다. 공학기술의 발전으로 인해 더 이상 인간은 컴퓨터 밖에 존재하는 관찰자가 아니라 컴퓨터가 구성한 환경 속에 몰입해서 참여하는 참여자이자 상호작용의 대상이 되며, 나아가 일상생활로 돌아와서도 컴퓨터 가상환경에서의 기억과 느낌을 지속적으로 유지하고 경험하는 경험자가 되는 것이다.[5]

그러나 현재 대중을 타깃으로 하는 VR 콘텐츠들은 단순 체험형, 광고형, 게임형 등으로서 그 응용 폭이 제한되어 있다. 이에 필자가 속한 연구팀에서는 VR 프로그램을 단순히 오락적 측면에서 체험하던 기존의 활용 방식에서 벗어나 문학치료적 관점에서 이용자에게 적합한 콘텐츠를 제공함으로써 'VR 기술을 활용한 치료 프로그램' 개발을 진행 중이다.[6]

---

5 이장한, 〈가상현실로 들어간 심리학〉, 《한국심리학회지》 23(2), 한국심리학회, 2004, 89쪽.
6 가상환경 속에서 인간은 단순히 주위를 둘러보며 가상의 다른 환경을 경험하는 매우 간단한

미디어중독 개선을 위한 VR 문학치료 프로그램 개발 과정에서 선행되어야 할 일은, 미디어중독과 관련한 작품서사, 즉 '미디어중독서사'를 선정하는 것이다. 기술 못지않게 중요한 것이 바로 기술을 통해 구현될 콘텐츠라는 점에서 작품서사 선정은 중요한 선행 조건이다. 특히 문학치료학에서 작품서사를 통해 자기서사를 통찰하고 변화시키는 것이 문학치료의 목적이라는 점을 감안하면, 본고에서 주목하는 미디어중독 문제 역시 참여자가 서사 형태로 경험함으로써 참여자의 자기서사를 통찰하고 변화할 것을 기대하는 것이기도 하다. 특히 VR의 3요소로 실재감 · 상호작용interaction · 몰입감을 거론하는바,[7] 참여자가 VR 안에서 구현된 이야기에 접속하게 되면 참여자는 가상 이미지를 통해 현실에서 바라보는 것과 같은 동질감을 느끼고, 가상적 이야기와 상호작용함으로써 이야기에 몰입할 수 있는 최적의 상황을 유도할 수 있을 것이다. 가상현실 속에서 구현된 서사를 내담자가 경험할 경우, 내담자는 가상현실로 구현된 환경에 몰입하는 동시에 그 환경 속에서 서사를 감상하고 체험하는 기회를 가지게 되며, 나아가 실제 임상 현장에 임하는 내담자가 갖는 부담감을 상대적으로 덜어 줌으로써 자기를 관찰하고 이해할 수 있는 기회를 마련할 수 있을 것으로 예상된다. 특히 미디어에 익숙한 내담자들에게는 영상과 상호작용함으로써 VR 속 서사에 대한 반응과 접속의 가능성을 증폭시킬 것으로 보인다.

단계에서부터 가상환경을 수정하고 조작할 수 있는 복잡한 단계에 이르기까지 다양한 상호작용이 가능하다. 가상환경의 형태 중 일반적인 것은 작은 스크린을 통해 좌우 눈에 입체영상stereoscopic viewing을 보여 주는 헬멧 형태의 안경HMD: head mounted display을 착용하는 몰입형 가상현실immersive VR 기법으로 머리나 몸동작에 따라 가상환경을 구성할 수 있어 마치 그 환경 속에 있는 듯한 착각을 불러일으킨다.

7 민준홍, 《가상현실과 증강현실의 현실》, 커뮤니케이션북스, 2016, 4쪽.

미디어중독의 심리사회적 요인들

후기청소년기에 해당하는 대학생의 경우[8] 다양한 콘텐츠를 통해 많은 정보를 습득할 수 있어, 대학생의 생활 전반이 인터넷 사용을 중심으로 펼쳐지고 있다고 해도 과언이 아닐 정도이며, 인터넷이 이들의 커뮤니케이션 활동의 중심 통로가 되고 있다.[9] 그러나 인터넷에서의 활동이 대학생들에게 일상이 된 만큼, 인터넷 활동에 빠져 일상생활에 지장을 받는 대학생들도 적지 않게 생겨나고 있다.

이러한 가운데 영Kimberly S. Young(1998)은 인터넷중독 증상을 충동조절장애의 하나로 규정하고 인터넷중독이 병적 도박 증상과 유사하다고 보아 '정신장애 진단 및 통계편람'(DSM-IV)의 병적 도박 진단 기준 중 인터넷 사용과 관계없다고 판단된 문항을 제외한 후 도박 행위에 인터넷 사용을 대입하여 인터넷중독 진단 기준을 만들었다.[10] 그리고 DSM-V에서 인터넷게임과 같은 과도한 행동 패턴을 성중독 · 운동중독 · 쇼핑중독 같은 하위 범주가 있는 행위중독으로 규정하였으

---

8 인터넷 이용 인구 중 대학생들의 인터넷 이용률은 99.9퍼센트로 모든 대학생이 인터넷을 이용하고 있다고 할 수 있다(한국인터넷진흥원, 《2015 인터넷이용 실태조사》, 서울: 한국인터넷진흥원, 2015).

9 신재식,〈대학생의 인터넷 중독과 의사소통 불안에 관한 일연구〉, 상지대학교 석사학위논문, 2008.

10 Young 척도는 Young이 1996년 인터넷중독 진단 기준을 질문지 방식으로 개발하고 1998년 온라인 중독센터에서 제작한 인터넷 중독 검사지이다. 이는 DSM-4의 병적 도박 준거를 기초로 하여 5점 리커트척도(최대 점수는 100점)인 총 20문항의 검사지이다. 이 검사는 성인 대상으로 제작되었고, 인터넷 사용에 대한 의존성, 지나친 몰입, 조절 능력 상실 등을 나타낸다(Young, K. S, "Internet addiction, The emergence of a new clinical disorder", *Psychological Reports* 79, 1996).

미디어중독 개선을 위한 VR과 문학치료의 만남 |

며,[11] 집착 · 금단 · 내성 · 사용 조절 실패 · 부정적 결과에서 인터넷 사용 지속 · 취미 활동이나 관심사 감소 · 우울한 기분 회피 · 다른 사람을 속임 · 대인 관계 및 직업에서의 문제 등의 요소로 인터넷중독을 진단하였다. 또 2019년 5월 세계보건기구WHO 총회에서는 게임중독 (게임이용장애)을 질병으로 분류하고 정신적 · 행동적 신경발달장애 영역의 하위 항목으로 포함시켰으며, 게임을 지속하는 상황이 12개월 이상 지속할 경우 질병에 해당하는 게임중독으로 판단하는 기준을 제시하여 2022년부터 이 기준이 각 해당 국가에 적용된다.[12]

이와 같이 인터넷중독은 점차 질병으로 간주될 만큼 중대한 사안이 된 것은 확실해 보이며, 인터넷중독의 문제를 여러 심리사회적 요인과 관련 지어 논의하는 연구도 상당수에 이른다. 인터넷중독에 대한 심리사회적 요인에는 여러 가지가 있으나 일반적으로 우울증, 자기통제 문제, 대인 회피 문제, 충동성, 공격성 등과 더불어 강박장애를 거

---

11 유숙경 · 장성희, 〈스마트폰 중독, 불안, 자아분화와 대학생의 생활적응 간의 관계〉, 《한국웰니스학회지》 14(1), 한국웰니스학회, 2019, 171~184쪽.

12 권미영 등은 인터넷중독의 특성을 다음과 같이 정리하였다. ① 인터넷 사용 행위가 사용자의 삶에서 가장 중요한 위치를 차지하고 사용자가 오로지 인터넷만을 생각하고 계속하기 위해 노력한다. ② 인터넷을 사용하지 않을 경우 다음에 인터넷을 사용하기까지의 시간 동안 무능력 상태가 동반되며 인터넷을 사용하는 시간만큼 만족감과 행복감을 갖게 된다. 또한 인터넷을 사회생활과 개인 및 집단과의 문제를 해결하기 위한 주체로 사용한다. ③ 인터넷을 사용함에 따라 나타나는 일종의 쾌감 지속 시간을 연장하기 위하여 사용 시간을 점차 확대한다. ④ 인터넷 사용을 중지하거나 그 행위를 줄일 경우 불쾌감 · 불안감 · 우울감 · 불면 등의 정신의학적 증상이 나타난다. ⑤ 인터넷을 사용하는 다른 사용자와의 관계만을 지속할 경우 사회화가 늦어지거나 왜곡될 수 있다. ⑥ 인터넷 사용자가 사용을 조절한 후에도 언제든지 중독성을 보일 수 있는 여건이 발생될 경우 같은 형태로 재발이 가능하다. 이렇듯 인터넷중독은 자신의 통제력을 벗어나 다양한 중독 현상을 보인다(권미영 · 황지영 · 정혜윤 · 송시형, 〈대학생들의 인터넷 중독에 영향을 미치는 요인에 대한 연구〉, 《글로벌사회복지연구》 3(2), 극동대학교 사회복지연구소, 2013, 65~86쪽).

론하기도 한다.[13] 영은 병리적인 인터넷 사용이 우울과 높은 상관성이 있다고 주장하였고, 우울한 사람에게서 보이는 낮은 자존감·동기 저하·거절에 대한 두려움·승인 받고자 하는 욕구가 인터넷 사용을 촉진시킨다고 보았다. 또한 인터넷중독장애가 충동조절장애의 일종으로서 통제성 상실·갈망과 내성·과도한 재정 문제·학업 실패 등의 문제를 야기할 수 있으며, 결국 금단과 내성이 증가하여 직업적 기능이 손상된다고 주장하였다. 그리고 인터넷 과다 사용 중독이 공격성을 유발하기 쉽다고 보고한 바 있다.[14] 알라비Alavi 등은 남녀 공통적으로 인터넷중독과 우울·불안·낮은 자존감·외로움·강박증의 상관성이 높은 반면, 인터넷중독과 공격성, 인터넷중독과 적개심의 상관은 남성에게 더 잘 나타난다고 보고한 바 있다.[15]

이상의 연구들은 인터넷중독과 심리사회적 요인들 사이에 상관성이 있음을 보여 주는 것이라 할 수 있다. 그리고 이 상관성은 인터넷중독이 심리적 문제를 야기할 수 있다는 관점과, 반대로 심리적 요인이 인터넷중독을 야기할 수 있다는 두 가지 대척적인 입장으로 나누어져, 둘 사이의 영향 관계에 대한 논의로 확장된다. 이 중 인터넷중독이 심리적 문제를 야기할 수 있다는 관점은, 인터넷중독이 그것 자체로서 심각한 질병으로 간주될 수 있음을 강조하는 입장이라 할 수 있다.

13 홍기칠, 〈인터넷 중독의 관련변인과 예방 및 치료 방안〉, 《대구교육대학교 초등교육연구논총》 29(1), 대구대학교 초등교육연구소, 2013, 99~128쪽.

14 Young, K. S, "Internet addiction, The emergence of a new clinical disorder", *Psychological Reports* 79, 1996.

15 S. S. Alavi, M. R. Maracy, F. Jannatifard, M. Eslami, "The effect of psychiatric symptoms on the internet addiction disorder in Isfahan's University students," *Journal of Research in Medical Sciences*, 16-6, 2011, pp. 793-800

반면, 심리사회적 요인이 인터넷중독을 야기한다는 관점에서는 인
터넷중독이 개인의 환경적 · 심리적 특성 때문에 생기는 문제일 뿐,
인터넷중독 자체를 질병으로 간주하는 것은 적절치 않다는 입장이
다.[16] 대표적인 예로 오르세트Espen Aarseth · 퍼거슨Christopher Ferguson 등
의 사회심리학자들은 충분치 못한 근거로 게임을 질병화하는 것을 비
판하고 게임의 질병화가 뉴미디어에 대한 지나친 공포감을 조장할 수
있다고 주장하며, 게임 과몰입을 사회문화적인 요인을 통한 일시적
인지능력 저하로 보고 있다.[17] 같은 맥락에서 최근에는 게임 과몰입의
근본 원인이 게임 그 자체라기보다는 오히려 개인의 심리적 · 사회적
문제와 그로 인한 조절 능력 상실과 인지능력 저하에 기인한다는 종
단 연구도 발표된 바 있다.[18]

뿐만 아니라 중독에 대한 설명 메커니즘으로 사용되어 주목받고 있
는 바우마이스터Roy Baumeister의 도피이론을 토대로 청소년의 게임 과
몰입 영향 모델을 제시한 연구도 있다. 이 연구에서는 청소년의 사회심
리적 변수 · 인지적 변수를 사용하여 게임 과몰입 영향 모델을 설계하고,

---

16 그래서 이 경우는 인터넷중독, 게임중독을 '과몰입' 문제로 대신하여 표현하기도 한다.

17 Aarseth, E., Bean, A. M., Boonen, H., Colder Carras, M., Coulson, M., Das, D., ··· Van
Rooij, A. J., "Scholars' open debate paper on the World Health Organization ICD-11 Gaming
Disorder proposal". *Journal of Behavioral Addictions* 6(3), 2017, pp.267-270; Rooij, A. J.,
Ferguson, C. J., Carras, M. C., Kardefelt-Winther, D., Shi, J., Aarseth, E., ···Przybylski, A.
K., "A weak scientific basis for gaming disorder: Let us err on the side of caution", *Journal of
Behavioral Addictions* 7(1), 2018, pp.1-9.

18 Jeong, E. J., Ferguson, C. J. & Lee, S. J.,"Pathological Gaming in Young Adolescents: A
Longitudinal Study Focused on Academic Stress and Self-Control in South Korea", *Journal
of Youth and Adolescence*, 2019, pp.1-10; Haagsma, M. C., King, D. L., Pieterse, M. E. &
Peters, O., "Assessing Problematic Video Gaming Using the Theory of Planned Behavior:
A Longitudinal Study of Dutch Young People", *International Journal of Mental Health and
Addiction* 11(2), 2013, pp.172-185.

825명의 설문 데이터를 분석·검증하였다. 그 결과 학업 스트레스는 우울감의 증가, 자존감과 자기통제의 감소를 가져왔으며, 낮아진 자기통제가 게임 과몰입을 악화시켰다는 결과를 보여 준다고 설명하였다.[19]

이 연구는 여러 문제적 심리 요인이 게임 과몰입을 악화시킨다는 영향 모델을 제안한 것이라 할 수 있다. 이는 게임 과몰입 자체의 문제보다는 게임 과몰입을 야기하는 심리사회적·인지적 요인들을 밝힐 때 게임 과몰입 문제의 해결 가능성도 열릴 수 있음을 시사한다.

이러한 선행 연구 모델은 문학치료 프로그램을 위한 미디어중독 서

| 그림 1 | Academic Stress to Gaming Disorder Structural Equations Model[20]

19 이대영·이승제·정의준, 〈도피이론을 통한 청소년 게임 과몰입 영향모델 분석〉, 《한국게임학회 논문지》 20(2), 한국게임학회, 2020, 3~11쪽.
20 이대영·이승제·정의준, 〈도피이론을 통한 청소년 게임 과몰입 영향모델 분석〉, 7쪽.

사를 확정하는 데 매우 긴요하게 활용될 수 있다. 문학치료에서 강조하는 서사는 세상에 대한 이해 정도에 따라 그 수준과 양상이 달라진다. 즉, 문학치료는 문제 상황이나 문제 상황을 야기한 외적 환경보다는 인간관계의 주체가 그 문제 상황을 어떻게 바라보고 있는가에 주안점을 둔다. 각자 어떤 서사를 지니고 있느냐, 또 부모의 양육 태도와 같은 외적 환경에 문제가 있다 하더라도 세상을 어떤 시선으로 바라보느냐에 따라 그것을 감당할 수도 있고 그렇지 않을 수도 있다고 보는 것이다. 달리 표현하자면, 각자가 추구하고 운영하는 서사, 즉 자기서사가 무엇이냐에 따라 중독에 빠질 수도 있고 그렇지 않을 수도 있다는 것이다. 중독 문제에 몰입되는지 그렇지 않을 수도 있는지를 판가름하는 잠재적 요인을 찾기 위해 서사에 주목하는 것이라고 볼 수 있다.

| 그림 2 | 미디어중독 관련 서사 추출 경로

심리사회적 요인
우울 자기통제 공격성 등

우울 관련 서사
자기통제 관련 서사
공격성 관련 서사

미디어중독서사

미디어중독서사 추출

기 개발된 문학치료 프로그램은 대부분 구비설화를 기본 자료로 삼고 있다. 미디어중독 문제를 드러내는 설화 자료를 찾는 것은 어려운 일이기에, 기왕의 미디어중독의 영향 관계를 밝힌 심리사회적 요인 연구 결과를 바탕으로 접근하는 것이 더 적절할 것이다. 즉, 미디어중독 문제 자체를 보여 주는 서사보다는, 미디어중독 문제를 일으키는 요인에 관한 서사를 수집하는 것이 필요할 것이다. 우울, 자기통제, 공격성 등이 중독의 요인으로서 작용할 수 있다는 점을 고려하면, 미디어중독 문제가 작품 전면에 드러나지 않더라도 심리적 요인에 해당하는 서사를 통해서 미디어중독 관련 서사도 추출 가능할 것이다.

따라서 미디어중독 서사는 다음과 같은 경로에 의해서 추출되었다.

| 그림 3 | **미디어중독 관련 서사 선별을 위한 실험 과정**

필자가 소속된 연구팀에서는 2019년 서울 소재 20~30대 53명을 대상으로 심층 면접을 실시하였다. 참여자에게 실험의 목적을 설명하고, 미디어중독 위험군으로 판단되는 대상을 중심으로 심리척도와 본 연구팀에서 수집한 서사를 중심으로 인터뷰를 진행하였다. 대학생의 특성상 중복이환의 가능성이 높은 취약집단임을 고려하여, 각각의 중독행동에 대한 기존 도구와 청소년 심층 면접을 통해 확인된 개념을 토대로 중독행동과 관련된 서사를 수집 및 선정하고자 하였다. 심층 면접에서 활용된 심리척도는 자기통제, 공격성, 강박, 우울, 충동성, 회피, 인터넷중독, 스마트폰중독 등이다. 서사 수집은 심리척도 요인과 관련된 내용을 중심으로 하되, 특히 자기통제, 우울, 공격성 요인과 관련된 요인에 한정하고, 《한국구비문학대계》와 《문학치료 서사사전(설

화편)》에 수록된 설화를 기본 자료로 삼았다.

　미디어중독 서사 선정을 위한 기본 자료로서 구비설화는 첫째, 인터넷중독 문제를 다루는 현대 작품의 경우 분량의 문제나 이야기의 전말을 모두 보여 주는 텍스트가 흔하지 않다는 점에서 유용하다. 둘째 구비설화는 인물의 행동에 대한 자초지종이 온전히 드러나고, 나아가 인간 삶의 문제를 압축적으로 그려 내고 있다는 장점이 있다. 그러기에 참여자가 상담 현장에서 감상과 동시에 반응을 유도할 수 있는 장점을 지닌다. 특히 문학치료에서 문제적 요인과 관련된 서사를 선정할 때, 그 서사는 문제를 관찰할 수 있는 서사가 아니라 문제를 일으키게 하는 원인이거나 원인과 관련된 서사라는 점, 그리고 인터넷중독이라는 행동 패턴의 심리적 원인과 구체적인 인간관계 맺기 방식의 양상을 드러낸다는 점에서 구비설화는 매우 중요한 자료로 사용될 수 있다.

　이에 수집된 설화는 총 27개이다. 심리척도별로 상위 집단 25퍼센트, 하위 집단 25퍼센트를 선별하고 집단별로 서사 선택의 반응이 유의미하게 다른지를 확인해 보았다. 이를 위해 SPSS 22.0을 사용하여 각 변수의 상·하위 집단이 서사 설문 선택에서 유의미한 차이를 나타내는지를 독립 t검정으로 확인하였다. 검증 결과 척도별 상·하위 집단의 평균값에 따라 서사 선택에서 유의미한 차이를 보인 것은 9번 서사와 16번 서사이다. 총 27개 항목 중 2개의 항목에서만 척도별 집단 간 차이를 드러냈다는 것은 서사 수집과 선정의 기준이나 분석이 부족했기 때문일 수도 있다. 그러나 실험이 적은 인원(53명)을 대상으로 이루어졌을 감안할 때, 향후 참여 인원과 설화를 추가하는 등 보완 과정을 거친 후 본 테스트에서는 좀 더 분명하고 다양한 결과가 도출될 것으로 기대해 본다. 무엇보다 서사를 심리사회적 요인과 등가적 것으로 취급해서는 안 된다는 것을 감안한다면, 결과값이 나오지 않은 서사 역시 무조건적으로 폐기되어서는 안 될 것이다. 통계 결과 분석은 27개 항목 전반에 걸쳐 이루어져야 하겠지만, 본고에서는 우선 척도별 집단 간 차이를 드러낸 9번 항목과 16번 항목을 중심으로 결과를 분석해 보고자 한다.

우선 9번 항목에 대한 결과를 살펴보자. 9번 항목은 〈딸네 집 가다 죽어 된 할미꽃〉 설화로, 우울한 감정을 촉발하고 지지할 것으로 예상된 설화 중 하나이다. 그 줄거리는 다음과 같다.

① 할미꽃의 유래에 대한 이야기이다. ② 어떤 할머니가 딸 셋을 두었다가 시집을 보내는데 하나는 서울로 보내고 또 하나는 망우리로 보내고 또 다른 하나는 교문리로 보냈다. ③ 할머니가 혼자 살다가 외로우니까 딸 집에서 편안하게 살겠다고 첫째 딸네 갔는데 삼사 일은 반가워하더니 며칠 지나니까 싫어하는 것이었다. ④그래서 할머니가 둘째 딸네 갔는데 처음에는 반가워하더니 며칠 지나니까 또 싫어하는 것이었다. ⑤ 그래서 할머니가 셋째 딸네 갔는데 집 앞에서 들어갈지 말지 망설이고 있었다. 그런데 딸이 문 밖으로 나오기에 할머니가 자기를 보고 모시러 올 줄 알았는데 딸은 보지 못했는지 자기 볼일만 보고 들어가는 것이었다. ⑥ 할머니는 자기를 보고도 못 본 척한다고 여기고 딸년들은 다 소용없다고 생각했다. 할머니는 딸들이 사는 것을 들여다보다가 허리가 구부러져서 할미꽃이 되었다는 이야기이다.[21]

21 〈딸네 집 가다 죽어 된 할미꽃〉은 《문학치료 서사사전》에 3편이 정리되어 있다(정운채 외,

이 설화는 할미꽃의 유래로, 할머니가 시집간 세 딸들을 찾아갔다가 홀대만 당하였음에도 딸네 집을 들여다보다가 할미꽃이 되었다는 내용이다. 서사의 주체를 할머니로 보면, 생활사건은 시집간 세 딸들의 집에 찾아갔다가 대접도 못 받고 홀대만 당한 일이 될 것이다. 그리고 딸들이 자신을 반가워하고 좋아해 주어야 하는데 그러기는커녕 싫어하는 기색이 역력하니 다 소용없고 부질없다고 여기는 것으로, 인지이론에서 우울증을 유발하는 역기능적 신념 중 '사회적 의존성'을 잘 보여 주는 설화로 이해된다.[22] 특히 부모 입장에서 자녀의 애정과 상실의 문제를 다뤘다는 점에서, 부모서사 영역의 한 항목으로 설정될 수 있을 것으로 예상하였다. 이러한 내용을 기반으로 우울 관련 항목으로 설문지를 작성한바, 그 내용은 〈자료 1〉과 같다.

설문은 참여자가 공통지문을 읽고 특정 분기점에서 두 개의 방향으로 전개되는 선택지 중 하나를 고르도록 마련되었다. 공통지문은 우울감을 촉발할 만한 문제 상황까지만 보여 주고, 우울감이 촉발될 만한 상황에서 할머니를 중심으로 이야기를 전개시킨다면 어떤 방향으로 전개되기를 바라는지 참여자에게 묻는 형식이다. 그러니까 〈딸네 집 가다 죽어 된 할미꽃〉이라는 우울 관련 서사는 공통지문과 ①번 선택지가 연결될 때 완성된다. ②번 선택지는 ①번 선택지를 원하지 않는 참여자가 다른 선택지를 고를 수 있도록 여지를 주기 위한 조치이며, 그래서 가능하면 우울과 거리가 먼 이야기로 설정하고자 하였다.[23]

《문학치료 서사사전1(설화편)》, 문학과치료, 2009, 873쪽).

22 정운채 외, 《이상심리와 이상심리서사》, 문학과치료, 2011, 28쪽.

23 정운채 외, 《자기서사와 심리검사의 호환성》, 문학과치료, 2011.

| 자료 1 | 9번 문항

> 어떤 할머니가 딸 셋을 키워서 모두 시집을 보냈다. 혼자 살던 할머니는 외로워서 딸네 집을 찾아갔다. 첫째 딸네 집에 갔는데, 한 삼사 일은 반가워하더니 그 이후부터는 점점 싫어하였다. 둘째 딸네 집에 갔는데, 처음에는 반가워하더니 며칠 지나니까 싫어했다. 마지막으로 셋째 딸네 집에 갔는데 들어가지 못하고 문밖에서 망설이고 있었다. 그때 마침 셋째 딸이 문밖으로 나왔다. 할머니는 딸이 자신을 보고 반가워할 줄 알았는데, 셋째 딸도 자기 볼일만 보고 집으로 들어갔다.

Q. 할머니를 중심으로 만들고 싶은 뒷이야기를 고르시오.

☐ ① 할머니는 차마 집 안으로 들어가지 못하고 문밖에서 셋째 딸네 집을 하염없이 들여다보았다. 그렇게 한참을 들여다보다가 결국 그 자리에서 허리가 구부러져서 할미꽃이 되었다.

☐ ② 할머니는 자식은 키워 봐야 소용없다고 생각하고 집으로 가다가 날이 저물어 어느 집에 묵게 되었다. 마침 홀시아버지의 짝을 찾고 있던 여주인이 할머니에게 부탁하자 할머니는 그 집에서 여생을 잘 보냈다.

☐ ③ 앞의 두 가지 중에는 마음에 드는 것이 없다. (아래에 원하는 이야기를 써 보세요.)

공통지문과 ②번 선택지가 연결되면 우울하지 않은 방향의 이야기로 볼 수도 있을 것이다.

우울심리척도별[24]로 선별된 집단은 각각 상위 13명, 하위 10명이며 우울척도별 두 집단 사이의 평균 차이는 유의미한 것으로 나타났다

---

24 실험 과정에서 사용한 우울척도는 CESD(the Center for Epidemiological Studies-Depression Scale, 총 20문항)를 〈한국복지패널〉 조사에서 11문항으로 축약한 CESD-11로, 크론바흐 알파값이 .748이며, 이는 통계적으로 활용 가능한 신뢰도를 보인다고 할 수 있다.

미디어중독 개선을 위한 VR과 문학치료의 만남 |

(t=-2.093, p=.049). 구체적으로 우울이 높은 집단(M:1.6154, SD:1.6154)은 낮은 집단(M:1.2000, SD:.42164)보다 평균적으로 우울하지 않은 서사, 즉 ②번 선택지를 더 많이 선택한 것으로 확인되었다.

이 결과에 의하면 〈딸네 집 가다 죽어 된 할미꽃〉을 우울 요인 서사로 선정한 의도와 반대되는 결과를 보여 주는 것이라 할 수 있다. ②번 선택지의 흐름으로 가는 것은 〈불효한 친자식 떠나 팔자 고친 어머니〉 설화를 참조한 것으로,[25] 그 내용은 홀어머니가 아들들을 키워 장가를 보내고 재산을 모두 나눠 주었지만 서울 구경을 간다는 홀어머니에게 용돈조차 챙겨 주지 않는 아들을 뒤로하고 서울에서 우연히 만난 홀아비와 부부가 되어 행복하게 살았다는 것이다. 자식들의 불효가 괘씸하기는 해도 좌절하지 않고 자식과의 관계가 아닌 또 다른 관계에서 기쁨을 찾으려는 할머니의 이야기라는 점에서 우울과는 거리가 먼 이야기로 간주하였다.

그런데 정작 우울심리척도가 높은 상위 집단이 우울과 거리가 먼 ②번 선택지를 주로 골랐다. 이렇게 반대 결과가 산출된 이유는 무엇일까? 이는 우울한 이야기와 대면하는 것을 거부하고, 그 관계가 피상적인 관계라 할지라도 자신을 지지하고 애정을 주기만 한다면 그 대상과 새로운 관계를 맺어 나가는 것이 더 좋다는 논리로 ②번 선택지를 선택했을 가능성을 보여 준다. 사회적 의존성이라는 우울의 역기능적 신념은 대부분 관계의 상실을 인정하지 못하는 데에서 기인한 것이라 할 수 있기에, 두 개의 선택지 중 상실을 거부하는 선택지를 고른 것은 어쩌면 더 자연스러운 결과일 수도 있다. 즉, 우울할수록 우울

---

25 정운채 외, 《문학치료 서사사전 2(설화편)》, 문학과치료, 2009, 1430~1431쪽.

문제와 거리가 먼 상황으로 회피하려는 참여자의 의도가 ②번 선택지와 맞닿아 있었던 것은 아닐까 한다.

특히 인터넷중독이 인터넷 공간으로 도피함으로써 현실 세계의 고립감 · 고독 · 위축 · 외로움 · 우울 · 불안 등으로부터 일시적으로 벗어나 사회적 관계에 대한 욕구를 충족시킬 수 있다는 주장과,[26] 우울한 사람에게서 보이는 낮은 자존감 · 동기 저하 · 거절에 대한 두려움 · 승인 받고자 하는 욕구가 인터넷 사용을 더욱 촉진한다는 기왕의 주장에 의거한다면,[27] 우울심리척도 결과가 높은 상위 집단이 ②번 선택지를 고른 것은 당연한 결과일 수 있다. 따라서 〈딸네 집 가다 죽어된 할미꽃〉은 거절에 대한 두려움과 승인 욕구로 인해 발생하는 우울한 기분으로부터 회피 가능한 이야기를 선택한 것일 수 있으며, 이는 미디어중독 관련 요인 중 우울 요인을 기반으로 상담을 진행할 때 9번 항목이 적극적으로 활용될 수 있는 가능성을 보여 준다. 뿐만 아니라 이와 같이 우울한 사람이 행복한 이야기를 선호할 수 있다는 점을 고려한다면, 향후 미디어중독 개선을 위한 상담 과정에서 내담자가 행복한 결말의 이야기를 고르는 것이 건강한 것이라고 단정하는 것도 매우 섣부른 판단일 수 있지 않을까 한다.

다음으로 16번 항목의 결과를 살펴보자. 16번 항목은 〈쌀 나오는 구멍〉 설화로, 자기통제 요인과 관련될 것으로 예상된 설화 중 하나이

26 이유경, 〈컴퓨터 게임 중독 청소년의 사회적 관계 및 적응에 관한 연구〉, 성신여자대학교 대학원 석사학위논문, 2002; 이현덕 · 홍혜영, 〈중학생의 애착과 인터넷 중독 성향간의 관계: 외로움의 매개효과〉,《청소년학연구》제18권 제10호, 한국청소년학회, 2011, 271~294쪽.

27 K. S. Young, "Internet Addiction: The emergence of a new clinical disorder," *Psychological Reports*, 1996.

다. 그 줄거리는 다음과 같다.

① 어떤 도사가 낙안 뒷산 구멍바위라는 굴에서 지냈다. ② 그 굴에는 끼니마다 한 사람이 먹을 만큼의 쌀이 나오는 구멍이 있었다. ③ 그래서 손님이라도 오게 되면 도사는 한 끼를 굶어야 했다. ④ 손님이 찾아와서 쌀이 모자라자, 도사는 혹시 더 나올까 싶어서 작대기로 구멍을 쑤셨다. ⑤ 그러자 그 뒤로 아무것도 나오지 않아서 결국 도사는 굶어 죽었다.[28]

이 설화에서는 논이 아닌 바위 구멍에서 쌀이 나오는데, 그것은 마치 꺼내고 또 꺼내도 없어지지 않는 화수분과 같다. 이에 대해 신동흔은 '자연이 화수분'이라는 인식을 적실하게 보여 주는 설화라고 언급한 바 있다. 황량한 땅에서 인간에게 필요한 만큼 공급해 주는 자연의 속성과 함께, 무궁무진하여 마음껏 써도 될 것 같은 대자연이지만 자연에 대한 인간의 섣부른 약탈이나 파괴는 역으로 자연의 공격과 응징을 당할 수 있다는 이치를 잘 보여 주는 설화라는 것이다.[29]

한편 자기통제는 자신의 인지나 정서·행동을 스스로의 의지에 따라 조절할 수 있음을 의미하는데, 로그Alexandra W. Logue(1995)는 이러한 정의를 선택의 상황으로 정리하여 자기통제를 '지연되지 않은 작은 결과보다 지연되지만 더 큰 결과를 선택하는 것'으로 정의하고, 그 반

---

28 김서운(여, 65), 〈쌀 나온 구멍바위〉, 《한국구비문학대계》 6-12, 벌교읍 설화 11, 152~153쪽.
29 신동흔, 〈설화 속 화수분 화소의 생태론적 고찰 – 한국과 유럽 설화를 대상으로〉, 《구비문학연구》 39, 한국구비문학회, 2013, 12~13쪽.

대 개념으로 충동성impulsiveness을 '지연된 큰 결과보다 지연되지 않은 작은 결과를 선택하는 것'으로 상정한 바 있다.[30] 이렇게 볼 때 〈쌀 나오는 구멍〉은 지연되지 않은 작은 결과를 추구하는 모습을 보여 주는 이야기라 할 수 있다.

그런데 〈쌀 나오는 구멍〉과 관련하여 짚고 넘어가야 할 부분이 있다. 〈쌀 나오는 구멍〉은 자기통제를 못하는 인물의 이야기이긴 하지만 자기통제를 못해서 비극적인 결과를 초래했다는 점에서 오히려 자기통제를 못하면 망할 수 있다는 교훈을 제시하는 이야기로 받아들일 수 있다는 점이다. 결국 자기를 통제하지 못한 인물이 그에 상응하는 대가를 치르게 되는 이야기라는 점에서, 낮은 통제력을 지닌 사람이 자신의 문제를 관찰할 수는 있어도 지지받지는 못할 수 있다는 예상도 가능하다. 기존의 문학치료 연구팀에서 출간한 《이상심리와 이상심리서사》에서는 이상심리 증상이 관찰되는 서사와 이상심리 증상을 유발하는 서사를 각각 관찰서사, 유발서사로 설정한 바 있다. 즉, 이상심리의 문제가 서사 자체에 드러나는 것은 관찰서사로, 이상심리의 문제가 '문제'로 드러나는 게 아니라 오히려 이상심리를 유발하는 역기능적 신념을 지지하는 것은 유발서사로 보았다.[31] 이러한 논리대로 본다면 〈쌀 나오는 구멍〉은 낮은 자기통제력이 문제일 수 있다는 것을 관찰할 수 있는 서사로 설명 가능하다.

그러나 통제력이 낮은 사람이 자기통제를 하지 않고 원하는 것을

---

30 Logue, A. W., "Self-control: Waiting until tomorrow for what you want today", *Prentice-Hall*, Inc., 1995.

31 정운채 외, 《이상심리와 이상심리서사》.

미디어중독 개선을 위한 VR과 문학치료의 만남 |

마음껏 충족하는 이야기를 선택할 수도 있지만, 반대로 통제력이 높은 사람이 그러한 이야기를 선택할 수도 있음을 고려해야 할 것이다. 통제를 하느냐 하지 않느냐가 아니라, 통제하는 상황에 불안이 개입되느냐 그렇지 않느냐가 자기통제 문제와 더 긴밀히 관련될 수 있지 않을까 예상된다. 즉, 통제력이 낮은 사람이 무조건적으로 자기 욕구를 충족하려는 것에서 문제가 발생하는 것이 아니라, 통제되지 않는 자신을 불안해하는 것에서 더 문제가 발생하지 않을까 한다. 낮은 통제력을 가진 사람일수록 더욱 통제에 집착할 수 있다는 것이다. 이러한 논리에 의거해 본다면, 통제하지 않아서 일을 그르칠 수도 있다는 부정적인 이야기들이 낮은 통제력을 지닌 사람들의 문제와 가까이 있을 수 있다고 가정할 수 있으며, 이러한 논리를 기반으로 한 서사 중 하나가 〈쌀 나오는 구멍〉이 될 수 있다. 〈쌀 나오는 구멍〉을 바탕으로 작성된 설문 16번 항목은 〈자료 2〉와 같다.

전술한 바와 같이 16번 설문은 〈쌀 나오는 구멍〉을 자기통제 관련 서사로 전제하고 만들어졌으며, 이 문항에서 자기통제 관련 서사는 공통지문과 ①번 선택지가 연결될 때 완성된다. 그리고 자기통제와 거리가 먼 선택지로 작성된 ②번 선택지는 〈정직한 선비 보고 감동하여 도와준 사람과 금덩이 주워 보답한 선비〉라는《한국구비문학대계》에 수록된 단일 설화를 참조한 것이다.[32]

선택지 ②의 내용은 '남자'가 남의 논에 있는 벼 이삭을 먹을 것인지 말 것인지를 망설이다가 굶더라도 먹지 않겠다고 결심한 것이 도리어 복을 받게 되는 이야기이다. 결국 통제를 해야 좋은 일이 생긴다는 논

---

32 ① 옛날 경상도 안동安東 땅에 김동지金同知라는 사람이 부자로 잘 살고 있었다. ② 그 마을

<자료 2> 16번 문항

> 어떤 남자가 낙안 뒷산 구멍바위라는 굴에서 지냈다. 그 굴에는 끼니마다 한 사람이 먹을 만큼의 쌀이 나오는 구멍이 있었다. 그래서 손님이라도 오게 되면 남자는 한 끼를 굶어야 했다. 그런데 하루는 손님이 찾아와서 쌀이 모자라게 되었다.

Q. 남자를 중심으로 만들고 싶은 뒷이야기를 고르시오.

□ ① 남자는 혹시 더 나올까 싶어서 작대기로 구멍을 쑤셨다. 그러자 그 뒤로 아무것도 나오지 않아서 결국 도사는 굶어 죽었다.

□ ② 부인이 남자에게 기운이 없으니, 앞의 논에 가서 벼 이삭 세 개만 끊어서 먹을 수 있게 해 달라고 했다. 남자는 못한다고 거절하며 책만 읽다가, 부인과 아이를 생각하고 마지못해 칼을 들고 논으로 나갔다. 남자는 벼 이삭 앞에서 망설이더니 하늘을 보며 "죽으면 죽었지, 못 하겠다" 하고는 집으로 돌아왔다. 그런데 이를 지켜보던 어떤 사람이 남자와 의형제를 맺고 먹을 것을 대주었다.

□ ③ 앞의 두 가지 중에는 마음에 드는 것이 없다. (아래에 원하는 이야기를 써 보세요.)

의 외딴곳에 한 선비가 부인과 굶기를 밥 먹듯이 하면서 가난하게 살았다. 선비는 글공부만 하고 부인이 피를 훑어다가 먹고 살았다. ③ 그런데 매년 마을에서 가을에 벼를 타작해서 세워 놓으면, 어떤 놈이 티가 나지 않게 조금씩 훔쳐 가는 일이 벌어졌다. ④ 김동지는 가난하게 사는 선비를 의심하면서, 사람을 시켜서 선비의 집을 살펴보며 순찰을 돌게 했다. ⑤ 그러던 중 부인이 임신을 해서 아이를 낳게 되었는데, 며칠을 굶은 부인이 힘이 없어서 아이를 낳지 못했다. ⑥ 부인은 남편에게 기운이 없으니, 앞의 논에 가서 벼 이삭 세 개만 끊어서 먹을 수 있게 해 달라고 했다. ⑦ 남편은 몇 번이나 못한다고 거절하며 책만 읽다가, 부인과 아이의 두 목숨이 죽을 것을 생각하고 마지못해 칼을 들고 논으로 나갔다. ⑧ 매일 선비의 집을 살펴보면서 순찰을 돌던 사람이 이제야 잡아들일 수 있겠다고 생각하며 숨어서 선비의 뒤를 쫓아갔다. ⑨ 선비는 칼을 들고 벼 이삭을 잡았다가 놓기를 세 번이나 망설이더니 하늘을 보면서 "죽으면 죽었지, 못하겠다" 하고는 집으로 돌아와 다시 책을 읽었다. ⑩ 숨어서 지켜보던 사람이 선비의 고지식한 행동을 보고, 그동안 의심했던 것에 죄책감이 들어 김동지를 찾아가 자초지종을 말하고 산모를 구해야 한다고 했다. ⑪ 김동지가 종들에게 식량과 땔나무를 선비의 집으로 가져가서 산모를 구하라고 시켜서, 부인은 아이를 순산할 수 있었다. ⑫ 다음 날 김동지는 선량한 사람을 의심한 것이 잘못이라고 생각하여, 선비와 의형제를 맺고 공부를 계속할 수 있게 먹을 것리에 기반한 것이라고 할 수 있다. 〈쌀 나오는 구멍〉은 통제를 못해서 죽음에 이르는 것이고, 〈정직한 선비 보고 감동하여 도와준 사람과 금덩이 주워 보답한 선비〉는 통제를 잘해서 복을 받았다는 것이기에, 결말이 다를 뿐 서사 논리는 비슷하다고 볼 수도 있다. 그러나 ②번 선택지의 〈정직한 선비 보고 감동하여 도와준 사람과 금덩이 주워 보답한 선비〉는 남자의 충동적 욕구에서 출발한 것이 아니라 가난한 처자식을 위해 어쩔 수 없이 벼 이삭을 끊으러 갔고, 그럼에도 처자식을 살리겠다고 남의 것을 탐내는 것은 옳지 않은 일이라는 신념이 작동하여 자기통제를 하는 내용이다. 이처럼 〈정직한 선비 보고 감동하여 도와준 사람과 금덩이 주워 보답한 선비〉는 자기통제적 측면이 보이기는 해도, 불안을 기반으로 한 충동적 행위의 문제를 드러내는 것은 아니라는 점에서 〈쌀 나오는 구멍〉과는 결이 다른 서사 지향을 보인다.

이렇게 설정된 문항이 프리테스트에서 어떤 결과를 보였는지 살펴보자. 자기통제 심리척도별[33]로 선별된 집단은 각각 상위 12명, 하위 14명이며, 자기통제 척도별 두 집단 사이의 평균 차이는 유의미한 것으로 나타났다($t=-2.105$, $p=.046$). 그리고 구체적으로 자기통제가 높은 집단(M:1.6154, SD:1.6154)은 낮은 집단(M:1.7857, SD:.42582)보다 평균

을 대주었다. ⑬ 선비는 김동지에게 보답할 생각으로 시냇가에서 낚시질을 하여 물고기를 잡아서 주게 되었다. ⑭ 며칠이 지나고 선비는 낚시질을 하다가 커다란 금덩어리를 건져 올렸다. ⑮ 선비는 김동지에게 낚시를 하다가 건졌다며 금덩어리를 갖다 주었다. ⑯ 김동지는 선비가 건진 것이라며 받지 않았는데, 선비는 보답하기 위해서 낚시질을 했던 것이니 자기 것이 아니라고 해서 결국 김동지가 금덩어리를 갖게 했다. ⑰ 김동지는 금덩어리를 팔아서 선비를 도와주었다는 이야기이다(이득우(남, 69), 〈마음 곧은 선비〉, 《한국구비문학대계》4-6, 의당면 설화 5, 109~120쪽).

33 자기통제 심리척도는 한국판 단축형 자기통제 척도(the Korean Version of the Brief Self-Control Scale(BSCS) Tagney et al. (2004)의 short version of self-control scale 을 번안(원본은

적으로 자기통제가 아닌 서사, 즉 ②번 선택지를 더 많이 선택하고 반대로 자기통제가 낮은 집단이 ①번 선택지를 더 많이 선택했다.

이러한 결과는 애초 예상했던 결과와 크게 다르지 않음을 보여 준다. 자기통제 심리척도 평균값이 낮은 집단이 오히려 ①번 선택지를 골랐다는 것은 ①번 선택지의 내용을 더 선호한다는 것이고, 역으로 ①번 선택지의 이야기가 낮은 통제력 집단의 성향을 더 지지한다는 것으로 설명될 수 있다. 그리고 매일매일 먹을 만큼의 쌀이 나오는 구멍이 있다는 것과 손님이 와서 자기가 먹을 쌀이 모자를 수 있다는 문제 상황을 보여 주는 공통지문에서 쌀 나오는 구멍을 쑤시는 충동적 행위를 보이는 선택지는 ①번밖에 없다는 점이 부각된다. 반면 ②번 선택지는 가난 속에서도 정직함을 고수하려는 남자의 결연한 모습이 서술되어 있어, 낮은 자기통제 결과를 보여 준 하위집단이 ②번보다는 충동적 행위를 시도해 보는 ①번 선택지를 골랐을 가능성이 높아 보인다.

특히 선행 연구에서 폭력적 게임중독자들이 '자극 추구 성향'이 더 강하고 동조성, 모방성, 충동성, 공격성이 더 높은 경향을 보이며 인터넷 비행을 더 많이 저지른다고 보고된 바 있다.[34] 또한 인터넷의 중독적 사용에 있어서 낮은 자기통제력이 가장 큰 설명력을 가지며, 인터넷이라는 가상공간의 사용에서 일반적인 자기통제력 저하가 더 중독적인 사용 경향을 갖게 하는 요인으로 작용할 수 있음을 밝힌 바 있

36문항)한 것이다. 크론바흐 알파값은 .804로 통계적으로 활용 가능한 정도의 신뢰도를 보여 준다고 할 수 있다.

34 이해경, 〈인터넷상에서 청소년들의 폭력게임 중독을 예측하는 사회심리적 변인들〉, 《한국심리학회지 발달》, 한국심리학회, 2002.

미디어중독 개선을 위한 VR과 문학치료의 만남 |

다.[35] 기왕의 선행 연구에 기반하면, 심리척도별 하위 집단이 ②번보다는 ①번을 고른 이유가 이해 가능하며, 나아가 가상공간에서 충동성을 동반한 낮은 통제력의 내담자에게 16번 항목을 활용하는 것도 적절한 듯하다.

이상에서 확인된 바와 같이 27개 항목 중 유의미한 결과를 보인 것은 9번 항목과 16번 항목에 불과하지만, 두 항목의 각 집단별 선택 경향은 앞으로 문학치료 프로그램에서 어떤 서사들을 활용하고 배치할 것인지 구상하는 데 많은 도움이 될 것으로 보인다. 우울한 성향을 가진 내담자들이 관계의 상실을 거부하기 때문에 우울한 상황의 이야기라 할지라도 우울한 방향으로 전개되지 않는 이야기를 선택할 가능성이 높으며, 자기통제력이 낮은 사람들은 자극 추구적인 이야기를 더 선호하고 선택할 가능성이 높다고 할 수 있다. 가상공간에서 구현될 문학치료 프로그램의 시작을 무엇으로 설정할 것인가는, 내담자의 반응을 활성화하고 내담자의 선호도를 높이는 이야기 환경을 만들 수 있는가의 문제와 관련될 것으로 보인다.

VR 공간에서의 미디어중독서사 활용

미디어중독 개선을 위한 VR 문학치료 프로그램은 VR 기술이 의학 및

---

35 송원영, 〈자기효능감과 자기통제력이 인터넷의 중독적 사용에 미치는 영향〉, 연세대학교 석사학위논문, 1998.

심리학 분야에도 활용되고 있다는 점에 착안하여,[36] '문학'이라는 재료를 'VR' 기술로 구현하여 내담자가 좀 더 손쉽고 가깝게 중독의 문제를 경험 및 인지하며, 나아가 그 해결점을 찾아 나가도록 도움을 주기 위해 마련된 것이다. 특히 VR이라는 가상공간이 갖는 실재감, 상호작용, 몰입감이라는 3요소는 미디어중독서사를 구현하는 데 적실하게 활용될 것으로 본다.

로제 카유아Roger Caillois에 따르면, 실제 생활에서의 행동과 게임에서 플레이어가 하는 행동에 어떠한 유사점도 존재하지 않음에도 불구하고, 플레이어는 게임에서의 행위를 실제 생활에서 일어나는 행동으로 생각한다. 따라서 마치-처럼이라는 감정이나 느낌은 필요 없고, 플레이어는 이 게임을 실제 그 자체라고 생각한다는 것이다.[37] 이와 마찬가지로 VR 역시 사람의 감각을 확장시킴으로써 가고 싶어 하는 곳을 보고, 그곳의 소리를 듣고, 그곳의 사물을 만지며 얻은 정보를 공유함으로써[38] 가짜지만 진짜처럼 느끼게 하는 공간이다. 따라서 VR에서 구현되는 옛이야기는 단순히 '옛날의' 것을 감상하는 것에서 그치지

---

36 기왕에는 가상현실을 적용하여 공포증 치료가 이루어졌고 점차 외상후 스트레스장애, 주의력결핍 과잉활동장애, 약물중독자, 뇌 손상자 및 치매 환자에게로 확대 적용되어 주목할 만한 연구 결과들이 나왔다. 이와 관련된 연구는 다음과 같다. 이장한·김선일, 〈가상현실을 이용한 임상심리학적 적용〉, 《한국심리학회 학술대회 자료집》, 한국심리학회, 2003; 이장한, 〈가상현실로 들어간 심리학〉, 《한국심리학회지》 23(2), 한국심리학회, 2004; 황상민·김성일, 〈인지공학 - 인지심리학의 응용: 멀티미디어 타이틀 이용에 나타난 학습자의 행동〉, 《가상현실과 게임》, 한국게임산업개발원, 정일, 2003; 김슬기·석혜정, 〈가상현실 기술을 이용한 공포증 치료의 국내외 동향 분석〉, 《만화애니메이션연구》, 한국만화애니메이션학회, 2015; 박병권·홍상민, 〈VR HMD와 뇌파분석장치를 융합한 심리기술훈련 시뮬레이션 모델 개발〉, 《한국웰니스학회지》 13(1), 2018; 김정환, 〈실시간 상호작용 기술의 '가상현실치료' 적용에 관한 연구〉, 《만화애니메이션연구》, 한국만화애니메이션학회, 2011.

37 로제 카유아, 《놀이와 인간》, 문예출판사, 2018.

38 민준홍, 《가상현실과 증강현실의 현실》, 커뮤니케이션북스, 2016, 1쪽.

않고, 옛이야기를 현실에서 바라보는 것과 같은 동질감을 느끼게 할 수 있다고 본다.

　과거 이미지와 영상을 통한 커뮤니케이션 방법을 3차원 공간으로 확장시킨 오늘날 가상현실 기술은 더 사실적이고 원활한 상호작용Interaction 환경을 제공한다. 이러한 가상현실은 수동적 사용자의 입장에서 능동적 경험자의 입장으로 사용자의 참여 의지를 불러일으킬 뿐만 아니라, 컴퓨터 인터페이스 개념이 '삶의 공간'으로까지 그 의미가 확장되어 기존의 상징처리장치로서의 역할뿐 아니라 새로운 단위의 '현실생성장치'로서 적극적으로 활용될 수 있다. 따라서 VR 공간에서 이야기를 경험하는 참여자는 수동적으로 이야기를 바라보기도 하지만, 자신의 선택과 의지에 따라서 이야기를 창조하기도 하는 능동적 감상자가 된다. 이야기를 현실처럼 경험하고 능동적으로 이야기를 선택하여 감상을 유도할 수 있다는 특징은, 참여자가 VR 안에서의 이야기에 자신을 충분히 투사하고 통찰함으로써 그로부터 벗어날 수 있도록 도울 수 있을 것이다.

　미디어중독서사 선정을 위한 실험에서 도출된 두 개의 설화는 참여자가 각각 자기통제와 우울의 이야기를 경험하게 되는 시작점이 될 것이다. 그러나 이는 단지 시작점일 뿐이고, 참여자가 선택할 수 있는 여러 가능성을 고려하여 다양한 시나리오가 함께 구축될 수 있다. 이를 위해 특정한 서사의 분기점에서 다양한 길로 나아갈 수 있다는 특성을 제시한 '서사의 다기성'이라는 문학치료학적 개념은 본 프로그램을 개발하는 데 매우 유용하다. 즉, 동일한 문제 상황에서 다양한 갈래의 길로 뻗어 나갈 수 있고, 참여자는 다양한 길 중에서 각자의 선호도에 따라 특정 서사의 길을 선택할 수 있으며, 상담자는 참여자가 고집하는 길 이외의 다양한 길들을 안내해 줄 수 있다. 이처럼 미디어중독 서사에도 다양한 서사의 길들이 노정될 수 있으며, 그 길은 동일한 문제 상황에서 서사의 주체가 어떤 선택을 하느냐에 따라 그 수준과 양상을 달리할 것이다. 그렇기에 미디어중독서사는 프로그램에서 다양한 연결 고리와 경로에 의해 배치될 서사들의 시작점이라 할 수 있다. 우선 시작점에 해당하는 서사를 확정하면, 시작점에서 뻗어 나갈 수 있는 다양한 서사를 배치할 수 있고, 참여자는 배치된 다양한 서사와의 상호 경험을 통해 그동안 고집했던 자기만의 서사를 관찰하고 나아가 그 서사에서 벗어날 수 있는 가능성을 모색할 수 있을 것이다.

예컨대 〈쌀 나오는 구멍〉으로 표현된 자기통제 관련 서사는 불안을 수반한 낮은 자기통제력의 문제를 포함한다. 불안한 통제력의 문제를 보이는 기점은 구멍에서 쌀을 더 탐하다가 일을 그르칠 수 있다는 이야기로 전개되는데, 여기에서 참여자는 쌀을 더 탐할 수도 있고 반대로 통제하는 이야기로 흘러갈 수도 있다. 또한 통제하는 이야기에는 불안을 잠재우기 어려워 지나치게 통제하는 방향으로 갈 수도 있고, 반대로 마음껏 탐해도 불안해 하지 않는 방향으로 전개될 수도 있다. 이처럼 낮은 통제력의 문제라고 할지라도, 그에 대한 구체적인 사안과 방향은 변별될 수 있다. 이렇게 다양한 서사 가능성을 고려하고 변별하여 다양한 시나리오를 구성하면, 참여자가 자신이 선택한 이야기를 끝까지 경험한 뒤 이와 다른 변별된 서사를 선택하고 경험함으로써 자신이 선택한 이야기와 다른 이야기의 거리를 조망할 수 있다.

이러한 과정은 문학치료가 진단과 치료를 함께 진행해 나갈 수 있는 특장을 최대화할 수 있는 방안이 될 수 있다. 특히 VR 안에서 실재감과 몰입감을 통해 서사를 감상하는 과정에서 참여자의 다양한 반응이 도출될 것으로 기대되는데, 그 반응이 곧 미디어중독서사를 관찰하는 기회가 될 것이며, 나아가 프로그램을 통해 다양하게 구성된 이야기 경로는 참여자가 새로운 서사를 경험하는 기회가 될 것이다. 다만 본 연구는 미디어중독 고위험군의 집단 간 차이를 통해 선별된 두 개 문항에 한정하여 그 결과를 분석한 것이기에, 향후 연구에서 다른 설화를 추가 보강하고 본 실험을 진행하여 심리 요인별 미디어중독서사를 확정짓고 구현된 내용을 상담 과정에서 활용한다면, 그에 대한 효과를 검증하는 연구도 가능할 것이다.

참고문헌

기본 자료

한국정신문화연구원 편, 《한국구비문학대계》 전82권 및 별책부록, 1980~1989.
정운채 외, 《문학치료 서사사전(설화편)》 1~3, 문학과치료, 2009.
한국인터넷진흥원, 《2015 인터넷이용 실태조사》, 서울: 한국인터넷진흥원, 2015.
한국정보화진흥원, 《2014 인터넷 중독 실태조사》, 서울: 한국정보화진흥원, 2015.

논문 및 단행본

Aarseth, E., Bean, A. M., Boonen, H., Colder Carras, M., Coulson, M., Das, D., Van Rooij, A. J., "Scholars' open debate paper on the World Health Organization ICD-11 Gaming Disorder proposal." *Journal of Behavioral Addictions* 6-3, 2017.

Haagsma, M. C., King, D. L., Pieterse, M. E., & Peters, O., "Assessing Problematic Video Gaming Using the Theory of Planned Behavior: A Longitudinal Study of Dutch Young People." *International Journal of Mental Health and Addiction* 11-2, 2013.

Jeong, E. J., Ferguson, C. J., & Lee, S. J., "Pathological Gaming in Young Adolescents: A Longitudinal Study Focused on Academic Stress and Self-Control in South Korea." *Journal of Youth and Adolescence* 1-10, 2019.

Logue, A. W., "Self-control: Waiting until tomorrow for what you want today." *Prentice-Hall*, Inc., 1995.

Rooij, A. J., Ferguson, C. J., Carras, M. C., Kardefelt-Winther, D., Shi, J., Aarseth, E., Przybylski, A. K., "A Weak Scientific Basis for Gaming Disorder: Let Us Err on the Side of Caution." *Journal of Behavioral Addictions* 7-1, 2018.

Alavi, S. S., Maracy, M. R., Jannatifard, F., Eslami, M., "The effect of psychiatric symptoms on the internet addiction disorder in Isfahan's

University students," *Journal of Research in Medical Sciences* 16-6, 2011.

Young, K. S., "Internet Addiction: The Emergence of a New Clinical Disorder." *Cyber Psychology and Behavior* 1-3, 1998.

Young, K. S., "Internet Addiction, The Emergence of a New Clinical Disorder." *Psychological Reports* 79, 1996.

권미영 · 황지영 · 정혜윤 · 송시형, 〈대학생들의 인터넷 중독에 영향을 미치는 요인에 대한 연구〉,《글로벌사회복지연구》3-2,극동대학교 사회복지연구소, 2013.

김슬기 · 석혜정, 〈가상현실 기술을 이용한 공포증 치료의 국내외 동향 분석〉, 《만화애니메이션연구》41, 한국만화애니메이션학회, 2015.

김정환, 〈실시간 상호작용 기술의 '가상현실치료' 적용에 관한 연구〉,《만화애니메이션연구》22, 한국만화애니메이션학회, 2011.

로제 카유아,《놀이와 인간》, 문예출판사, 2018.

민준홍,《가상현실과 증강현실의 현실》, 커뮤니케이션북스, 2016.

박병권 · 홍상민, 〈VR HMD와 뇌파분석장치를 융합한 심리기술훈련 시뮬레이션 모델 개발〉,《한국웰니스학회지》13-1, 한국웰니스학회, 2018.

송원영, 〈자기효능감과 자기통제력이 인터넷의 중독적 사용에 미치는 영향〉, 연세대학교 석사학위논문, 1998.

신동흔, 〈설화 속 화수분 화소의 생태론적 고찰 - 한국과 유럽 설화를 대상으로〉, 《구비문학연구》39, 한국구비문학회, 2013.

엘린 스피겔,《소설과 카메라의 눈: 영화와 현대 소설에 나타난 영상 의식》, 박유희 · 김종수 옮김, 르네상스, 2005.

오영희, 〈청소년 사이버문화와 학습태도, 대인관계 및 소비행동과의 관계연구〉, 《청소년문화연구소 청소년문화포럼》16, 2007.

유숙경 · 장성희, 〈스마트폰 중독, 불안, 자아분화와 대학생의 생활적응 간의 관계〉,《한국웰니스학회지》14-1, 한국웰니스학회, 2019.

이대영 · 이승제 · 정의준, 〈도피이론을 통한 청소년 게임 과몰입 영향모델 분석〉,《한국게임학회 논문지》20-2, 한국게임학회, 2020.

이유경, 〈컴퓨터 게임 중독 청소년의 사회적 관계 및 적응에 관한 연구〉, 성신여자대학교 석사학위논문, 2002.

이장한, 〈가상현실로 들어간 심리학〉, 《한국심리학회지》 23-2, 한국심리학회, 2004.

이장한·김선일, 〈가상현실을 이용한 임상심리학적 적용〉, 《한국심리학회 학술대회 자료집》, 한국심리학회, 2003.

이현덕·홍혜영, 〈중학생의 애착과 인터넷 중독 성향간의 관계: 외로움의 매개효과〉, 《청소년학연구》 18-10, 한국청소년학회, 2011.

정운채 외, 《이상심리와 이상심리서사》, 문학과치료, 2011.

정운채 외, 《자기서사와 심리검사의 호환성》, 문학과치료, 2011.

정운채, 〈문학치료학의 서사이론〉, 《문학치료연구》 9, 한국문학치료학회, 2008.

홍기칠, 〈인터넷 중독의 관련변인과 예방 및 치료 방안〉, 《초등교육연구논총》 29-1, 대구대학교 초등교육연구소, 2013.

황상민·김성일, 《인지공학 – 인지심리학의 응용》, 한국심리학회, 1998.

발달장애 청소년의 게임 과몰입과 인문치유

| 이미정 |

이 글은 2022.2.18.에 진행된 인문사회연구소 지원사업 3차년도 국내학술대회 〈초연결 시대의 병리적 양상과 인문학〉 발표내용을 정리. 수정한 것입니다.

들어가며

이 글은 발달장애 청소년의 인터넷게임 과몰입으로 발생하는 소통 단절 및 관계적 어려움을 환기하고, 나와 타인의 이해와 관계적 소통을 증진하기 위한 인문치유 프로그램을 개발하는 데 목적이 있다.

소통은 인간이 인생을 살아가면서 타인과 교류하며 관계를 맺는 데 중요한 요소이며, 어떻게 교류하면서 사는가에 따라 삶의 질이 달라진다. 건강한 소통을 하려면 나 자신에 대한 이해와 더불어 타인의 감정을 공감하고 경청하는 태도 역시 중요하다.

생애주기에서 청소년기는 다양한 사람들과 관계를 맺으며 자신의 정체성을 확립하고 독립을 준비하는 기간이다. 이 시기는 정신 · 신체적으로 의존 상태에서 벗어나 독립적인 성인기로 성장을 준비하는 시간으로, 일반적으로 만 13세부터 18세의 중 · 고등학생 시절이다. 발달장애 청소년기는 일상생활 및 사회활동에 제약이 따르고 의존적 아동기와 독립적 성인기의 심리적 특성이 혼합되어 나타나므로 만 9세 이상 24세 미만으로 정의 내리기도 한다.

발달장애 청소년은 일반적으로 사회적 환경에서 경험한 좌절과 실패로 인해 동기 유발이 부족하고 새로운 상황에 직면할 때 도전하는 것을 회피하는 경향이 있다. 이러한 경험의 축적은 성취 욕구를 떨어뜨리고 부정적 자아 개념을 일으킨다. 이들은 문제가 발생했을 때 스스로 해결 방법을 찾기보다는 부모나 교사에게 의존하려는 경향을 띠며 친구 사귀기, 스스로 의사 결정하기 등에 있어 환경에 대처하는 능력이 약하다. 또한 일상생활에서 다양한 여가 활동을 하며 시간을 보내기 어려우므로 접근이 쉬운 게임에 노출되는 환경에 노출된다.

지글러Zigler는 발달장애인을 바라보는 사회적 관점이 스스로 생각할 수 있는 능동적인 주체보다는 결함을 지닌 존재로 인식되고 있다고 말하면서, 발달장애인도 비장애인처럼 동일하게 느끼고 반응하며 생각하는 완전한 존재whole person임을 강조한다. 그리고 발달장애인에 대한 연구가 인간 본연의 내면보다는 기능의 향상에 초점을 맞추고 있다고 역설했다.[1] 본 연구자는 발달장애 청소년들이 느끼는 열등감, 좌절감 등의 부정적 감정을 이해하고, 자기존중의 마음 회복을 바탕으로 미래를 설계하며 주체적인 삶으로 변화하는 데 인문치유 활동이 필수적이라고 생각한다. 이들이 행복한 삶을 영위하려면 그들의 고유한 특성을 인정하고 수용·협력하면서 지지하는 타자 및 사회의 역할이 매우 중요하기 때문이다.

지난 2년 동안 전 세계에 번진 신종 코로나바이러스 감염증(코로나19) 팬데믹 현상은 일상생활의 혼란과 삶의 우발성, 불확실성 및 취약성에 대한 개인과 집단 인식을 높였고 다양한 실존적 문제들을 안겨주었다. 코로나19의 여파로 현재까지 사회적 혼란이 이어지고 있으며, 사람들은 나와 맺고 있는 관계적 환경의 가치와 신념의 중요성을 깊게 생각하게 되었다. 코로나19로 인해 개인 간 교류가 줄어들면서 발달장애 청소년들이 소통 및 관계에서 겪는 어려움은 더욱 커지고 있는 상황이다. 이들은 타인과의 소통 기회가 줄어들수록 자극적이며 빠르게 재미를 느낄 수 있는 인터넷게임에 노출될 수밖에 없다. 이들의 병리적 양상을 줄이기 위한 방법으로 발달장애 청소년의 특성을

---

1 이미정,〈지적장애 청소년 어머니를 위한 인문치료 사례연구 – 긍정적 자기개념 증진을 중심으로〉, 강원대학교 석사학위논문, 2019, 25쪽.

고려한 다양한 인문치유 프로그램 개발이 더욱 요구된다.

인문치유의 이해

인문치유는 마음의 건강과 행복한 삶을 영유하기 위해 인문학 정신과 방법을 토대로 고유의 치유적 힘과 학제적 원리를 활용하여 인간이 지닌 정서 · 인지 · 사회적 문제와 고통을 예방하고 치유하는 통합적 활동을 뜻한다. 인문치유는 예방적 프로그램과 다양한 문제를 지닌 대상자들을 위해 문학 · 철학 · 영상 · 음악 · 미술 등의 콘텐츠를 융합하여 사용한다. '인문치유'에서 치유는 '의료적 의미의 치료medical treatment, cure' 개념과는 다르며 예술치료artstherapy · 독서치료bibliotherapy와 같은 테라피therapy의 개념 및 상담counselling · 코칭coaching의 치유적 의미도 함축하고 있다. 인문치유를 장르별로 분류하면 글쓰기 활용 인문치유 · 시 활용 인문치유 · 스토리텔링Storytelling 활용 인문치유 · 문학작품 활용 인문치유 · 영화 활용 인문치유 · 철학 활용 인문치유 등으로 구분된다.

　본 연구에서 중점적으로 활용한 인문치유는 말하기와 글쓰기를 활용한 소통 중심의 인문치유이다. 소통 중심의 뜻은 내면의 감정이나 기분을 솔직하게 표현하는 것을 시작으로, 타인의 이야기 경청하기 및 경험한 느낌을 간단하게 글로 표현하는 것 등을 말한다. 제임스 W. 페니베이커James W. Pennebaker는 과거의 기억과 현재의 불편한 감정을 솔직하게 '털어놓지 못하는 것'이 정신적 · 육체적 질병의 원인이 될 수 있다면서, 감정을 표현하는 말하기와 글쓰기가 우울증이나 불안감을 해소시키고 인간의 전반적인 면역력 향상에도 도움이 된다고 보고하였다. 정성미는 글을 쓰는 시간이 결과보다 중요함을 강조하면서, 쓰기 과정에서 자신의 감정과 경험이 진솔하게 표현되도록 이끌어야 한다고 하였다. 나아가 글 쓰는 과정은 자신을 억누르고 고통스러웠던 과거 사건들의 인지적인 변화를 유도하는 데 효과적인 방법이 될 수 있다고 설명하였다.[2] 소통의 말하기와 글쓰기를 치유 도구로 적극 활용하는 인문치유는 참여자의 자기탐색과 이해를 통해 관점을 변화시킨다. 또한 사회 구성원으로서의 삶의 질을 높이며 건강한 인격체로 변화하는 데 도움을 줄 수 있다.

발달장애 청소년들은 개별적인 특성과 코로나19 펜데믹에 의한 사회적 영향으로 관계 속에서 경험할 수 있는 삶의 즐거움을 잃어버리고 있고, 일상의 제한된 환경으로 인해 쉽게 접할 수 있는 인터넷게임에 더 의존하게 된다. 이들은 사회에서 경험한 좌절과 무기력감 등의 내면적 혼란 및 관계의 단절에서 발생한 소통의 어려움으로 더욱 고립되는 경험을 하고 있다. 본고는 발달장애 청소년들이 직면한 내면의 결핍을 해소하는 데 도움을 주는 인문치유 활동을 계획하려고 한다. 이를 통해 발달장애 청소년들이 자기이해 및 타인과의 긴밀한 소통의 시간을 통해 관계 안에서 충족감을 얻고 주어진 삶을 즐겁고 행복하게 영위하며 성장하길 기대한다.

----

2 정성미, 〈과정중심 글쓰기의 관점에서 본 치유의 글쓰기〉, 《우리말교육현장연구》 10(1), 2016, 23~41쪽.

인터넷게임 과몰입 청소년 가족

청소년들의 인터넷게임과 관련한 병리적 양상을 이해하기 위해서는 청소년 시기에 경험할 수 있는 독특한 특성 외에도 가정환경과 또래 및 교사와의 관계 등 발달장애 청소년을 둘러싼 다양한 체계 간의 상호작용, 즉 개인을 둘러싼 환경적 특성과 인터넷 매체가 지닌 고유한 성질로 인한 영향 등을 다각적으로 살펴보아야 한다. 그중에서도 인터넷게임 중독 청소년의 가족 내에서 발생한 다양한 일들, 경험한 다양한 사건, 가족관계는 청소년기 성장과 발달에 결정적인 영향을 미친다는 점에서 청소년의 문제행동 원인을 파악하는 데 선행적으로 고려되어야 한다. 인터넷게임 과몰입 청소년의 가족 연구는 크게 부모의 양육 행동, 가정의 심리적 환경, 부모 관련 스트레스를 중심으로 살펴볼 수 있다.[3]

첫째, 부모의 양육 행동은 자녀의 게임중독에 많은 영향을 미치는 것으로 보고되었다. 가정 내에서 이루어지는 부모의 양육 행동은 인간의 초기 경험 중 자녀의 자아 발달 및 성격 형성, 행동 양식 등에 큰 영향을 미치며 자녀의 문제행동과도 밀접한 관련이 있다. 가족관계 중 특히 부모와 자녀의 관계는 청소년의 인터넷게임 중독을 예측하는 주요 변인으로 다루어졌다.[4]

발달장애 청소년들의 게임중독 요인으로는 부모 자녀 간 의사소통,

---

3 권영길·이영선,〈청소년이 지각하는 부모-자녀 간 의사소통이 인터넷게임 중독에 미치는 영향〉,《한국컴퓨터게임학회》17, 2009, 127~135쪽.

4 김정효·박성혜,〈컴퓨터 게임 몰입과 정서적 특성의 관계〉,《교육과학연구》32(2), 2001, 119~139쪽.

부모 애착, 부모의 과잉 기대, 방치, 부모의 양육 태도, 가족 건강, 가족 응집성 등이 관련이 있는 것으로 연구된 바 있다.

둘째, 가정의 심리적 환경이 청소년 자녀의 게임중독과 밀접한 관련이 있는 것으로 보고되었다. 최태산·안재영의 연구는 가정의 수용적 환경(사랑, 자유, 친밀도, 존중, 부모 존경, 칭찬, 이해, 행복)을 청소년의 게임중독에 유의한 영향을 미치는 요인으로 보았으며, 실질적으로 부모와의 애착 경험이 불안정 애착으로 형성될수록 인터넷게임의 중독 성향이 높은 것으로 드러났다.[5]

부모와의 애착 형성은 다양한 경험을 통해 이루어질 수 있는데, 부모와 자녀의 의사소통이 개방적일수록, 대화의 수용성과 배려성이 높을수록 청소년의 인터넷게임 중독 가능성은 더 낮으며, 특히 아버지와의 관계에서 문제와 갈등을 유발하는 의사소통은 청소년의 게임중독 가능성을 높이는 것으로 나타났다.

셋째, 부모와 자녀 관계에서 발생하는 관계 스트레스가 인터넷게임 중독의 가능성을 높이는 원인으로 확인되었다. 부모와의 관계가 편안하지 못하고 갈등이 많고 부정적일수록 상대적으로 인터넷게임에 중독될 경향이 높고, 지나친 부모의 간섭, 비일관성, 충족되지 않은 사랑과 관심의 욕구는 청소년 자녀들로 하여금 스트레스를 유발하여 이로 인해 인터넷게임 몰입을 강화시킨다.

청소년들의 인터넷게임 중독에 있어 부모의 역할은 직접적인 요인이라기보다는, 이미 인터넷게임에 몰입되어 있거나 중독된 상태에서

---

5 박소영·문학준, 〈아동의 가족건강성 및 일상생활 스트레스에 따른 인터넷 게임중독 경향〉, 《인간발달연구》 19(1), 2012, 143~162쪽.

부모의 통제로 인한 부작용으로 중독을 강화시키는 것으로 작용하기도 한다. 강만철·오익수의 연구에 의하면, 인터넷 사용에 대한 부모의 통제가 높을수록 청소년들이 인터넷 중독에 빠질 가능성이 크고, 부모의 인터넷에 대한 태도가 부정적일수록 인터넷게임에 더욱 중독되는 것으로 드러났다.

발달장애 청소년의 특징

발달장애 연구를 살펴보면 시대의 사회적 현상에 따라 장애에 대한 인식이 변화되어 왔음을 알 수 있다. 2014년 5월에 제정, 2015년 시행된 「발달장애인 권리보장 및 지원에 관한 법률」과 「장애인복지법」에서는 '발달장애인은 지적 장애인과 자폐성 장애인 등 그 외에 발달이 크게 지연되거나 통상적으로 나타나지 않으며 전반적으로 가정 및 사회적 활동에 제약이 있는 사람'으로 광범위하게 정의하고 있다. 2015년 '정신장애 진단 및 통계편람'(DSM-V)에서는 발달장애를 주로 발달단계에서 시작되는 주요 장애들의 집합인 신경발달장애로 정의하고, 지적장애와 자폐성장애를 포함하여 6가지 범주로 분류하였다. 발달장애의 원인은 현재까지 밝혀지지 않은 것들이 많으며, 일치된 원인을 찾기는 어렵지만, 통상적으로 아동기 이전의 다양한 원인에 의해 중추신경계 이상 및 언어, 인지, 사회성, 운동 능력 발달에 지체를 보인다.

머레이Murray에 의하면 발달장애 청소년기에는 급격한 신체적 성장과 충동적인 호기심으로 발생하는 '도전적 행동challenging behavior'[6]이 급격히 많아진다. 이들은 청소년기에 접어들면서 갈등이 많아지며 마음의 불안이 극대화된다. 발달장애 가족 양육 경험 연구들은 장애 아동 어머니의 양육 경험을 '끝없는 긴장의 재구성'이라고 표현하며 장애 가족과 발달장애 청소년의 어려움을 표현하고 있다.

발달장애의 독특한 결함 요소는 장애의 유형 및 경중에 관계없이 사회의 일원으로서 독립적인 삶을 살아가는 데 연속적인 방해물이 되기도 한다. 학령기를 졸업하면서 사회적으로 울타리가 되었던 특수교육 지원이 중단되어, 이후 독립을 준비하는 성인기로의 준비가 미흡한 발달장애 청소년들이 겪는 심리적 고민은 더욱 커질 수밖에 없다.

청소년기는 외부 환경의 영향이 큰 시기이다. 이들은 심리적·신체적 변화와 더불어 친구와의 관계에서 친밀함과 관심, 소속감을 원한다. 발달장애 청소년들은 지적 능력의 차이와 무관심으로 외면당하면서 겪는 혼란 등의 부정적 영향으로 자기존중감이 낮은 편이다. 이들은 비장애 청소년들과 유사한 정서·심리·사회적 욕구를 지니고 있지만 특정한 결함 요인으로 인해 학업 수행에 어려움을 겪는다. 더구나 사회적 발달의 미숙으로 의사소통·자기방어·대인 관계·가정생활 등에서 부적절한 특성을 나타낸다.

발달장애 청소년이 졸업한 뒤 학교를 대신해 활동하고 배움을 익힐

---

6 지금까지 발달장애 청소년의 문제행동을 부정적인 시각으로 바라보았다면 '도전적인 행동'이라고 표현함으로써 긍정적이고 가치중립적인 측면을 포함하고 있는 것이다. 결국 문제행동을 일으키는 원인에 대한 정확한 이해와 적절한 대처 행동이 이루어진다면 문제행동을 바람직한 행동으로 바꿀 수 있다. 김미옥·김고은, 〈발달장애인의 도전적행동지원에 관한 쟁점과 전망〉, 《비판사회정책》(56), 2017, 59~94쪽.

수 있는 사회적 기관이 한정되어 있고 부족하므로 발달장애 청소년의 앞날에 대한 가족의 고민은 커질 수밖에 없다. 향후 지적인 능력과 적응 기술이 낮은 발달장애 청소년들이 성인이 된 후에도 안전한 공간에서 여가를 보내거나 직업을 가지고 살아갈 수 있는 평생교육의 사회적 체계는 매우 필요하다.

국내 연구 자료를 살펴보면, 장애가 발생하는 초기의 유아나 아동기에 초점을 맞춘 연구가 많았고, 발달장애 청소년을 대상으로 한 연구는 매우 적었다. 발달장애 청소년기의 연구는 양육하는 가족과 사회 통합을 위해 중요함에도 불구하고, 지난 15년 동안 국내 연구를 분석한 결과 발달장애 청소년을 대상으로 한 연구는 전체 연구의 20퍼센트에 불과했다.

인터넷 과몰입의 양상

긍정적 자아 개념 손상

2000년대 넷북, 스마트폰의 초고속 발달로 인터넷은 우리 생활에 없어서는 안 될 주요한 것이 되었다. 인터넷의 발달은 우리에게 정보의 다양성과 유익함을 제공하지만, 그에 따른 부작용 역시 점점 더 심각해지고 있다. 그 대표적인 예가 인터넷 과다 사용 및 중독이다. '인터넷중독'이라는 용어는 1996년 정신과의사 골드버그I. Goldberg에 의해 처음 사용되었다. 그는 과도한 인터넷 사용이 일상생활에 엄청난 무리와 지장을 초래하는 것으로 규정하였다. 2004년 한국문화진흥원은 인터넷 사용에 대한 내성과 금단을 지니고 있는 것을 인터넷중독으로 정의하였다. 현재 우리나라 청소년의 인터넷 노출은 위험한 수준이다. 성인의 인터넷중독과 비교할 때 그 범위와 증상이 지속적으로 증대하고 있어 인터넷 과몰입 및 노출이 전 연령층의 사회문제로 대두되고 있다.

자아존중감은 삶의 만족과 행복을 가늠하는 기준으로 관심을 받고 있으며 사회적 관계, 적응유연성과 같은 학교생활 적응과 관련이 있다. 자아존중감이 높은 학생일수록 학교생활에서 자신감과 함께 인내심을 갖고 학업을 수행하기 때문에 학교생활 전반에 대한 적응력이 높다. 자아존중감이 높을수록 삶의 만족도는 유의미해지므로 자아존중감과 삶의 만족도가 밀접한 관계가 있음을 알 수 있다. 특히 발달장애인에게 자아존중감은 일상생활에 큰 영향을 줄 뿐만 아니라, 삶과 생활만족도에도 매개 효과로서 영향을 주는 것으로 확인되었다.[7]

자아존중감이 생활 전반에 영향을 준다는 점에서 발달장애인의 자아존중감에 대한 체계적 연구는 매우 필요하다. 그동안 장애인의 자아존중감 연구는 주로 장애 유형과 중재 방법에 따른 연구가 주를 이루었다. 김영표는 지체장애인의 자아존중감 개선을 위한 중재 방법 분석을 통하여 미술, 원예, 심리상담, 수중운동 등의 중재를 확인했다. 최미경과 정영인은 자아존중감 향상을 위한 미술치료 논문 분석을 통하여 연구 방법, 대상, 진행 기간, 자아존중감의 평가 방법 등을 확인하고 자아존중감 연구에 대하여 제언을 하였다.

발달장애인의 자아존중감에 대한 연구는 대부분 2003년부터 이루

7 강영심 · 손성화, 〈다체계적 관점에서 살펴본 다문화 가정 지적장애 학생의 학교생활〉, 《지적장애연구》 22(2), 2020, 97~125쪽.

어졌는데, 지체장애 혹은 일반인 발달장애인의 자아존중감에 대한 연구보다는 부족한 실정이다. 발달장애의 경우 주로 인지장애를 동반하는 사례가 많아 발달장애인을 상대로 연구하는 데 어려움이 있기 때문에, 좀 더 소통하기 쉬운 신체적 장애 등에 집중되었다고 볼 수 있다. 발달장애인 자아존중감에 대한 연구가 일부 있지만, 소수를 대상으로 하고 당사자보다는 가족의 삶의 질 혹은 만족도 연구만이 있을 뿐이다.

자아존중감에 대한 다양한 연구를 살펴보면, 발달장애인 당사자의 인식 정도 및 그 영향 요인에 대해서는 거의 다루어진 바가 없다. 그동안 자아존중감은 자신을 바라보는 태도로서 사회경제적 지위보다 삶의 만족에 영향을 주며, 특히 내면 정서 기제에 뿌리를 두고 환경보다 주어진 여건을 어떻게 생각하는지 등, 삶의 만족에 영향을 주는 매개로 인식되었다. 이러한 관점에서 자아를 바라보는 시각과 함께 삶의 만족도가 어느 정도인지 판단하고, 자아존중감 연구의 전반적인 동향과 내용을 살펴볼 필요성이 있다.

대인 관계 및 소통의 어려움

어느 사회든 구성원으로서 원만하게 살아가려면 적절한 대인 관계 기술이 필요하다. 사람은 누구나 장애 유무와 관계없이 일생 동안 지속적으로 타인과 관계를 맺으며 살아가고, 가족 간의 관계는 물론 학교 및 직업 생활을 통해 형성되는 대인 관계로 이루어진 맥락 안에서 살고 있다. 특히 한국 사회는 사람 간의 정서적 유대를 중요하게 여기고 '관계 문화'를 강조하는 문화적 특성을 갖고 있다.

사람은 타인과 지속적으로 상호작용을 하면서 긍정적 또는 부정적인 대인 관계를 경험하게 된다. 이 과정에서 긍정적인 대인 관계의 경험은 질 높은 삶에 기여한다. 이때의 대인 관계는 누구에게나 지속적으로 가치 있는 개념이지만, 청소년기의 대인 관계는 더욱 특별하다고 볼 수 있다. 청소년기는 급격한 신체 · 정서 · 사회적인 성장을 통해 성격 형성이 완성되는 결정적 시기로, 이때 경험하는 대인 관계가 성격 형성에 많은 영향을 미치기 때문이다.

청소년은 학교에서 많은 시간을 보내며 또래들과 끊임없이 상호작용하게 되는데 이를 통해 형성된 대인 관계는 사회 · 정서적 발달의 기반이 되고, 사회적 기술이나 자아 개념 발달에도 영향을 미친다. 이는 발달장애 청소년도 마찬가지다. 이들이 또래와 형성하는 대인 관계는 사회적 관계의 핵심이며, 정서 및 사회성 발달에서부터 삶의 질에 이르기까지 큰 영향을 미치게 된다. 그러나 많은 발달장애 청소년들이 대인 관계 기술의 부족으로 친구 관계에 어려움을 겪는 것으로 보고되고 있다.

2014년 특수교육 실태조사에 따르면, 발달장애 청소년이 일반학교에서 특수학교로 전학 간 이유 중 '또래에게 따돌림이나 놀림을 받지 않을 것 같다'는 것이 초등학생 5.9퍼센트, 중학생 13.8퍼센트, 고등학생 22.4퍼센트를 차지했다. 이는 청소년기 발달장애 학생의 대인 관계의 어려움이 증가한다는 것을 예증하는 수치의 하나이다. 특히 대인 관계 기술은 원만한 직업 생활을 위해 준비하는 과정인 발달장애 고등학생에게 그 어느 때보다 중요하다.

발달장애 청소년의 게임 사용에서 중독으로 연결되는 위험 요인으로는 충동성 · 외로움 등이 있다. 인터넷게임 중독 증상이 심해질수록 즉각적인 쾌락 추구 및 충동적 감정과 행동이 더 심해진다는 것을 연구 결과를 통해 확인할 수 있다. 한편 사회욕구적 관점에서 외로움이 중독과 관련이 높다는 것을 선행 연구에서 보고하고 있다. 외로움을 지닌 사람들은 수줍음이 많고 거절에 민감하며 면대면face-to-face 소통보다 익명성이 보장되는 인터넷의 온라인 소통을 더 편안하게 느꼈다. 즉, 외로움에 대처하는 방법으로 인터넷을 과하게 이용하면서 관계적 소통의 기회를 잃게 되고, 그 결과 사회적 관계의 결핍이 커지며 외로움이 더욱 증폭되는 악순환이 일어날 수 있음을 우려하였다. 요약하면 기본 심리 욕구의 충족이 낮을수록 게임의 중독적 사용이 증가하는 것을 확인할 수 있고, 부모의 통제 수준이 증가할수록 인터넷 게임 중독 증상이 상승한다고 설명할 수 있다.

발달장애 청소년의 대인 관계를 향상시키기 위해서는 긍정적인 자아 개념 확립을 고려해야 한다. 주관적인 자아 개념의 형성은 청소년기의 주요 발달과제 중 하나로 대인 관계와 밀접한 관련이 있기 때문이다. 여러 선행 연구에서 청소년이 친구 등 가까운 주변의 타인과 긍정적인 대인 관계를 형성하지 못하는 것이 자아 개념에 부정적인 영향을 미칠 수 있으며, 다양한 생활에 부적응하거나 학업성취율이 낮은 결과를 초래할 수 있다고 보고하고 있다. 또한 자아 개념이 바르게 확립된 청소년일수록 질 높은 대인 관계를 형성한다는 점을 고려할 때, 자아 개념과 대인 관계는 높은 상관성을 갖는다고 볼 수 있다.

대인·사회적 기능 중심의 전환교육 활동은 장애 청소년의 대인 관계 기술을 포함한 지역사회 적응 기술을 증진시켰다. 또한 이미옥, 박지연의 연구는 고등학교 특수학급 장애 학생에게 자기표현 훈련 프로그램을 실시한 결과 자기표현 능력, 사회성 및 교우관계에 긍정적인 영향이 있었음을 보고하였다. 그러나 발달장애 청소년에게 사회성 기술 교수를 적용한 선행 연구에서 대인 관계 기술을 중점으로 한 연구는 드물었다. 대인 관계가 발달장애 청소년에게 미치는 영향력이 막대한 점을 고려할 때 대인 관계 기술을 좀 더 체계적으로 교수할 필요가 있음에도 대인 관계 기술에 초점을 두고 집중적으로 지도한 연구는 많지 않았다. 또한 대인 관계와 자아 개념이 갖는 정적인 상관관계에도 불구하고, 대인 관계의 교수가 발달장애 청소년의 자아 개념에 미치는 효과를 측정한 연구 역시 부족했다.

따라서 본고는 성인기로 전환을 앞둔 발달장애 청소년의 고민과 이를 극복하기 위해서는 필요한 요인이 무엇인지를 조명했다. 이와 함께 이들이 학교에서 가장 많이 상호작용하는 대상이자 소통의 어려움을 자주 겪는 '또래 관계'에 초점을 맞추어 프로그램을 설계하고자 한다.

인문치유 프로그램 설계

인문치유 프로그램은 연구 참여자가 자신의 감정이나 생각을 적절하게 표현하고 타인에 대한 이해를 높일 수 있도록 내면의 유연성을 제공함으로써, 긍정적 자아 개념 향상과 더불어 관계적 소통의 성장을 이루도록 구성할 수 있다. 이 프로그램 모형은 긴장감 완화와 친밀감 형성 그리고 발달장애 청소년들의 개별적 특성을 파악하기 위한 예비 모임 2회기, 사전검사 1회기, 인문치유 프로그램 8회기, 사후검사 1회기 등 총 12회로 구성한다. 이후 시간은 참여자들이 작성한 버킷리스트를 바탕으로 이들이 좋아하는 다양한 외부 활동을 진행하여 즐거움을 배가시킨다. 인문치유 활동 진행은 발달장애 청소년들이 게임에 많이 노출되는 주말을 이용하여 실행할 것이다.

특히 타인을 배려하고 지지하는 소통 경험이 적은 발달장애 청소년들의 흥미와 관심을 유도하고자 예비모임을 통해 발달장애 청소년들을 면밀히 관찰하고, 이들이 자신이 좋아하는 활동에 흥미와 집중력을 가지고 참여하도록 버킷리스트를 작성할 예정이다. 또한 규칙 정하기와 적극적으로 공감하기, 이야기 나누기를 통해 대상자들이 자신의 고민을 진솔하게 표현할 수 있도록 유도하며, 소통 유형의 관찰 및 관심 있는 에피소드를 활용하여 즐거움을 증가시키려 한다.

원활한 진행과 흥미 유발을 위해 감정 카드 · 그림책 · 시 · 미술 · 음악 · 롤링페이퍼 · 스피드 퀴즈 등의 콘텐츠를 접목한다. 이를 통해 발달장애 청소년들의 자기이해를 높이고 또래 관계의 소통 통로로 활용한다. 이때 자신의 느낌과 감정이 제대로 표현되었는지 질문하고 경청하는 과정이 필요하며, 회기 마무리에는 말하기와 짧은 글쓰기로 생각과 마음을 정리하도록 진행한다. 한 가지 첨부하자면, 발달장애 청소년들의 이야기를 들을 때 부정적 언어 표현보다는 지지와 공감을 통해 진솔한 내면의 노출을 이끌고 긍정적 자아상이 형성되도록 긍정적 소통에 중점을 두어 설계하였다.

인문치유 프로그램의 본 구성은 총 8회기로 구성된다. 1~2회기는 자기이해를 목표로, 내가 좋아하는 것과 싫어하는 것을 쓰고 말하기, 나를 닮은 동물은 무엇인가 생각하고 표현하기 등 현재 나의 감정과 관계적으로 힘든 대상에 대한 감정을 탐색하고 예시 상황에 따른 감정을 예측하여 대화하는 시간을 갖는다. 3-4회기는 자기표현을 목표로 현재 나의 감정을 카드를 활용하여 5가지로 탐색하고 특정 친구에 대한 감정 고르기 등의 활동을 한다. 그림책 이야기를 듣고 나의 감정을 이해하며 그것을 다양한 표정으로 표현하는 시간을 갖는다. 5~6회기는 나와 타인의 관계 이해를 목표로, 현재 문제 상황을 진솔하게 표현하기, 또래의 말을 경청하고 지지하기 등 나의 마음과 타인의 감정을 집중하여 탐색하는 시간으로 진행한다. 7~8회기는 관계 소통을 목표로 함께 프로그램에 참여한 또래의 장점을 표현하고 감사한 내용을 글로 쓰고 표현한 후 프로그램 전체에 대한 소감을 나누는 시간으로 구성한다.

또한 관계의 친밀함과 즐거움을 느끼고 마음의 충족감을 누릴 수 있도록, 대상자들이 작성한 또래들과 함께하고 싶은 버킷리스트를 인문치료 프로그램 이후에 함께 시간을 보내며 진행한다. 프로그램 진행 장소는 발달장애 청소년들이 이용하는 익숙한 치료 시설이 아닌, 카페나 편의 시설이 잘 갖추어진 공용 공간을 활용한다. 인문치유적 활용 콘텐츠의 선정 기준은 긍정적 의미를 지닌 것, 대상자들에게 일어날 수 있는 방어기제를 완화할 수 있는 매개체를 선별하여 저항을 완화할 수 있는 것, 연구 참여자가 스스로를 탐색하고 자신의 감정을 이입하면서 공감적 정서를 불러일으킬 수 있는 것 등, 대상자를 고려한 긍정적이면서 이해하기 쉽고 편안한 것을 선정한다. 인문치유 프로그램의 구성 단계는 다음과 같다.

자기이해 단계

1~2회기의 목표는 나를 탐색하고 이해하기이다. 먼저 예비 프로그램을 통해 긴장감을 완화하고 친밀감이 형성되도록 구성한다. 1회기는 프로그램 소개를 듣고 그에 대한 기대감을 나의 언어로 표현하고 나를 구체적으로 소개하는 시간이다. 연구 참여자들은 약간 생소하고

어색함을 드러낼 수 있지만 자기 이름과 자신이 사는 곳을 소개하고 내가 좋아하는 것, 내가 싫어하는 것은 무엇인지 쓰는 등 자신을 있는 그대로 표현하는 시간을 갖는다. 더불어 다른 참여자들이 좋아하는 것과 싫어하는 것을 퀴즈로 내어 누구의 것인지 알아맞히는 시간도 갖는다. 회기 마무리에는 나태주의 시 〈풀꽃 1〉을 함께 읽은 후 서로의 이름을 넣어서 한 번 더 읽고 느낌을 나눈다.

2회기는 나와 닮은 동물을 탐색하는 시간이다. 도입은 사진 카드를 활용하여 나와 연결되는 동물을 찾아보면서 자신에 대한 이미지와 자아상을 탐색한다. 또한 타자에게 보이는 나와 연결되는 동물(이미지)을 탐색하고, 현재 겪고 있는 문제나 갈등 상황을 표현하고 공감하는 시간을 갖는다. 아울러 나태주의 시 〈풀꽃 3〉을 돌아가면서 천천히 낭독한 후 느낌과 마무리 소감을 나눈다.

자기표현 단계

3~4회기의 목표는 나를 이해하고 감정을 진솔하게 표현하는 단계이다. 3회기는 현재 나의 감정을 세분화하는 시간이다. 방법은 감정 카드를 활용하여 다양한 감정 카드 가운데 내 마음과 연결되는 카드를 5개 고른 후, 그 이유와 느낌을 언어적으로 표현한다. 연구 참여자들이 관계에서 현재 어려움을 겪고 있는 대상을 떠올리고 그에 대한 감정을 고르는 시간도 갖는다. 마무리 시간은 소감을 감정 카드로 선택하여 표현하도록 구성한다.

프로그램 진행자가 참여자들에게 유사한 감정 단어의 뜻을 설명해 주어서, 자신의 감정을 좀 더 세밀하게 인식하고 표현하도록 이끄는 것이 매우 중요하다.

발달장애 청소년의 게임 과몰입과 인문치유 |

4회기는 백희나의 그림책《알사탕》을 읽은 후 다양한 대상에 대한 감정을 예측하여 표현하는 시간이다. 예시 상황에서 나의 감정이 무엇인지 구체화하고, 그때의 감정을 진솔하게 표현하는 연습을 한다. 참여자들이 그림책에서 그림을 살펴보고 관심 있는 부분만 읽기를 원할 경우, 그림책의 이야기를 간단하게 이야기 형식으로 들려준다. 그리고 혼자 놀 때, 잔소리를 들을 때, 할머니 목소리를 들었을 때, 친구와 같이 놀자고 말할 때, 맛있는 것을 먹을 때, 친구랑 신나게 놀 때, 고민이 있을 때 등 상황에 따라 감정을 표현하는 시간을 구성하여 즐거움을 배가시킨다.

관계 이해 단계

5~6회기의 목표는 자기이해를 바탕으로 관계 이해하기이다. 5회기에는 그림책에서 발생한 갈등 상황에서 나는 누구를 이해하고 있으며 나의 마음이 끌리는 대상은 누구인지 점검한다. 그리고 다른 참여자가 이야기할 때, 타인의 이야기를 자르거나 끊지 않고 끝까지 경청하고 공감하는 연습도 함께 진행한다. 마무리에는 '내가 너라면 어떻게 말했을까'를 생각하고 표현하는 시간을 갖는다. 회기를 진행하면서 참여자들 사이에 갈등이 드러날 수도 있으므로, 6회기에는 또래 관계에서 발생하는 관계적 어려움을 직시하고 나와 타인의 입장을 바꾸어 생각하면서 친구의 마음과 언어를 이해하는 시간을 마련한다. 마무리 시간은 나태주의 시 〈풀꽃 3〉 다시 읽기를 통해 분출된 감정을 가라앉히고, 차분하게 정리할 수 있는 글쓰기 시간을 갖도록 진행한다.

프로그램 진행 과정에서 참여자가 내면의 감정을 표현하고 원활하게 소통할 수 있도록 그들의 마음을 잘 살피고 갈등 관계를 중재하는 연구 진행자의 역할이 매우 중요하다. 인문치유 활동에서 드러난 자신의 감정 표현과 마음의 진솔한 표현은 타인에 대한 이해와 자기표현 능력을 향상시킬 수 있다. 〈풀꽃 3〉을 함께 천천히 낭독한 후 느낌을 나누고 시적 감정을 표현하는 시간으로 마무리한다.

관계 소통 단계

7~8회기의 목표는 관계 이해를 바탕으로 한 관계 소통이다. 7회기는 'You & I'를 활용하여 나를 표현하는 그리기 시간과 나에 대한 이름을 붙이는 시간으로 구성한다. 미술을 활용하는 이유는 그림에 대한 평가나 칭찬을 위한 것이 아니라, 자신의 모습을 자유롭게 표현할 수 있도록 하기 위한 것이다. 이는 자기이해를 촉진시키고 무의식에 잠재되어 있던 불안 요소를 외적으로 표현함으로써 치유와 안정감을 유도한다. 유건상의 연구에 따르면, 별칭은 자기정체성 또는 자신의 특징을 가장 잘 나타내는 상징으로서, 이해와 변화를 바라는 대상자의 소망을 언어적으로 표현해 서로의 기대를 구체화할 수 있다.

8회기는 상호 지지를 목표로 서로의 장점 말하기와 함께 시간을 보낸 또래에게 고마움과 미안했던 마음을 진솔하게 표현하는 시간으로 구성한다. 이 과정을 통해 서로에 대한 유대감과 뿌듯함을 느낄 수 있도록 한다. 더불어 감사한 마음을 글로 표현하고, 마무리 소감을 나누는 시간을 갖는다. 참여자들이 자신의 감정을 생생하고 구체적으로 표현하도록 이끄는 연구자의 전문성이 요구된다.

나가며

본고는 인문치유 프로그램을 통해 발달장애 청소년들이 게임 과몰입으로 겪는 다양한 어려움을 해소할 수 있도록 또래와의 상호 소통, 원활한 감정 표현, 관계 치유를 도모할 수 있는 프로그램을 개발하는 데 목적이 있다. 이러한 인문치료 활동을 통해 다음과 같은 효과을 얻을 수 있을 것으로 기대한다.

첫째, 발달장애 청소년들이 인터넷게임에 과몰입하는 이유는 관계 욕구를 해소하기 위함이다. 인문치료 회기에 참여한 발달장애 청소년들은 또래와 함께하는 그룹 활동을 경험하며, 코로나19로 인해 제한되었던 관계 욕구를 해소하고 내면의 안정감과 즐거움을 얻을 것이다.

둘째, 발달장애 청소년들이 주변의 타인과 긍정적 소통 관계를 유지할 때 자아 개념 형성에 긍정적 영향을 받는다는 강현주의 연구 결과를 볼 때, 인문치유 프로그램을 통한 타인과의 소통 경험이 발달장애 청소년들의 손상된 자아존중감에 긍정적 영향을 미칠 것으로 예측할 수 있다.

셋째, 인터넷게임 과몰입은 신체적 건강의 약화 및 코로나19로 인한 고립된 생활의 장기화로 내면의 외로움을 증가시킬 수 있다. 인문치료 활동은 이들의 고립감을 이완시키고 버킷리스트를 활용한 또래와의 만남은 심신의 외로움을 경감시킬 수 있을 것이다.

본고의 결과를 종합하면 인문치유 프로그램의 개발은 발달장애 청소년의 자아존중감 증진 및 또래 관계나 사회적 관계에 긍정적 영향을 미칠 수 있으며, 타인과의 긍정적 관계는 삶의 질과 행복감을 높이는 데 기여할 것이다.

참고문헌

강원대학교 인문과학연구소,《인문치료의 이해》, 강원대학교 출판부, 2009.

강영심·손성화,〈다체계적 관점에서 살펴본 다문화 가정 지적장애 학생의 학교 생활〉,《지적장애연구》22(2), 2020, 97~125쪽.

권영길·이영선,〈청소년이 지각하는 부모-자녀 간 의사소통이 인터넷게임 중 독에 미치는 영향〉,《한국컴퓨터게임학회》17, 2009, 127~135쪽.

김동일·이윤희·이주영·김명찬·금창민·남지은·강은비,〈미디어이용대체 보완과 중독: 청소년과 성인의 인터넷 및 스마트폰 사용 형태를 중심으로〉, 《청소년상담연구》20(1), 2012, 71~88쪽.

김미옥·김고은,〈발달장애인의 도전적행동지원에 관한 쟁점과 전망〉,《비판사 회정책》(56), 2017, 59~94쪽.

김정효·박성혜,〈컴퓨터 게임 몰입과 정서적 특성의 관계〉,《교육과학연구》 32(2), 2001, 119~139쪽.

김효정·장현진·신명선·전희숙,〈발달장애아동의 문제행동 중재에 관한 문헌 연구〉,《언어치료연구》25(4), 2016, 223~239쪽.

박소영·문학준,〈아동의 가족건강성 및 일상생활 스트레스에 따른 인터넷 게임 중독 경향〉,《인간발달연구》19(1), 2012, 143~162쪽.

송민호·진범섭,〈청소년의 스마트폰 중독에 관한 심리적 요인의 이해와 중독 예방 을 위한 설득 메시지 전략의 모색〉,《언론과학연구》14(3), 2014, 135~179쪽.

윤지성·정은희,〈자폐성장애 중고등학생 자녀를 둔 부모의 양육 스트레스 연 구〉,《특수아동교육연구》19(2), 2017, 269~293쪽.

이계원,〈청소년의 인터넷 중독에 관한 연구〉, 이화여자대학교 박사학위논문, 2001.

이미정,〈지적장애 청소년 어머니를 위한 인문치료 사례연구-긍정적 자기개념 증진을 중심으로〉, 강원대학교 석사학위논문, 2019.

정성미,《소통의 인문치료》, 북스힐, 2017.

_____,〈과정중심 글쓰기의 관점에서 본 치유의 글쓰기〉,《우리말교육현장연 구》10(1), 2016, 23~41쪽.

제임스 W. 패니베이커,《글쓰기 치료》, 이봉희 옮김, 학지사, 2007.

조항민, 〈디지털미디어의 등장과 새로운 위험유형에 관한 연구 – 스마트폰의 위험한 특성과 이용자 위험 인식분석을 중심으로〉, 성균관대학교 박사학위논문, 2010.

채연숙,《글쓰기치료: 이론과 실제》, 경북대학교출판부, 2011.

홍봉선 · 남미애,《청소년복지론》, 양서원, 2001.

홍성희, 〈신체움직임 표현활동이 지적장애학생의 자기표현능력과 자아존중감에 미치는 사례연구〉,《예술교육연구》15(1), 2017, 127~140쪽.

APA,《정신질환의 진단 및 통계 편람: DSM-5》, 권준수 옮김, 학지사, 2015.